Einkaufsrecht 360°

Einkaufsrecht 360°

Basiswissen und neue Trends – ganzheitlich gedacht

von
Dr. Thomas Berger

Reguvis

Bibliografische Information der Deutschen Nationalbibliothek
Die Deutsche Nationalbibliothek verzeichnet diese Publikation in der Deutschen Nationalbibliografie; detaillierte bibliografische Daten sind im Internet über https://portal.dnb.de/opac.htm abrufbar.

Reguvis Fachmedien GmbH
Amsterdamer Str. 192
50735 Köln
service@reguvis.de
www.reguvis.de

ISBN (Print): 978-3-8462-1598-2
ISBN (E-Book): 978-3-8462-1599-9

Produktmanagement: Gabriele Heymann-Hess

Satz: Cicero Computer GmbH, Bonn
Druck und buchbinderische Verarbeitung: Appel & Klinger Druck und Medien GmbH, Schneckenlohe

Printed in Germany

Vorwort

Willkommen im Dschungel des B2B-Einkaufs – einem Ort, an dem längst nicht mehr nur Rabatte verhandelt, Lieferfristen optimiert und Zahlungsziele mit mehr Leidenschaft diskutiert werden als in mancher Beziehung der Sommerurlaub. Dieses Buch richtet sich an alle, die professionell und damit strategisch einkaufen. Sie jonglieren mit Warengruppenstrategien, Vergabedesigns und immer komplexer werdenden regulatorischen Rahmenbedingungen? Ziel des Buches ist es, dass wenn Sie nach der Lektüre das Wort „Einkaufsrecht" hören, kein Muskel mehr in Ihrem Gesicht zuckt. Sie haben es geschafft, Respekt.

In diesem Buch erwarten Sie keine trockenen Theorien (na gut, ein paar). Stattdessen gibt es praktische Tipps, erprobte Strategien und Anekdoten aus dem Einkaufsalltag.

Wenn es nach mir ginge, würde ich empfehlen, das Buch von hinten zu lesen. Einkauf und Mindset wird gerade auf modernen Procurement-Konferenzen besprochen, verschriftlicht gibt es dazu wenig. Und es zeigt sogleich die wunderbare Grundhaltung des Autors, die sich im Denken und im Handeln jeden Tag im DB-Konzern gezeigt hat: Wenn ich den Wert des Einkaufs (Der Gewinn liegt im Einkauf, sie wissen das sicher) und die chancenorientierte, rechtliche und vertragliche Absicherung gemeinsam denke, ist das Fundament gelegt für hervorragende, nachhaltig stabile Vergabeergebnisse. Und ich darf das sagen als langjähriger Einkaufschef der Deutschen Bahn AG, der mit dem Autor nun schon mehr als 15 Jahre eng zusammengearbeitet hat und er Teil des Einkaufsteams geworden ist.

Ein Buch, welches umfangreich und praxisnah einen 360° Rundumblick im Einkaufsrecht bietet. Auch gab es nie eine größere Notwendigkeit in einem immer mehr regulierten Umfeld sich damit als Einkaufsleiter auseinanderzusetzen. Gefühlt jeden Tag sind neue Rahmenbedingungen zu bewerten und Entscheidungen, teilweise unter zunehmender Unsicherheit, zu treffen.

Aus meiner Sicht haben wir eine hoch aktuelle Ausgabe mit kompakt erklärtem Basiswissen für Praktiker insbesondere aus dem Unternehmenseinkauf vorliegen, welches ich jedem meiner neuen Einkäufer:innen und auch Ihnen wärmstens ans Herz legen kann.

Viel Vergnügen beim Lesen – und wie wir im Einkauf sagen: Bleiben Sie verhandlungsbereit!

Auch mit sich selbst, wenn es darum geht, sich die Zeit für dieses Buch zu nehmen. Der Nutzen wird Ihr Investment mehrfach übersteigen, davon bin ich überzeugt!

Berlin, im August 2025

Jan Grothe

Chief Procurement Officer / Deutsche Bahn AG

Inhaltsverzeichnis

Übersicht über die Praxistipps

Einleitung

Einkaufsrecht – von 0 auf 360

Einkauf umfasst den Erwerb von Gütern und Dienstleistungen, um das Geschäft eines Unternehmens zu betreiben. Gut verhandelte Verträge und deren Konditionen haben zugleich maßgeblichen Einfluss auf das EBIT eines Unternehmens. Damit hat Einkauf maßgeblichen Anteil am wirtschaftlichen Unternehmenserfolg.

Ein wesentlicher Nachfrager ist die öffentliche Hand, die mit dem Vergaberecht ein spezifisches Regelwerk vorgibt. Der öffentliche Markt ist einer der größten Beschaffungsmärkte. Mit der Infrastrukturoffensive der neuen Bundesregierung werden in diesem Segment künftig bis zu 500 Mrd. Euro investiert. Ein Grundverständnis der hier geltenden Spielregeln ist essenziell.

In jüngster Zeit haben „Black Swans", d.h. unerwartete Ereignisse mit erheblichen Auswirkungen, die Wirtschaft erschüttert. Corona war die „Stunde 0". Die Ukrainekrise, sowie Lieferketten- und Energie-Engpässe hatten danach maßgeblichen Einfluss auf die Beschaffung. Aktuell liefern Strafzölle einen weiteren Tatbeitrag.

Zudem bewirken Digitalisierung und künstliche Intelligenz eine tiefgreifende Veränderung der Märkte. Die Politik versucht, diese Ereignisse mit zunehmender Regulatorik zu steuern. Beschleunigung oder Stillstand?

Dieses Handbuch beleuchtet die vorgenannten Rahmenbedingungen für den Praktiker aus rechtlicher Sicht in einem Rundumblick.

Zunächst erfolgt ein Überblick über das Vertragsrecht einschließlich der steuerlichen Besonderheiten. Sodann werden die Grundlagen des Vergaberechts und der dortige öffentliche Markt mit den neuen Akzenten aus dem Koalitionsvertrag dargestellt. Ein dritter Teil umfasst den Themenkomplex „Einkauf und Governance" mit den Schwerpunkten Compliance und Risikomanagement.

Sodann werden aus der Flut der neuen gesetzlichen Regulatorik die wesentlichen Neuerungen mit Einkaufsrelevanz aufgegriffen. Und schließlich wird dargestellt, wie der Game Changer KI das operating model der Beschaffung verändert. Auch in diesem Bereich setzt der Koalitionsvertrag im Abschnitt „Digitales" neue Impulse.

Hinweise für den Praktiker sind redaktionell mit dem Hinweis „Praxistipp" hervorgehoben. Vertiefende Hinweise sind in Fußnoten integriert. Nach jedem Kapitel erfolgt eine kurze Zusammenfassung der Ergebnisse.

Das Buch soll Einkäufer, Beschaffungsmanager in delegierter Beschaffung, Vergabestellen der öffentlichen Verwaltung, Lieferanten sowie Mitarbeitende in angrenzenden Bereichen – Controlling, Finanzen, Compliance, Recht – beim 360 Grad-Blick mitnehmen. Denn: Einkauf betrifft nicht nur Einkäufer. Einkauf ist Mindset. Und der Erfolg liegt im Einkauf.

A. Einkaufsrecht und Vertragsrecht

I. Privatautonomie – die Grundlage des Vertragsrechts

Verträge sind ein wesentliches Element im Geschäftsleben. Sie sind die Basis für das wirtschaftliche und rechtliche Handeln von Unternehmen. Im Einkauf bilden Verträge den Beschaffungsgegenstand in technischer, kommerzieller und juristischer Hinsicht ab. Verträge manifestieren das Einkaufsergebnis, regeln aktuelle Verpflichtungen und liefern zugleich die dokumentierte Basis für künftige Chancen und Entwicklungen auf Produktebene.

Das Vertragsrecht bildet den rechtlichen Rahmen für die unterschiedlichen Vertragsformen. Schuldrechtliche Verträge unterliegen einer gemeinsamen „Grundüberzeugung“ – **dem Grundsatz der Vertragsfreiheit**: Es ist dasjenige als bindend anzuerkennen, was die Parteien vereinbart haben.

Für Vertragsgestaltungen im Einkauf, und auch für die anwaltliche Gestaltungsberatung, ist dieser Grundsatz essenziell. Denn: Es ist individualvertraglich fast alles zulässig, was die Vertragsparteien gemeinsam wollen. Grenzen findet diese Privatautonomie im Wesentlichen beim Verstoß gegen gesetzliche Verbote[1] und bei Sittenwidrigkeit.[2]

Um die Ausgewogenheit von Verträgen sicherzustellen, gibt es Einschränkungen im Hinblick auf **Allgemeine Geschäftsbedingungen**. Grenzen existieren auch für öffentliche Ausschreibungen, bei denen das **Vergaberecht** die Vertrags- und Abschlussfreiheit einschränkt.[3]

An die wirtschaftlichen Ergebnisse des Rechtsverkehrs knüpft zudem das **Steuerrecht** eigene Rechtsfolgen. Hier kommen unter steuerrechtlichen Aspekten weitere vertragsrechtliche Besonderheiten hinzu. Diese tragen dem Gedanken Rechnung, dass im Steuerrecht, mehr noch als im Einkauf, die wirtschaftliche Betrachtungsweise maßgeblich ist.

Im Folgenden werden die Grundlagen des Vertragsrechts dargestellt:

- Vertragsschluss
- Vertragstypen
- Leistungspflichten
- Leistungsstörungen und
- Vertragsgestaltung

Besonderes Augenmerk gilt dem Kaufvertrag und Allgemeinen Geschäftsbedingungen, da diese die häufigsten Vertragstypen im Einkauf darstellen. Vergabe-, und steuerrechtliche Besonderheiten werden ebenfalls erörtert.

---

1 § 134 BGB.
2 § 138 BGB.
3 Details hierzu im vergaberechtlichen Teil B. IV. 1.

II. Vertragsschluss

1. Angebot und Annahme

Grundlage eines jeden Vertragsverhältnisses ist, dass es wirksam zustande kommt, §§ 145 ff. BGB. Ein Vertrag kommt durch zwei übereinstimmende Willenserklärungen zustande; das **Angebot** des einen Vertragspartners und dessen **Annahme** durch den anderen.[4]

Ein Vertragsangebot muss alle wesentlichen Vertragsbestandteile beinhalten. Der Empfänger muss sodann die Annahme genau dieses Angebots erklären. Ein Vertrag kommt nur zustande, wenn beide Erklärungen deckungsgleich sind und innerhalb der gesetzten Bindungsfrist erfolgen.

Im Zusammenhang mit dem Zustandekommen von Verträgen sind ferner einige **Besonderheiten** zu berücksichtigen, die nachfolgend kurz skizziert werden.

Die bloße **Aufforderung zum Angebot**, sogenannte invitatio ad offerendum, stellt noch kein Angebot dar. Derartige Erklärungen richten sich an einen nicht bestimmten Kreis möglicher Vertragspartner und haben damit noch keine Bindungswirkung.

Ein **freibleibendes Angebot** – „unverbindlich", „freibleibend" – entfaltet noch keine Rechtswirkung.[5] Gibt der Käufer daraufhin eine Bestellung auf, so stellt erst diese Bestellung das Angebot dar. Der Vertrag kommt zustande, wenn der Verkäufer nunmehr das in der Bestellung liegende Angebot annimmt. Dies kann auch konkludent, z.B. durch Übersendung der Ware, geschehen.

Eine **geänderte Annahme** führt ebenfalls nicht zum Vertragsschluss Sie ist vielmehr als Ablehnung des ursprünglichen Angebots und neues eigenes Angebot zu werten.[6] Dieses neue Angebot muss nunmehr der andere Geschäftspartner seinerseits annehmen, damit der Vertrag zustande kommt.

Ein **kaufmännisches Bestätigungsschreiben** ist die schriftliche Bestätigung eines mündlichen Vertragsabschlusses unter Kaufleuten.[7] Das Schreiben muss auf eine vorherige mündliche Vereinbarung Bezug nehmen, diese inhaltlich wiedergeben und innerhalb einer kurzen Frist nach dem Termin verschickt werden. Schweigt der Geschäftspartner daraufhin, kommt das Handelsgeschäft zustande. Ausnahmsweise entfaltet bloßes Schweigen damit Rechtswirkungen. Der Inhalt des Schreibens gilt als angenommen, wenn nicht unverzüglich widersprochen wird.Sofern man nach einer Vertragsverhandlung eine „Bestätigung" mit den Inhalten der Besprechung erhält, sollte man prüfen, ob es sich hierbei um eine kaufmännisches Bestätigungsschreiben handelt und dem bei inhaltlichen Zweifeln widersprechen.

„Ausschreibungen" eines Einkaufs-Auftrages sind bloße Aufforderungen. Dies gilt sowohl privatwirtschaftlich als auch in öffentlichen Vergabeverfahren. Sie stellen noch kein verbindliches Angebot da. Die Bieter werden ihrerseits aufgefordert, Angebote abzugeben. Öffentliche

4 Vgl. dazu *Ellenberger*, in: Grüneberg, BGB-Kurzkommentar, 84. Aufl. 2025, vor § 145 BGB, Rn. 11 ff.
5 § 145 BGB regelt, dass man nicht an sein „Angebot" gebunden ist, wenn man die Gebundenheit ausgeschlossen hat.
6 § 150 Abs. 2 BGB.
7 §§ 362, 346 HGB.

Ausschreibungen enthalten üblicherweise Bindungsfristen seitens des Auftraggebers bzw. der Vergabestelle. Nach Ablauf dieser Frist kommt kein Vertrag mehr zustande.

2. Stellvertretung

Der Abschluss eines Vertrages muss nicht persönlich erfolgen, dies kann auch im Wege der Stellvertretung geschehen.

a) Stellvertretung im BGB

Stellvertretung bedeutet das rechtsgeschäftliche Handeln einer Person für einen anderen, §§ 164 ff. BGB. Die Rechtsfolge des Vertragsschlusses tritt dann unmittelbar beim Vertretenen ein, sofern der Vertreter deutlich macht, dass er für diese Person tätig wird.[8] Grundsätzlich ist Stellvertretung bei jeder rechtsgeschäftlichen Handlung im Geschäftsleben zulässig und wird in Form einer Vollmacht ausgeübt. Eine Vollmacht ist damit die durch Rechtsgeschäft erteilte Vertretungsmacht.[9] Die Erteilung der Vollmacht ist grundsätzlich formlos wirksam. Zur Beweissicherung empfiehlt sich jedoch deren schriftliche Erteilung.

Handelt der so Bevollmächtigte innerhalb der ihm erteilten Vertretungsmacht, ist der Vertragsschluss als solcher unproblematisch. In diesem Zusammenhang sind jedoch **Sonderfälle** zu berücksichtigen:

Fehlt es an der Vertretungsmacht, z.B. weil der Bevollmächtigte seine Befugnisse überschreitet, so ist das Geschäft zunächst schwebend unwirksam.[10] Der Bevollmächtigte handelt als **Vertreter ohne Vertretungsmacht**. Das Geschäft wird erst wirksam, wenn der Vertretene es genehmigt. Hierfür gilt eine Frist von zwei Wochen nach Aufforderung durch den Vertragspartner.[11] Wird diese Genehmigung verweigert, so ist der vollmachtlose Vertreter verpflichtet, selbst den Vertrag zu erfüllen oder aber Schadensersatz zu zahlen.[12]

Von dem Sonderfall des Vertreters ohne Vertretungsmacht ist die Konstellation zu unterscheiden, bei dem von Anfang an gar keine Vollmacht erteilt wurde. Kann der Geschäftspartner jedoch aufgrund der Gesamtumstände davon ausgehen, dass eine derartige Vollmacht vorliegt, greifen die Grundsätze der **Rechtsscheinvollmacht**. Bei der **Duldungsvollmacht** weiß der Vertretene von der Handlungsweise des Vertreters, duldet sie aber. Bei der **Anscheinsvollmacht** hatte der Vertretene keine Kenntnis vom Handeln des vermeintlichen Vertreters, hätte dies aber bei entsprechender Sorgfalt erkennen und verhindern können.

Für den gutgläubigen Geschäftspartner haben beide Fälle dieselbe Rechtsfolge: Es liegt ein wirksamer Vertragsschluss vor. Wenn ein Vollmachtgeber den Rechtsschein einer Bevollmächtigung setzt, kann er sich später nicht auf eine fehlende Vollmacht berufen.[13]

8 Vgl. *Ellenberger*, in: Grüneberg, BGB-Kurzkommentar, 84. Aufl. 2025, § 164 BGB, Rn. 1 f.
9 So ausdrücklich § 166 Abs. 2 BGB.
10 § 177 BGB.
11 § 177 Abs. 2 S. 2 BGB.
12 § 179 Abs. 1 BGB.
13 Zum Ganzen *Ellenberger*, in: Grüneberg, BGB-Kurzkommentar, 84. Aufl. 2025, § 172 BGB, Rn. 6 ff.

b) Stellvertretung im Unternehmen – Einkaufsvollmacht

In Unternehmen existieren weitere Stellvertretungsregeln. Diese sind u.a. abhängig von der Rechtsform der Gesellschaft. Eine GmbH wird durch ihre Geschäftsführer vertreten.[14] Bei Aktiengesellschaften haben die Vorstände als **Organe** die „oberste" Vertretungsmacht.[15] Zudem existieren Sonderformen der Vollmacht für **Handlungsbevollmächtigte** (i.V.)[16] und **Prokuristen** (ppa.)[17]

Üblicherweise sind all diese „Stellvertreter" in Unternehmen nicht allein vertretungsbefugt. Stattdessen existieren Regelungen zur Gesamtvertretung. Das GmbH-Recht sieht grundsätzlich eine Gesamtvertretung vor und lässt nur ausnahmsweise Einzelvertretung zu.[18] Vergleichbares gilt für Aktiengesellschaften.[19] Zudem besteht die Möglichkeit, einzelnen Organen der Gesellschaft Vertretungsberechtigung für „ihre Ressorts" zuzuweisen.[20]

Stellvertretung kann weitere Ausprägungen haben. Bei einer GmbH sind oftmals folgende Vertretungsregelungen anzutreffen: „zwei Geschäftsführer" oder „ein Geschäftsführer/ ein Prokurist". Bei einer Aktiengesellschaft existieren vergleichbare Regelungen in der Konstellation Vorstand / Prokurist.[21]

Die gesetzliche Vertretung juristischer Personen, Geschäftsführer bzw. Vorstände, erkennt deren Vertragspartner aus dem **Handelsregister**. Hier ist auch geregelt, ob Einzel- oder Gesamtvertretungsbefugnis vorliegt. Dieselben Informationen sind hinsichtlich der Prokuristen hinterlegt.

Die Variantenvielfalt von Stellvertretungsregelungen in Unternehmen wird erweitert durch Bevollmächtigungen, die an **Wertgrenzen** der Einkaufsvolumina gebunden sind, sowie dem Zusammenspiel zwischen Einkauf und **Bedarfsträger**. Mit Vertretungsbeschränkungen durch Wertgrenzen wird sichergestellt, dass bestimmte Einkaufsvolumina nur vom Topmanagement, andere auch vom allgemeinen Einkauf beauftragt werden können. Inwieweit diese Regelungen nur im Innen- oder auch im Außenverhältnis gelten, ist oftmals durch die Ausgestaltung der individuellen Vollmacht der Person geregelt.[22] Vertretungsregelungen unter Einbeziehung von Bedarfsträgern sollen den internen Kunden, für den beschafft wird, bei der finalen Vertragsunterzeichnung nochmals mit einbeziehen.

Aufgrund der Vielfalt von Vertretungsregelungen in Unternehmen empfiehlt sich ein Blick in die Unterschriftenregelung der jeweiligen Firma. Diese verschafft Klarheit darüber, wie und in welchem Umfang die Vertretung erfolgt.

---

14 § 35 GmbHG.
15 § 78 AktG.
16 § 54 HGB.
17 § 48 HGB.
18 § 35 Abs. 2 HGB.
19 § 78 Abs. 2 AktG.
20 § 78 Abs. 4 AktG.
21 § 78 Abs. 3 AktG.
22 Eine Beschränkung der Prokura im Außenverhältnis ist nur sehr eingeschränkt möglich, § 50 HGB. Damit sind auch Geschäfte von Prokuristen wirksam, bei denen der Prokurist im Innenverhältnis gegen seine Vertretungsberechtigung verstoßen hat. Bsp.: Einkauf oberhalb der eingeräumten Wertgrenzen.

Praxistipp: Abschluss eines Kaufvertrages

▶ *Beim Abschluss eines Einkaufsvertrages sollten beide Parteien ein einheitliches Vertragsdokument zeichnen. Die Unterzeichnung kann auch im Wege einer elektronischen Signatur erfolgen.*[23] *Damit ist geklärt, auf welcher inhaltlichen Grundlage der Vertrag geschlossen wurde. Ferner ist dafür Sorge zu tragen, dass nur vertretungsberechtigte Personen den Vertrag zeichnen. Auf diese Weise wird der Vertrag rechtssicher geschlossen. Üblicherweise sind diese Vorgaben auch in den unternehmensinternen Einkaufsrichtlinien so festgelegt.*

III. Vertragstypen

Das Zivilrecht kennt eine Vielzahl unterschiedlicher Vertragstypen. Das BGB selbst beinhaltet eine Reihe derartiger Verträge. Es bleibt den Vertragsparteien aber auch freigestellt, verschiedene Vertragstypen zu kombinieren oder neue eigenständige Verträge zu entwickeln. Im Gesetz ist diese **Typenfreiheit** in den §§ 241 Abs. 1 BGB und 311 Abs. 1 BGB normiert. Danach sind vertragliche Schuldverhältnisse nicht an einen bestimmten Vertragstyp gebunden. Hiermit ist zugleich eine Kernbotschaft des Zivilrechts platziert, die eingangs bei den Vertragsgrundlagen kurz dargestellt wurde: Es gilt der Grundsatz der Vertragsfreiheit.

1. Kauf-, Werk-, Werkslieferungs-, Miet-, und Dienstvertrag

Für den Einkauf relevant sind insbesondere Kauf-, Werk-, Werklieferungs-, Miet- und Dienstvertrag. Das Alltagsgeschäft des Einkäufers ist maßgeblich geprägt durch den Kaufvertrag, der auch in der Gesamtwirtschaft der am häufigsten vorkommende Vertrag ist. Ferner sind Allgemeine Geschäftsbedingungen als das „Recht der Wirtschaft“ maßgeblich. Beide werden in einem separaten Abschnitt ausführlich behandelt. Die jeweiligen Vertragstypen sind auf verschiedene Interessenslagen zugeschnitten.

Beim **Kaufvertrag**[24] erwirbt das Unternehmen ein industriell gefertigtes Produkt von seinem Lieferanten, das er für sein eigenes Business benötigt. Der Warenumsatz steht im Vordergrund.[25] Der **Werkvertrag**[26] regelt die Herstellung eines den individuellen Vorgaben des Unternehmers entsprechenden Wirtschaftsgutes.

Eine Sonderform stellt der sogenannte **Werklieferungsvertrag** dar, der juristisch betrachtet eine Zwischenform zwischen Kauf- und Werkvertrag bildet.[27] Die Lieferung einer herzustellenden oder zu erzeugenden beweglichen Sache wird als Werklieferung bezeichnet. Ein derartiger Vertrag unterfällt dem Kaufrecht. Vertragsgegenstand ist die Herstellungs- oder Erzeugungspflicht des Lieferanten. Bei der Lieferung eigens angefertigter Sachen finden allerdings einige Regelungen aus dem Werkvertragsrecht ergänzend Anwendung.[28]

---

23 Zur Digitalisierung von Einkaufsverträgen vgl. unten E. V.
24 §§ 433 ff. BGB.
25 Vgl. *Weidenkaff*, in: Grüneberg, BGB-Kurzkommentar, 84. Aufl. 2025, vor § 433 BGB, Rn. 1.
26 §§ 631 ff. BGB.
27 § 650 BGB.
28 Sogenannte nicht vertretbare Sachen.

Gegenstand beim **Dienstvertrag**[29] sind demgegenüber Dienste jeglicher Art. Beim **Mietvertrag**[30] wird ein Produkt lediglich angemietet, anstatt es zu erwerben.

Die konkrete Wahl der Vertragsform, z.B. Miete statt Kauf, hat oftmals auch steuerliche, bilanzielle und **wirtschaftliche Gründe**. Beim Kauf- und Werkvertrag wird das Wirtschaftsgut mit seinen Anschaffungs- bzw. Herstellungskosten in der Bilanz aktiviert.[31] Es handelt sich um Assets in der Bilanz, die kapitalintensiv sind. Aufwand wird hier lediglich über die Abschreibungen generiert. Miete und Dienstleistungen werden demgegenüber grundsätzlich direkt als Aufwand gebucht. Der Einkauf derartiger Leistungen ist weniger kapitalintensiv, aber direkt EBIT-wirksam.

Die Abgrenzung der einzelnen Vertragstypen ist keine theoretische Fragestellung, sondern hat enorme praktische Bedeutung. Jeder der oben genannten Verträge enthält eigene Rechte und Pflichten für die jeweilige Vertragspartei. Bei der Erstellung des jeweiligen Einkaufsvertrages ist dies zu berücksichtigen – ebenso bei der Vertragsabwicklung.

2. Unterschiede zwischen Kauf- und Werkvertrag

Im Einkauf kommt die Abgrenzung zwischen Kauf- und Werkvertrag am häufigsten vor. Hier gilt Folgendes:

Beim Kaufvertrag ist die Lieferung einer unabhängig von den Wünschen des Käufers bereits vorgefertigten Sache der Vertragsgegenstand. Charakteristisch für den Werkvertrag ist demgegenüber die Herstellung eines den Vorgaben des Auftraggebers entsprechenden Werkes.[32] Vertragsgegenstand ist hier ein durch Arbeit herbeizuführender Erfolg.[33]

Eine Sonderform des Werkvertrages bildet der sogenannte **Bauvertrag**. Dieser enthält seit dem 01.01.2018 einige spezifische Regeln, die den Besonderheiten von Bauleistungen Rechnung tragen und vorrangig vor den allgemeinen Regeln des Werkvertrages gelten.[34] Flankierend hierzu hat der Gesetzgeber zeitgleich den „Architekten- und Ingenieurvertrag“[35] sowie den „Bauträgervertrag“[36] eingefügt.

Der Werkvertrag ist dadurch gekennzeichnet, dass der Werkunternehmer den Herstellungsprozess selbst individuell steuert. Dies hat Auswirkungen auf die wechselseitigen Leistungsbeziehungen der Vertragspartner. Im Einzelnen:

Beim Kauf wird die Ware lediglich abgeliefert. Der Werkvertrag erfordert eine Abnahme des Werkes durch den Besteller. Erst mit der Abnahme hat der Werkunternehmer seine Leistungspflichten erfüllt.[37]

---

29 §§ 611 ff. BGB.
30 §§ 535 ff. BGB.
31 § 255 Abs. 1 und 2 HGB. Eine Ausnahme bildet der Kauf sogenannter geringwertiger Wirtschaftsgüter unter 800,– Euro netto, die umgehend als Aufwand gebucht werden, § 6 Abs. 2 EStG.
32 Vgl. dazu *v. Wietersheim*, in: v. Wietersheim, Bauvertragsrecht nach BGB und VOB/B, 5. Aufl. 2023, S. 116.
33 So ausdrücklich § 631 Abs. 2 BGB.
34 Zum Bauvertrag s. §§ 650a ff. BGB.
35 Zum Architekten- und Ingenieurvertrag s. §§ 650p ff. BGB.
36 Zum Bauträgervertrag s. § 650u f. BGB.
37 § 640 Abs. 1 BGB.

Demgemäß ist beim Kaufvertrag die Vergütung bereits mit Vertragsschluss fällig.[38] Beim Werkvertrag tritt die Fälligkeit der Vergütung erst mit der Abnahme ein.[39] Bis zu diesem Zeitpunkt ist der Werkunternehmer grundsätzlich vorleistungspflichtig. Im Gegensatz zum Kauf hängt die Zahlung nicht nur von der Erbringung der Leistung ab, sondern von einer gesondert abzugebenden Erklärung des Vertragspartners. Dieser kann mit seiner Abnahmeerklärung den Zahlungszeitpunkt selbst mit steuern. Um dem Unternehmer gleichwohl Liquidität zu sichern, ist dieser allerdings berechtigt, Abschlagszahlungen auf bereits erbrachte Leistungen zu verlangen.[40]

Auch im Gewährleistungsrecht zeigen sich Unterschiede. Im Falle eines Mangels wählt der Werkunternehmer die Art der Nacherfüllung.[41] Er kann dies am ehesten sachgerecht entscheiden, denn er hat das Werk selbst hergestellt. Anders beim Kauf. Hier entscheidet der Käufer, in welcher Form er Nacherfüllung geltend macht.[42]

IV. Kaufvertrag als Haupttypus

Der Kaufvertrag gemäß §§ 433 ff. BGB bildet den Haupttypus aller Einkaufsverträge. Oftmals wird hier auch von Beschaffungs- oder Liefervertrag gesprochen. Gleichwohl handelt es sich jeweils um Kaufverträge.[43] Beim Abschluss und der Abwicklung eines Kaufvertrages richten sich die Rechte und Pflichten der Vertragspartner in erster Linie nach den Regeln des Kaufrechts selbst. Daneben kommen allgemeine gesetzliche Regeln über Leistungsstörungen zur Anwendung.[44]

Seit dem 01.01.2022 gelten zudem umfassende **Änderungen im Kaufrecht**. Diese als **„digitales Kaufrecht"** bezeichneten Neuerungen haben ihren Schwerpunkt im Bereich der Verbraucherverträge. Sie haben aber auch Auswirkungen auf das übrige Kaufrecht.

Nachfolgend werden deshalb zunächst die allgemeinen Leistungsstörungen von den spezifischen Regeln des Kaufrechts abgegrenzt. Danach erfolgt eine kurze Einordnung des neuen digitalen Kaufrechts mit dem Fokus B2C-Bereich. Sodann wird schwerpunktmäßig das „klassische" Kaufrecht" dargestellt, das für den hier relevanten B2B-Bereich zwischen Unternehmen maßgeblich ist.

38 § 433 Abs. 2 BGB.
39 § 641 Abs. 1 BGB.
40 § 632a BGB.
41 § 635 Abs. 1 BGB.
42 § 439 Abs. 1 BGB.
43 „Beschaffungsverträge" stellen oftmals auf den Einkauf von Rohmaterialen ab. Der „Liefervertrag" beinhaltet die Pflicht des Verkäufers, die Ware an den Käufer zu liefern. Damit wir lediglich eine Holschuld ausgeschlossen. Zur Holschuld vgl. § 269 BGB.
44 Vgl. *Lorenz*, Schuldrechtsreform 2002: Problemschwerpunkte drei Jahre danach, NJW 2005, 1889 (1890).

1. Abgrenzung zwischen Kaufrecht und allgemeinen Leistungsstörungen

Allgemeine Leistungsstörungen sind Hindernisse, die dazu führen, dass die vertragliche Leistung nicht wie vereinbart erbracht wird.[45] Das Thema ist im Zusammenhang mit der rechtlichen Bewältigung der **Corona Pandemie** und der **Russland-Krise** in den Fokus gerückt. Der Schwerpunkt lag hier bei Störungen im Zusammenhang mit der Vertragsdurchführung und der Stabilität der Lieferketten. Die aktuelle Diskussion um **Strafzölle** ist ein erneuter „Stresstest" für allgemeine Leistungsstörungen.

Umstände, die die Leistungsverpflichtung des Schuldners innerhalb eines Vertragsverhältnisses beeinträchtigen, können vielfältig sein. Die **Abgrenzung** wird anhand von folgendem **Beispielsfall** verdeutlicht:

Beispielsfall

Fensterbauer A liefert dem Bauherren B Fenster für dessen Bürogebäude.

a) Gewährsleistungsrecht des Kaufrechts

Gewährleistung bedeutet: Der Schuldner hat geleistet, aber er hat mangelhaft geleistet.

Beispielsfall a)

Die von A gelieferten Fenster sind zerkratzt.

Gewährleistungsregeln des Kaufrechts sind immer dann anwendbar, wenn die gelieferte Sache mit einem Mangel behaftet ist. Der (Ein-)Käufer kann dann seine Rechte aus den besonderen Vorschriften über den Kauf geltend machen. Primär ist dies die Nacherfüllung durch Nachbesserung oder Nachlieferung.[46] Sofern diese Maßnahmen fehlschlagen, kann der Einkäufer mindern oder vom Vertrag zurücktreten. Zudem kommen Schadensersatzansprüche in Betracht. Die einzelnen Gewährleistungsrechte werden später ausführlich dargestellt.[47]

b) Unmöglichkeit

Unmöglichkeit bedeutet: Der Schuldner hat noch nicht geleistet und er kann auch nicht mehr leisten.[48] Beim Kaufvertrag ist dies insbesondere der Fall, wenn die zu liefernde Sache vor der Übergabe zerstört wird.

---

45 *Grüneberg*, in: Grüneberg, BGB-Kurzkommentar, 84. Aufl. 2025, vor § 275 BGB, Rn. 1.
46 § 437 BGB.
47 S. unten A. IV. 3. b).
48 § 275 Abs. 1 BGB.

Beispielsfall b)

Bei den Fenstern handelt es sich um Unikate. Das Bürogebäude des B ist ein denkmalgeschützter Bau. Vor der Übergabe werden die Fenster zerstört.

Bei Massenwaren kann der Vertragspartner die Sache grundsätzlich erneut liefern. Dazu ist er vor der Übergabe der Sache auch verpflichtet. Unmöglichkeit kommt insoweit in Betracht bei der Lieferung von Gegenständen, die nicht mehr nachgeliefert werden können.

Sofern die Unmöglichkeit vor Abschluss des Vertrages eintritt, liegt anfängliche Unmöglichkeit vor. Hier haftet der Vertragspartner auf Schadensersatz, wenn er das Leistungshindernis kannte oder hätte kennen können.[49] Bei nachträglicher Unmöglichkeit besteht ein Schadensersatzanspruch, wenn der Schuldner das Leistungshindernis zu vertreten hat.[50]

c) Verzug

Verzug bedeutet: Der Schuldner hat zu spät geleistet bzw. der Schuldner hat noch nicht geleistet, er kann aber noch leisten.[51]

Beispielsfall c)

Die Fenster werden von A zu spät geliefert.

Der Käufer kann dann neben der Lieferung der Sache den durch die Verzögerung entstandenen Schaden verlangen. Im Beispielsfall könnten dies z.B. Mehrkosten wegen Änderung der Bauausführung aufgrund des verspäteten Einbaus sein. Die Voraussetzungen des Verzugs sind: Fälligkeit, Mahnung oder fester Termin und Verschulden.

Hat der Käufer kein Interesse mehr an der Leistung, muss er neben den Voraussetzungen des Verzugs eine Frist zur Lieferung setzen. Nach Fristablauf kann er vom Vertrag zurücktreten sowie Schadensersatz statt der Leistung verlangen.[52] Ein Rücktritt schließt den Schadensersatzanspruch nicht aus.[53] Als Schadensersatz kommen beispielsweise Mehrkosten wegen eines Deckungskaufs im Betracht.

d) Nebenpflichtverletzung – früher: positive Vertragsverletzung, pVV

Nebenpflichtverletzung bedeutet: Der Schuldner hat eine Nebenpflicht bzw. Rücksichtnahmepflicht verletzt.

49 § 311a BGB.
50 §§ 280 Abs. 1, 283 BGB.
51 § 286 BGB.
52 Der Rücktritt richtet sich nach § 323 BGB; Schadensersatz statt der Leistung wird nach § 281 Abs. 1 S. 1 BGB geltend gemacht.
53 *Grüneberg*, in: Grüneberg, BGB-Kurzkommentar, 84. Aufl. 2025, § 323 BGB, Rn. 33.

Beispielsfall d)

A hat die Fenster zwar rechtzeitig und ohne Mängel geliefert. Bei der Anlieferung werden jedoch Baustoffe schuldhaft beschädigt, die ordnungsgemäß auf dem Gelände des B gelagert sind. Darüber hinaus wird B durch die unsachgemäße Anlieferung verletzt.

Die Regeln zu Gewährleistungsrechten, Unmöglichkeit und Verzug erfassen nicht alle Formen der Leistungsstörungen. Es existieren zudem Neben- und Rücksichtnahmepflichten, die neben die eigentliche Leistungserbringung treten.[54] Die Verletzung derartiger Pflichten führt zur Schadensersatzpflicht, sofern der Vertragspartner sie zu vertreten hat.[55]

Neben der ordnungsgemäßen Lieferung der Fenster ist es eine Rücksichtnahmepflicht des A, auf der Baustelle keine sonstigen Schäden anzurichten. Die Beschädigung von Gegenständen sowie die Verletzung Dritter sind zum Schadensersatz verpflichtende Handlungen. Der Geschädigte ist so zu stellen, als wäre das schädigende Ereignis ausgeblieben. Die Beschädigung ist zu reparieren oder ersetzen. B sind die Heilbehandlungskosten zu zahlen.[56]

e) Pflichtverletzung im vorvertraglichen Bereich – früher: culpa in contrahendo, cic

Pflichtverletzung im vorvertraglichen Bereich bedeutet: Der Schuldner hat bereits bei Vertragsanbahnung Sorgfaltspflichten verletzt.

Beispielsfall e)

Fensterbauer A verschweigt bei den Preisverhandlungen eine den endgültigen Preis erhöhende Provisionsabrede. Im Nachgang schließen die Parteien den Kaufvertrag.

Vorstufen eines Vertrages sind bis zur vollständigen Einigung grundsätzlich nicht bindend.[57] Gleichwohl besteht bereits zu diesem Zeitpunkt ein vertragsähnliches Vertrauensverhältnis, das die Partner zur wechselseitigen Sorgfalt verpflichtet. Die Verletzung derartiger vorvertraglicher Sorgfaltspflichten begründet einen Schadensersatzanspruch.[58] Der Geschädigte ist so zu stellen, wie er ohne die Pflichtverletzung stehen würde.[59]

Im Beispielsfall hat B auf die Wahrheit und Vollständigkeit der Aussagen des A vertraut und den Vertrag daraufhin geschlossen. Hätte er von der Provisionsabrede gewusst, wäre der

54 Diese Kernaussage trifft § 241 Abs. 2 BGB.

55 Anspruchsgrundlage ist hier § 280 Abs. 1 BGB. Die Vorschrift ersetzt den zuvor ungeschriebenen Tatbestand der positiven Vertragsverletzung (pVV). Die Regelung gilt seit dem Schuldrechtsmodernisierungsgesetz vom 01.01.2002. Der Begriff „pVV" wird auch danach noch von der Rechtsprechung weiterverwendet, vgl. z.B. BGH, NJW 2007, S. 292.

56 Art und Umfang des Schadensersatzes richtet sich nach § 249 BGB.

57 Vgl. § 154 Abs. 1 BGB.

58 Anspruchsgrundlage ist § 311 Abs. 2 BGB. Auch das Rechtsinstitut „culpa in contrahendo" (c.i.c.) war ein zuvor nicht gesetzlich geregelter Anspruch, der ebenfalls durch das Schuldrechtsmodernisierungsgesetz in § 311 Abs. 2 BGB aufgenommen wurde.

59 Auch hier regelt § 249 BGB den Schadensersatz.

Vertrag nicht bzw. nicht so zustande gekommen. Möglicher Umfang des Schadensersatzes für B: Rückgängigmachung des Vertrages bzw. Ausgleich für Mehrkosten.[60]

f) Störung / Wegfall der Geschäftsgrundlage

Störung/ Wegfall der Geschäftsgrundlage bedeutet: Die Geschäftsgrundlage ist gestört aufgrund eines Umstandes, der nicht in den Verantwortungsbereich der Parteien fällt.

Beispielsfall f)

Nach Abschluss des Kaufvertrages ändern sich nicht vorhersehbar technische DIN-Normen. Die Fenster können in dieser Form nicht mehr von Unternehmer B verwendet werden. Die Anpassung der Fenster führt zu Mehrkosten von 1.000,- Euro.

Das Rechtsinstitut „Störung/ Wegfall der Geschäftsgrundlage" ist seit 2002 gesetzlich im BGB geregelt.[61] Davor handelte es sich um richterrechtlich entwickelte Grundsätze, die erstmals seit dem Ersten Weltkrieg und der dortigen Geldentwertung zur Anwendung kamen.

Mittlerweile ist diese Rechtfigur bei sämtlichen unerwarteten „Black Swan-Ereignissen" in der Diskussion, die seit Corona die Welt veränderten. Auch die Ukraine-Krise und die derzeitigen Strafzölle werden juristisch unter diesem Blickwinkel betrachtet. Deshalb an dieser Stelle der deep dive:

Sofern sich nach Vertragsschluss Umstände erheblich verändern, die nicht in den Verantwortungsbereich einer der Vertragspartner fallen, ist die ursprüngliche Grundlage für den Vertragsschluss beeinträchtigt. § 313 BGB will dies ausgleichen. Danach liegt eine Störung der objektiven Geschäftsgrundlage vor, wenn sich nach Vertragsschluss Umstände schwerwiegend ändern und die Partner den Vertrag in dieser Form nicht geschlossen hätten, wenn Sie diese Änderungen vorausgesehen hätten. Die subjektive Geschäftsgrundlage ist gestört, sofern sich wesentliche Vorstellungen, die Vertragsgrundlage geworden sind, als falsch herausstellen. Darüber hinaus ist erforderlich, dass der betroffenen Partei ein Festhalten am Vertrag nicht zumutbar ist.[62]

Störung oder Wegfall der Geschäftsgrundlage führen grundsätzlich nicht zur Auflösung des Vertrages.[63] Stattdessen erfolgt eine **Vertragsanpassung** an die veränderten Verhältnisse.[64] Nur wenn eine Anpassung des Vertrages ausnahmsweise nicht möglich ist, kommt eine **Vertragsauflösung** durch Rücktritt in Betracht.[65]

---

60 Denkbar ist daneben auch eine Anfechtung wegen arglistiger Täuschung durch Verschweigen, § 123 BGB.

61 Neben pVV und c.i.c. ist der Wegfall der Geschäftsgrundlage die dritte allgemeine Leistungsstörung, die anfangs nur gewohnheitsrechtlich anerkannt war. Auch sie ist mit dem Schuldrechtsmodernisierungsgesetz positivrechtlich in das BGB integriert worden.

62 Vgl. BGH, NJW 2012, S. 1718.

63 Vgl. zum Ganzen bereits *Köhler*, Die Lehre von der Geschäftsgrundlage als Lehre von der Risikobefreiung, in: 50 Jahre Bundesgerichtshof, Festgabe aus der Wissenschaft, 2000, Bd. I, S. 295 ff.

64 § 313 Abs. 1 BGB.

65 Vgl. dazu § 313 Abs. 3 BGB. Bei einem Dauerschuldverhältnis tritt an die Stelle des Rücktritts die Kündigung.

Im Beispielsfall war die Änderung technischer DIN-Normen nicht vorhersehbar und fiel auch nicht in den Verantwortungsbereich einer der Vertragspartner. Insoweit kommt eine Anpassung des Kaufpreises um 1.000,- Euro in Betracht.

g) Corona-Pandemie: Sonderfall hinsichtlich der Geschäftsgrundlage

Einen Sonderfall hinsichtlich der Störung bzw. des Wegfalls der Geschäftsgrundlage stellten die Corona-Pandemie und die damit verbundene „Lage" dar. Die WHO hatte die weltweite Ausbreitung des Coronavirus SARS-CoV-2 am 11.03.2020 offiziell zu einer Pandemie erklärt. Bei einer solchen pandemischen Lage handelt es sich um „höhere Gewalt".

Hierunter versteht die Rechtsprechung ein von außen kommendes, nicht vorhersehbares und auch durch äußerste Sorgfalt nicht abwendbares Ereignis, das von keinem Beteiligten verschuldet ist.[66] Der BGH hatte höhere Gewalt in einem Urteil vom 12.01.2022 erstmals für Corona bestätigt.[67]

Juristisch geht es bei der Konstellation der höheren Gewalt um die Frage der **Risikoverteilung in Geschäftsbeziehungen**. Die Prüfungsfolge ist wichtig:

Zunächst ist auf vertragliche Regelungen der Vertragspartner abzustellen. Üblicherweise werden Regelungen zur höheren Gewalt als „Force majeure"-Klauseln bezeichnet. Sie sehen bei derartigen unverschuldeten Ereignissen die Auflösung, Aussetzung oder Anpassung der Leistungspflichten vor. Existiert keine vertragliche Vereinbarung, kommen gesetzliche Regelungen aus dem Recht der zuvor beschriebenen allgemeinen Leistungsstörungen zur Anwendung: Unmöglichkeit, Verzug bzw. Störung/Wegfall der Geschäftsgrundlage.

Zurück zu Corona: Der BGH hatte sich in einer Entscheidung vom 26.01.2022 erstmalig mit der Frage der Erstattungspflicht von Versicherungen für Corona Schäden befasst. Hierbei sei vorrangig auf die vertraglichen Vereinbarungen abzustellen. Da die Welt „Covid-19" bislang nicht kannte, schieden vertragliche Ansprüche aus! Es verblieb bei der Prüfung allgemeiner Leistungsstörungen.[68]

Wirtschaftsgüter konnten während der Pandemie grundsätzlich noch irgendwo am Markt bezogen werden. Insofern lag regelmäßig nur eine Leistungserschwerung und keine Unmöglichkeit vor. Darüber hinaus war aufgrund der höheren Gewalt kein Verschulden gegeben, sodass neben Unmöglichkeit auch Ansprüche aus Verzug ausschieden. Als Anspruchsgrundlage für Corona-Schäden verbleibt damit die **Störung der Geschäftsgrundlage** nach § 313 BGB.

Der BGH bejahte in den zuvor genannten Entscheidungen eine coronabedingte Störung der Geschäftsgrundlage. Die wirtschaftlichen Rahmenbedingungen hätten sich in nicht vorhersehbarer Weise so nachteilig verändert, dass die ursprüngliche Leistungserfüllung nicht mehr zugemutet werden könne.[69]

66 Vgl. BGH, NJW 2017, S. 2677.
67 BGH, Urt. v. 12.01.2022 – XII ZR 8/21.
68 Vgl. zum Ganzen BGH, Urt. v. 26.01.2022 – IV ZR 144/21.
69 Das Rechtsinstitut „Störung der Geschäftsgrundlage" wird von der Rechtsprechung nur als ultima ratio herangezogen. Selbst in der **Finanzkrise 2008**, als die Lehmann-Pleite die Finanzwelt an den Rand des Abgrundes gebracht hatte, wurde § 313 BGB nur sehr zurückhaltend angewendet. Finanzierungsschwierigkeiten fallen grundsätzlich in den Risikobereich des Kreditnehmers.

Der konkrete Umfang der kommerziellen Anpassung müsse in jedem Einzelfall unter Berücksichtigung aller Umstände, insbesondere Umsatzrückgang, ersparte Aufwendungen sowie staatliche Corona Beihilfen, ermittelt werden.[70] Insoweit können auch erhöhte Beschaffungskosten von der Anpassung erfasst sein.

h) Russland-Krise: Ein weiterer Sonderfall hinsichtlich der Geschäftsgrundlage

Am 24.02.2022 veränderte die Invasion Russlands in der Ukraine die geopolitische Lage. Die Auswirkungen auf Vertragsbeziehungen sind aus juristischer Sicht überwiegend vergleichbar mit den Rechtsfolgen der Corona-Pandemie. Es geht auch hier um die Frage, wie diese Leistungsstörung sich auf die Geschäftsgrundlage auswirkt. Maßgeblich für die rechtliche Prüfung ist hier, ob der Vertragspartner sich auf einer Sanktionsliste befindet. Im Einzelnen:

Ist der Vertragspartner auf einer Sanktionsliste „gelistet", dürfen keine Neuverträge mit der Firma abgeschlossen werden. Sie verstoßen gegen damit gegen ein gesetzliches Verbot – § 134 BGB. Ein dennoch geschlossener Vertrag ist nichtig; ein Rückgriff auf Leistungsstörungen ist nicht mehr erforderlich.

Bei laufenden Verträgen liegt aufgrund der „Listung" eine *rechtliche* Unmöglichkeit vor. Somit sind die Leistungspflichten der Vertragspartner bereits kraft Gesetzes „eingefroren".[71] Zudem besteht üblicherweise ein vertragliches Sonderkündigungsrecht, da Verträge dies im Rahmen ihrer Integritätsklausel vorsehen. Integritätsklauseln werden später im Abschnitt „Compliance" noch im Detail erörtert.[72]

Sofern sich Vertragspartner nicht auf einer Sanktionsliste befinden, sind die Verträge formal zu erfüllen. Diese Konstellation betrifft die Vielzahl deutscher Unternehmen, deren Lieferketten durch die Russland-Krise beeinträchtigt sind. In diesem Fall gilt die oben bereits skizzierte Prüfungsfolge:

Maßgeblich sind etwaige vertragliche Regelungen zur „höheren Gewalt" bzw. „Force majeure". Bereits hieraus kann sich eine Aussetzung der Leistungspflichten ergeben. Das Vorliegen der Umstände höherer Gewalt muss in jedem Einzelfall festgestellt werden. Hier sind Leistungsgegenstand, Erfüllungsfristen etc. zu prüfen.

Daneben können Vertragspflichten aufgrund gesetzlicher Regelungen ausgesetzt werden. Dies ist der Fall, wenn in Russland ansässige Vertragspartner aufgrund der Kriegssituation nicht lieferfähig sind. In diesem Fall liegt eine *tatsächliche* Unmöglichkeit vor.[73]

In den verbleibenden Konstellationen ist als Anspruchsgrundlage die **Störung der Geschäftsgrundlage** zu prüfen. Geschäftsgrundlage ist der Konsens der Vertragspartner dahingehend, dass sich grundlegende politische, wirtschaftliche und soziale Rahmenbedingungen eines Vertrages nicht ändern. Durch den Ukraine Krieg hat sich diese Grundlage unvorhersehbar

70 BGH, Urt. v. 12.01.2022 – XII ZR 8/21. In dem zugrunde liegenden Fall ging es um die Anmietung von Gewerberäumlichkeiten durch den Textilhändler KIK. Der BGH hatte hinsichtlich der konkreten Abwägung an das OLG Dresden zurückverwiesen.

71 § 275 BGB.

72 Vgl. unten C. II. 2. b).

73 Auch hier gilt § 275 BGB.

und tiefgreifend verändert, sodass ein unverändertes Festhalten am Vertrag nicht mehr zumutbar sein kann. Die Zumutbarkeit ist für jede Vertragsbeziehung gesondert zu prüfen. Sie hat, ähnlich wie bei Corona, unter Berücksichtigung der konkreten Umstände des Einzelfalles zu erfolgen.

Für **öffentliche Auftraggeber** gelten weitergehende Restriktionen. Die EU-Verordnung 2022/576 des Rates vom 08.04.2022, das 5. Sanktionspaket, enthält in Artikel 5k für künftige Vergaben mit russischen Geschäftspartnern ein Zuschlagsverbot. Für laufende Verträge gilt seit dem 11.10.2022 ein Erfüllungsverbot.[74]

i) Trumps Strafzölle: Störung / Wegfall der Geschäftsgrundlage?

Nach der Corona-Pandemie und der Russland-Krise bahnt sich derzeit ein neuer „Stresstest" für die globalen Lieferketten an: Strafzölle. Seitdem die neue US-Regierung am 20.01.2025 im Amt ist, hat sie angekündigt, die eigene Wirtschaft durch Strafzölle zu stärken. Zunächst wurden zwei Dekrete unterzeichnet, mit denen bereits 2018 eingeführte Zölle auf Stahl und Aluminium zum 18.03.2025 wieder in Kraft treten.

Weitere Strafzölle für den Import in die USA traten am 02.04.2025 dem sogenannten „liberation day" in Kraft. Danach gilt seit dem 05.04.2025 für Importe in die USA pauschal ein Basiszoll von 10%.[75] Darüber hinaus existiert eine Vielzahl von Sonderzöllen. Seit dem liberation day sollten Importe aus der EU zwischenzeitlich mit einem Zoll von 50% belegt werden. Für Importe aus China erfolgte am 09.04.2025 eine massive Anhebung der Zölle. Neben den 10% wurden weitere Strafzölle von insgesamt 145% verabschiedet.[76]

Die Staaten innerhalb der Welthandelsorganisation WTO, u.a. die Staaten der Europäischen Union, haben daraufhin „Gegenzölle" angekündigt. China hat am 12.04.2025 Gegenzölle in Höhe von 125% verhängt. Nach längerem hin und her über die Höhe der Zölle teilte die US-Regierung am 27.06.2025 mit, man habe sich mit China über den Abbau von Exportbeschränkungen geeinigt. Für Importe aus China sollen künftig reduzierte Zölle anfallen. Im Gegenzug soll China seltene Erden an die USA liefern. Am 27.07.2025 haben die EU und die USA sich ab dem 01.08. auf grundsätzlich 15% Einfuhr-Zölle in die USA geeinigt. Am 21.08.2025 wurde dieser Deal auch schriftlich fixiert. Die EU senkt ihren Zollsatz auf Industriegüter aus den USA auf 0%.

Das Thema „Zölle" beschäftigt mittlerweile auch die US-Gerichte. Am 29.05.2025 erklärte das Gericht für internationalen Handel in New York die Zölle für rechtswidrig. Begründung: Die herangezogenen Notstandsgesetze seien keine ausreichende Ermächtigungsgrundlage für die Verabschiedung von Zöllen. Noch am selben Tag hob das Berufungsgericht in Washington das Urteil auf. Das letzte Wort hat nunmehr das oberste US-Gericht, der Supreme Court. Sechs der neun Richter stehen den Republikanern nahe.

---

74 Verordnung (EU) 2022/576 des Rates vom 08.04.2022 über restriktive Maßnahmen angesichts der Handlungen Russlands, die die Lage in der Ukraine destabilisieren.

75 Für die Finanzwelt war der „liberation day" keine Befreiung. Am Montag, den 07.04.25 stand der DAX zwischenzeitlich mit über 10% im Minus, der höchste Intraday-Börsenverlust in der Geschichte.

76 Die Weltbörsen reagierten auf die Zollankündigungen mit einem weltweiten Minus von ca. 5 Bill. US-Dollar, das „5-Billionen-Dollar-Beben".

Politisch ist das Thema der Strafzölle ein moving target. Die „Halbwertszeit" der jeweiligen Steuersätze und zwischenstaatlichen Vereinbarungen ist aktuell ungewiss. An der grundsätzlichen juristischen Bewertung ändert dies nichts:

Es geht um die Thematik, wie Unternehmen bei bestehenden Lieferantenbeziehungen auf die veränderten Umstände reagieren können, um zusätzliche Kosten zu vermeiden oder sich gegebenenfalls von unwirtschaftlichen Verträgen zu lösen.

Steuerlich betrachtet sind Strafzölle allgemeine Zölle – und zwar Einfuhrzölle im Hinblick auf Drittstaaten außerhalb der EU.

Ausfuhrzölle werden nur selten erhoben bzw. zusätzlich noch mit Strafen belegt. Denn wirtschaftlich ist es im Interesse eines Landes, Güter an das Ausland zu verkaufen und damit die eigene Handelsbilanz zu verbessern. Ausfuhrzölle werden grundsätzlich nur dann erhoben, wenn knappe Ressourcen auf dem heimischen Markt verbleiben sollen.

Einfuhrzölle hat grundsätzlich das einführende Unternehmen zu tragen. Der Zoll fällt an bei der Verbringung der Ware ins jeweilige Inland. Deutsche Unternehmen müssten dann de jure keine Strafzölle bezahlen. Kommerziell werden die importierenden Unternehmen diese Steuern dann im Zweifel an die Verbraucher weiterleiten. Die Preise für importierte Produkte erhöhen sich. Das wiederum kann dann zu dem gewünschten Steuerungseffekt führen, dass inländische Produkte bevorzugt vor Importen gekauft werden.

In diesem Zusammenhang stellt sich die Frage, wie derartige Strafzölle zivilrechtlich zu bewerten sind. Es geht auch hier wieder um die Frage der Risikoverteilung in Geschäftsbeziehungen. Und es verbleibt bei der bereits bekannten Prüfungsfolge: Zunächst sind vertragliche Vereinbarungen zu prüfen, sodann ist auf die allgemeine Gesetzeslage abzustellen.

Der eben genannte Grundsatz, nämlich dass das einführende Unternehmen als Importeur die Steuerlast trägt, lässt sich zivilrechtlich durch abweichende Vereinbarungen ändern.

Vertraglich kann beispielsweise vereinbart werden, dass der Verkäufer als Exporteur für die Verzollung der Ware verantwortlich ist. Im internationalen Warenverkehr finden darüber hinaus oftmals die sogenannten **Incoterms** Anwendung, die die wechselseitigen Pflichten der Vertragspartner regeln. Incoterms sind juristisch betrachtet Allgemeine Geschäftsbedingungen, die dann gelten, wenn die Vertragsparteien sie vereinbart haben.[77]

In diesem Zusammenhang gewinnt der **Incoterm „DDP"** – Delivered, Duty paid, „geliefert, Zoll /Steuer bezahlt" an Bedeutung. Sofern er vereinbart ist, hat der Verkäufer den Einfuhrzoll zu tragen und die Waren am Bestimmungsort zur Verfügung zu stellen. Deutsche Unternehmen hätten bei Lieferungen ins Ausland die Strafzölle dann selbst zu tragen.

Fraglich ist, ob die aktuell diskutierten **Strafzölle als höhere Gewalt** zu bewerten sind. Dann wären vertraglich die Force majeure-Klauseln einschlägig. Wie oben dargelegt, führen derartige Klauseln zur Vertragsanpassung bzw. vollständigen oder teilweisen Befreiung von der Leistungspflicht, je nach vertraglich vereinbarter Risikoverteilung. Bei Einkaufszöllen könnte der jeweils belastete Vertragspartner die Preise dann letztlich nach oben anpassen. So oder so würden die Preise der Wirtschaftsgüter sich verteuern.

---

77 Die aktuelle Fassung der Incoterms sind die „Incoterms 2020", 8. Revision, gültig seit dem 01.01.2020.

Eine **Force Majeure-Musterklausel des ICC** führt als Fälle höherer Gewalt neben Kriegen, Revolutionen und Erdbeben auch Währungs- und Handelsbeschränkungen, Embargos und Sanktionen auf. Änderungen der Zollbestimmungen werden nicht genannt.[78] Dann wären vertragliche Ansprüche auf Vertragsanpassung bei Strafzöllen ausgeschlossen.[79]

Sofern vertragliche Ansprüche ausscheiden, kommt als Anspruchsgrundlage abermals **Störung der Geschäftsgrundlage** in Betracht. Danach kann eine Vertragsanpassung aufgrund höherer steuerlicher Belastung dann verlangt werden, wenn sich die Vertragsgrundlage schwerwiegend und unvorhersehbar verändert hat und ein Festhalten am Vertrag nicht mehr zumutbar ist.

Im Ergebnis geht es um die Frage, ob Strafzölle unvorhersehbar und unzumutbar sind.

Wie eingangs skizziert, sind einige dieser Strafzölle bereits in der ersten Amtszeit des derzeitigen US-Präsidenten erhoben worden. Mit den jetzigen Dekreten sind sie „reaktiviert" worden. Zudem war dies im Wahlkampf ein stetiges Thema. Damit wird man derartige Strafzölle bereits nicht als unvorhersehbar ansehen können.

An die Unzumutbarkeit bei Änderungen im Außenwirtschaftsrecht stellt der BGH zudem sehr hohe Anforderungen. Unzumutbar seien Änderungen, die zu einem untragbaren, mit Recht und Gerechtigkeit nicht zu vereinbarenden Ergebnis gelangen würden. In dem Fall geht es um Exporte im Iran Krieg.[80]

Im Außenwirtschaftsrecht sind Ein- und Ausfuhrzölle ein bekanntes Steuerungsinstrument. Importeuren und Exporteuren sind diese Regularien bekannt. Auch Änderungen der Zolltarife sind ein Steuerungsinstrument. Damit sind Strafzölle kein untragbares, mit Recht und Gerechtigkeit nicht zu vereinbarendes Instrument und im Ergebnis zumutbar.

Da bei Strafzöllen somit auch eine Störung der Geschäftsgrundlage grundsätzlich nicht in Betracht kommt, sind andere Instrumente des Risikomanagements in Betracht zu ziehen. Hier bieten sich zum Beispiel **Preisgleitklauseln** an, um das Preisrisiko abzufedern.

Das Thema „Preisrisiko" wird im Abschnitt Risikomanagement und dort beim Vertragsmanagement näher beleuchtet werden.[81]

Alles in allem wird das Thema „Strafzölle" die Lieferketten auch weiterhin begleiten. Aus Sicht der USA stellt sich die Frage, ob die Zölle wirklich mehr Wertschöpfung in das Land zurückbringen werden.[82] American Dream oder Riders on the Storm?

Die Europäische Union hätte die Möglichkeit, mit einer **europäischen Digitalsteuer** zu reagieren. US-Konzerne wie Google, Meta, Apple oder Netflix nutzen zum einen kostenlos europäische Infrastrukturnetze. Zum anderen existieren hier vielfach ertragsteuerliche Gestaltungen,

---

78 Die ICC (International Chamber of Commerce) hat ihre Musterklausel zu Force Majeure auf ihrer homepage veröffentlicht.

79 Force Majeure-Klauseln können auch andere Inhalte haben als die Klausel der ICC. Die Klauseln sind dann jeweils im Einzelfall zu prüfen.

80 Vgl. zum Ganzen BGH, Urt. v. 08.02.1984 – VIII ZR 254/82. Hier konnte der Export von Bier nicht mehr abgewickelt werden, nachdem der Iran den Konsum von Alkohol verboten hatte.

81 S. unten C. III. 3. e).

82 Eine gezielte Abwertung des US-Dollar würde flankierend die Exportquote der USA verbessern – Trump's wirtschaftspolitisches Konzept, der **Mar-a-Lago Accord**.

die darauf ausgerichtet sind, dass diese US-Unternehmen kaum Steuern in der EU zahlen.[83] Das Geschäftsmodell wäre die Erhebung eines Steuersatzes von x% auf deren digitale Dienste. Alternativ käme eine allgemeine zusätzliche Besteuerung von „Großunternehmen" in Betracht, orientiert an deren Umsätzen. Vor der Digitalsteuer der Zukunft zum bereits jetzt geltenden digitalen Kaufrecht:

2. Neues „Digitales" Kaufrecht – Fokus B2C-Bereich

Zum 01.01.2022 hat der Gesetzgeber die umfassendsten Änderungen im Kaufrecht seit der Schuldrechtsmodernisierung 2002 vorgenommen. Ein neuer Trend, der maßgeblich für die wirtschaftliche Entwicklung ist, wird in das Kaufrecht übernommen: **Digitalisierung**. Das seither geltende „digitale Kaufrecht" fokussiert auf den Verbraucherbereich. Aber auch im allgemeinen Kaufrecht zieht es Änderungen nach sich. So hat sich z.B. der Begriff des Sachmangels verändert.

a) Zielrichtung

Die Neuerungen gehen zurück auf die Umsetzung von zwei EU-Richtlinien, die Digitale-Inhalte-Richtlinie[84] und die Warenkauf-Richtlinie.[85] Ziel ist es, das Kaufrecht im Bereich der Produkte mit digitaler Funktion auf ein höheres Verbraucherschutzniveau zu heben. Insbesondere der elektronische Handel schafft hier Regelungsbedarf. Hinzu kommt, dass neben analogen Wirtschaftsgütern zunehmend digitale Wirtschaftsgüter produziert werden. Das Kaufrecht in seiner ursprünglichen Form ist auf analoge Produkte zugeschnitten.

Der Gesetzgeber unterscheidet seitdem drei Arten von vertraglich gebundenen Wirtschaftsgütern:

- Digitale Produkte,
- Waren mit digitalen Elementen und
- klassische, „analoge" Wirtschaftsgüter.

Mit der Einführung dieser neuen Kategorien von Wirtschaftsgütern hängt die Anwendung des jeweiligen Kaufrechts von der Art der Ware ab.[86] Zudem werden hiermit neue Sachbegriffe ins BGB eingefügt.[87] Für digitale Produkte wurde eine eigene Vertragsform geschaffen. Waren mit digitalen Elementen sind ein Sonderfall im Verbrauchsgüterkauf. Für die verbleibenden Wirtschaftsgüter gilt das allgemeine Kaufrecht – ebenfalls mit Neuerungen. Im Einzelnen:

---

83 Z.B. durch überhöhte Lizenzzahlungen an die US-Stammhäuser. Dies senkt die ertragsteuerliche Belastung in den „Hochsteuerländern" der EU. Beim Apple-Konzern hat der EuGH dies jüngst als unzulässige steuerliche Beihilfe qualifiziert, EuGH, Urt. v. 10.09.2024, Rs. C-465/20 P.

84 EU-Richtlinie 2019/770 (Digitale-Inhalte-Richtlinie, diD-RL). Die nationale Umsetzung erfolgte durch das „Gesetz zur Umsetzung der Richtlinie über bestimmte vertragsrechtliche Aspekte der Bereitstellung digitaler Inhalte und digitaler Dienstleistungen."

85 EU-Richtlinie 2019/771 (Warenkaufrichtlinie, WKRL). Die nationale Umsetzung erfolgte durch das „Gesetz zur Regelung des Verkaufs von Sachen mit digitalen Elementen und anderer Aspekte des Kaufrechts". Diese Richtlinie ersetzt faktisch die Verbrauchsgüterkaufrichtlinie von 1999.

86 Vgl. dazu *Artz*, Viel Neues im BGB – Verträge über digitale Produkte und neues Kaufrecht, ZJS 2022, S. 278 f.

87 Allgemein zum Begriff der Sache vgl. § 90 BGB.

b) Verbraucherverträge über digitale Produkte, §§ 327 ff. BGB

Digitale Produkte sind nach der Gesetzesdefinition des neuen § 327 BGB solche, die digitale Inhalte oder Dienstleistungen bereitstellen.[88] Digitale Inhalte sind Daten, die in digitaler Form erstellt und bereitgestellt werden. Hierbei handelt es sich um Computerprogramme, Apps oder Audio- bzw. Videodateien. Digitale Dienstleistungen betreffen z.B. Streaming-, Social Media- oder Messenger-Dienste. Ebenso erfasst sind Buchungs-, Vermittlungs-, Verkaufs- oder Bewertungsportale.[89]

Für digitale Produkte wurde mit der zuvor erwähnten Digitale-Inhalte-Richtlinie **eine neue eigene Vertragsform** entwickelt. Der Verbrauchervertrag regelt eigene Rechte und Pflichten.[90] Somit finden allgemeines Kaufrecht[91] und auch allgemeine Regeln über den Verbrauchsgüterkauf[92] keine Anwendung.

Ein neu geschaffener § 327b BGB regelt die Erfüllung der Leistungspflichten im Hinblick auf die Bereitstellung der digitalen Produkte. Die Rechte des Käufers bei unterbliebener Bereitstellung sind in § 327c BGB aufgeführt. Darüber hinaus existiert ein eigenes Gewährleistungsrecht in §§ 327d ff. BGB. Dieses ist an die allgemeine Struktur des Kaufrechts angelehnt.[93]

c) Verbrauchsgüterkauf über Waren mit digitalen Elementen, §§ 475 b ff. BGB

Die Ware mit digitalen Elementen unterfällt den allgemeinen, im Jahr 2002 eingeführten Vorschriften über den **Verbrauchsgüterkauf.**[94] Hierbei handelt es sich um Verträge zwischen einem Unternehmer[95] als Verkäufer und einem Verbraucher[96] als Käufer.

Kurz gefasst geht es beim Verbrauchsgüterkauf um den Schutz des Verbrauchers in seiner Eigenschaft als Käufer. Hierzu wurden einige Regeln des allgemeinen Kaufrechts zu seinen Gunsten verändert. So dürfen bei Gewährleistungsrechten im Vorhinein keine abweichenden Vereinbarungen zulasten des Verbrauchers getroffen werden.[97] Zudem besteht eine Beweislastumkehr bei Mängeln und der Erhalt der Gewährleistungsrechte bei Kenntnis des Mangels.[98] Diese Gewährleistungsthemen werden später bei der Darstellung des Kaufrechts vertieft.

Die Ware mit digitalen Elementen unterfällt nunmehr exakt diesem Verbrauchsgüterkauf. Hierbei handelt es sich um eine Sache, die in einer solchen Weise digitale Inhalte und Dienst-

88 Zur Legaldefinition der digitalen Produkte s. § 327 Abs. 1 S. 1 BGB.
89 Zum Begriff der digitalen Inhalte und digitalen Dienstleistungen s. § 327 Abs. 2 BGB.
90 Eine Legaldefinition des Verbrauchervertrages findet sich im AGB-Recht, dort § 310 Abs. 3 BGB.
91 §§ 433 ff. BGB.
92 §§ 474 ff. BGB.
93 Die Begriffe des Sachmangels (§ 434 BGB) und des Produktmangels (§ 327e BGB) sind einander stark angenähert.
94 Beim Verbrauchsgüterkauf handelt es sich um die Umsetzung europarechtlicher Vorgaben, der sogenannten „Verbrauchsgüterkaufrichtlinie" der EU, Richtlinie 1999/40/EG v. 25.05.1999, Amtsblatt L 171 v. 07.07.1999, S. 12.
95 Zum Unternehmerbegriff vgl. § 14 BGB.
96 Zum Verbraucherbegriff vgl. § 13 BGB.
97 So ausdrücklich § 476 BGB.
98 Zum Erhalt der Gewährleistungsrechte bei Kenntnis des Mangels vgl. § 475 Abs. 3 S. 2 BGB. Diese Vorschrift wurde mit dem „Digitalen Kaufrecht" zum 01.01.2022 eingefügt.

leistungen enthält, dass sie ihre Funktion ohne diese nicht erfüllen kann.[99] Typische Beispiele hierfür sind Smartphones oder Tablets.Folgende Besonderheiten kommen hier zugunsten des Verbrauchers zur Anwendung:

Es gilt ein erweiterter Sachmangelbegriff, § 475b BGB. Den Verkäufer trifft zusätzlich zur Verpflichtung der mangelfreien Leistung eine Aktualisierungspflicht. Er ist verpflichtet, für den Zeitraum der Nutzungsdauer des Produkts über Aktualisierungen zu informieren und diese bereitzustellen.[100] Die Aktualisierungspflicht soll sicherstellen, dass das Produkt auch dann noch funktioniert, wenn sich das digitale Umfeld aufgrund von Updates ändert. Diese Ansprüche verjähren erst zwölf Monate nach Ende der Aktualisierungspflicht. Faktisch beträgt die Gewährleistung damit 36 statt der üblichen 24 Monate.[101]

Praxistipp: Einkauf digitaler Wirtschaftsgüter

▶ *Die gesamte vertragliche Konzeption für digitale Produkte und Waren mit digitalen Elementen gilt nur, wenn ein Unternehmer einem Verbraucher ein derartiges digitales Wirtschaftsgut verkauft. Zielrichtung ist hier der Verbraucherschutz. Für Verträge über digitale Wirtschaftsgüter im B2B-Bereich wurden keine eigenen Regeln geschaffen. Die hiermit verbundenen Einkaufsthemen sind nach allgemeinem Kaufrecht zu lösen.*

3. „Allgemeines" Kaufrecht – Fokus B2B-Bereich

Im Mittelpunkt des „allgemeinen" Kaufrechts stehen die Leistungspflichten der Vertragspartner beim Kauf von Wirtschaftsgütern. Besonderes Augenmerk gilt der Pflicht des Verkäufers, die Kaufsache frei von Mängeln zu übergeben. Beschaffung im B2B-Bereich folgt hier den bekannten Regeln der §§ 433 ff. BGB.

a) Rechte und Pflichten beim Kaufvertrag, Eigentumserwerb, §§ 433, 929 BGB

Das Wesen des Kaufvertrages gibt § 433 BGB selbst wieder. Hier werden die Verpflichtungen von Verkäufer und Käufer festgelegt. Die Vorschriften über den Kauf von Sachen finden entsprechend Anwendung für den Kauf von Rechten und sonstigen Gegenständen, z.B. Patente, Strom, Wärme.[102]

Der Verkäufer hat den Kaufgegenstand zu übergeben und dem Käufer das Eigentum an der Sache frei von Sach- und Rechtsmängeln zu verschaffen. Der Verkäufer hat den vereinbarten Kaufpreis zu zahlen und die gekaufte Sache anzunehmen. Dieses wechselseitige Leistungsverhältnis der Vertragspartner führt zu folgenden Konsequenzen[103]:

Der Kaufpreis wird bereits mit Vertragsschluss fällig und nicht erst bei Übernahme der Sache. Dies stärkt die Rechte des Verkäufers. Anders im Werkvertragsrecht: Hier ist die Vergütung, wie oben dargelegt, erst mit Abnahme fällig.[104]

---

99 Diese Definition ergibt sich aus § 327a Abs. 3 S. 1 BGB.
100 § 475b Abs. 4 Nr. 2 BGB.
101 Vgl. dazu § 475e Abs. 2 BGB.
102 So ausdrücklich § 453 Abs. 1 S. 1 BGB.
103 Der Kaufvertrag ist der Inbegriff eines wechselseitigen, synallagmatischen Vertrages. „Ich gebe, damit Du gibst" – „do ut des".
104 S. oben A. III. 2.

Die Lieferung einer mangelfreien Sache gehört zu den Pflichten des Verkäufers. Dies stärkt die Rechte des Käufers. Solange der Lieferant keine mangelfreie Ware liefert, hat er seine Vertragspflichten noch nicht erfüllt.

Der Verkäufer ist lediglich verpflichtet, das Eigentum an der Sache zu verschaffen. Mit Abschluss eines Kaufvertrages allein erlangt der Käufer also noch kein Eigentum. Erst mit der Übergabe der Sache findet der Eigentumswechsel statt.[105] Entscheidender Zeitpunkt für das Vorhandensein eines Mangels ist ebenfalls der Zeitpunkt der Übergabe.[106]

Die Tatsache, dass nach dem gesetzlichen Leitbild der Eigentumswechsel mit der Übergabe der Sache sattfindet, führt aus Sicht des Lieferanten zu Unwägbarkeiten. Verschafft er dem Käufer ohne sofortige Bezahlung durch Übergabe das Eigentum an der Kaufsache, ist dies für ihn riskant. Im B2B-Bereich werden üblicherweise Zahlungsfristen vereinbart. Der Lieferant würde so fast immer das Eigentum an der Ware verlieren, ohne zugleich den Kaufpreis zu erhalten.

Für den Einkäufer ist dies komfortabel, für den Lieferanten nicht. Aus Lieferantensicht kommt eine Gestaltung ins Spiel, die dieses Problem zu seinen Gunsten lösen kann – der Eigentumsvorbehalt. Der Lieferant ist hinreichend abgesichert, wenn er dem Käufer die verkaufte Sache zwar sofort übergibt, sich selbst jedoch bis zur restlosen Kaufpreiszahlung das Eigentum vorbehält. Dies kann individualvertraglich oder über Verkaufs-AGB geregelt werden. Damit vereinbaren die Vertragspartner einen Eigentumsvorbehalt nach § 449 BGB.

Beim Eigentumsvorbehalt wird das Eigentum unter der aufschiebenden Bedingung der vollständigen Kaufpreiszahlung übertragen. Der Käufer wird also erst mit endgültiger Bezahlung der Ware neuer Eigentümer.[107]

Sofern der Kaufpreis nicht vollständig bezahlt wird, kann der Verkäufer nach erfolglosem Ablauf einer Zahlungsfrist vom Vertrag zurücktreten.[108] Er kann dann die Sache vom Käufer herausverlangen.[109] Solange der Käufer alle Raten zahlt, hat er ein Recht zum Besitz und muss die Sache nicht herausgeben. Diese Gestaltung beschreibt die Grundform des Eigentumsvorbehalts, der die unterste Handelsstufe, also den direkten Verkauf an den Endverbraucher, abdeckt. Es handelt sich hierbei um den sogenannten „einfachen" Eigentumsvorbehalt.

Innerhalb von Lieferketten, bei denen Händler und Weiterverarbeiter in den Beschaffungsprozess integriert sind, greift diese Vereinbarung zu kurz. Denn sie schließt jede das Eigentum des Verkäufers beeinträchtigen Weiterveräußerung oder -verarbeitung aus. Zu diesem Zweck existieren Sonderformen des Eigentumsvorbehalts:

Der **verlängerte Eigentumsvorbehalt** ist dadurch gekennzeichnet, dass er eine Weiterveräußerung der Kaufsache zulässt. Der Lieferant erklärt sich mit der Weiterveräußerung einverstanden. Hierdurch verliert er zwar endgültig sein Eigentum. Der Käufer tritt ihm jedoch als Ausgleich vorab bereits die Geldforderung aus dem Weiterverkauf ab.[110]

---

105 § 929 BGB.

106 §§ 434 Abs. 1 BGB, 446 BGB.

107 §§ 929, 158 Abs. 1 BGB. Der Käufer erlangt durch die aufschiebend bedingte Übereignung zunächst nur ein Anwartschaftsrecht als Vorstufe zum Volleigentum.

108 §§ 346, 323 BGB.

109 § 449 Abs. 2 BGB.

110 Zum Ganzen *Weidenkaff*, in: Grüneberg, BGB-Kurzkommentar, 84. Aufl. 2025, § 449 BGB Rn. 18.

Bei der Verarbeitung einer Sache wird der Käufer bereits kraft Gesetzes Eigentümer. Dem trägt der **Verarbeitungsvorbehalt** Rechnung. Die Vertragspartner vereinbaren eine Verarbeitungsklausel. Danach verarbeitet der Käufer für den Verkäufer die Sache. Der Verkäufer wird Eigentümer der neuen Sache.

Ergänzend sei noch auf eine Gestaltung hingewiesen, die zeitweilig in Konzernen und im Konzerneinkauf verwendet wurde. In der Vergangenheit wurde teilweise ein sogenannter **„Konzern"-Eigentumsvorbehalt** vereinbart. Beim Konzernvorbehalt wurde der Eigentumserwerb davon abhängig gemacht, dass der Käufer auch seine Verbindlichkeiten bei anderen Konzernunternehmen des Verkäufers beglichen hatte. Mittlerweile hat der Gesetzgeber festgelegt, dass dies unzulässig ist.[111] Die Unzulässigkeit beruht darauf, dass die für ein Kreditsicherungsmittel notwendige Verbindung zwischen Sicherungsgegenstand und Forderung aufgelöst wird.

Beim Risikomanagement wird später noch eine weitere Konzerngestaltung vorgestellt, die ebenfalls auf Strukturen in verbundenen Unternehmen basiert, die Konzernaufrechnung.[112]

Abschließend sei darauf hingewiesen, dass ein Eigentumsvorbehalt nur an beweglichen Sachen vereinbart werden kann, bei Grundstücken ist dies nicht möglich.[113] Auch bei sogenannten wesentlichen Bestandteilen, insbesondere Sachen, die in einem Gebäude eingebaut werden, ist kein Eigentumsvorbehalt möglich.[114] Im bauaffinen Einkauf, bei der Beschaffung von Aufzügen, Klima- und Heizungsanlagen etc., kommt diese Gestaltung also nicht in Betracht.

b) Gewährleistungsrechte

Unter Berücksichtigung der Rechte und Pflichten beim Kaufvertrag bedeutet Kaufrecht für den Einkäufer vor allem Folgendes: Eigentumserwerb an einer Sache, die frei von Sach- und Rechtsmängeln ist. Damit haben Gewährleistungsrechte einen hohen Stellenwert im Kaufrecht. Der Käufer kann diese Rechte geltend machen, sofern die Sache mit einem Mangel behaftet ist.

Der Begriff **„Sachmangel"** ist in § 434 BGB detailliert geregelt. Jedes Produkt muss beim Kauf bestimmte Mindestanforderungen erfüllen. Der Gesetzgeber hat diese „Qualitätsstandards" mit Einführung des digitalen Kaufrechts auch für „analoge" Wirtschaftsgüter noch einmal nachgeschärft.

Die Frage der Qualitätsstandards im Kaufrecht ist ein moving target, das sich im Laufe der Zeit immer wieder verändert hat. Juristisch formuliert: Es geht um die Frage, ob objektive oder subjektive Kriterien für einen Sachmangel entscheidend sind. Bis 2002 waren objektive Kriterien maßgeblich.[115] Danach existierte bis 2022 ein Stufenverhältnis zwischen objektiven und subjektiven Anforderungen. Soweit eine Anforderung vorlag, war eine Sache frei von

111 § 449 Abs. 3 BGB.
112 S. unten beim Risikomanagement in der Insolvenz C. III. 3. c).
113 Die Einigung zur Grundstücksübertragung darf nicht an Bedingungen geknüpft sein, § 925 Abs. 2 BGB.
114 Wesentliche Bestandteile können nicht Gegenstand besonderer Rechte sein, §§ 93, 94 Abs. 2 BGB. Deshalb ist hier kein Eigentumsvorbehalt möglich.
115 Sogenannter „objektiver Fehlerbegriff".

Sachmängeln. Mit Einführung der Änderungen zum digitalen Kaufrecht ab 2022 sieht der aktuelle Status wie folgt aus:

Das „allgemeine" Kaufrecht unterscheidet in § 434 BGB hinsichtlich des Sachmangels zwischen der vereinbarten Beschaffenheit einer Kaufsache (subjektive Anforderungen) und der gewöhnlichen Verwendung (objektive Anforderungen). Beides muss zusammen vorliegen. Objektive Voraussetzungen entsprechen den allgemeinen Qualitätsstandards. Subjektive Voraussetzungen den besonderen, vertraglich vereinbarten Standards. Darüber hinaus sind auch etwaige Montageanforderungen einzuhalten, damit eine Sache mangelfrei ist. Anders gewendet: Die Freiheit von Sachmängeln hat aktuell drei kumulative Voraussetzungen:

Erstens muss die Sache den subjektiven Anforderungen entsprechen. Vereinbarte Beschaffenheit, vertraglicher Verwendungszweck bzw. vereinbartes Zubehör müssen vorliegen. Zur Beschaffenheit gehören Kompatibilität, Interoperabilität und sonstige vereinbarte Merkmale der Sache.[116] **Zweitens** ist eine Übereinstimmung mit den objektiven Anforderungen erforderlich. Kriterien sind hier die gewöhnliche Verwendung, übliche Beschaffenheit bzw. Beschaffenheit gemäß Probe oder Muster.[117] **Drittens** muss eine Übereinstimmung mit Montageanforderungen, d.h. sachgemäß durchgeführte Montage und mangelfreie Montageanleitung, vorliegen, soweit eine Montage durchzuführen ist.[118] Zudem steht es einem Sachmangel gleich, wenn der Verkäufer eine andere Sache als die Geschuldete liefert.[119]

Im B2B-Bereich, wenn beide Vertragspartner Kaufleute sind, hat der Käufer die Ware ferner unmittelbar nach Ablieferung zu untersuchen und etwaige Mängel zu rügen. Anderenfalls gilt die Lieferung als genehmigt, soweit es sich nicht um einen unerkennbaren Mangel handelt. Zeigt sich später ein Mangel, hat die Rüge unmittelbar nach dessen Entdeckung zu erfolgen.[120]

Liegt nach allem ein Sachmangel vor, sind die dem Käufer zustehenden **Gewährleistungsrechte** in § 437 BGB aufgezählt. Im Überblick hat der Käufer folgende Rechte:

- Nacherfüllung (Nachbesserung/ Nachlieferung): § 439 BGB
- Rücktritt vom Vertrag: § 440 BGB
- Minderung des Kaufpreises: § 441 BGB
- Schadensersatz: § 440 BGB

Gewährleistungsrechte enthalten einige **Grundregeln**, die hier zunächst kurz skizziert werden:

- Alle Rechte bestehen grundsätzlich nebeneinander, es gilt jedoch der Vorrang der Nacherfüllung. Der Verkäufer hat in erster Linie den Mangel zu beseitigen oder eine neue mangelfreie Sache zu liefern.[121] Dies entspricht den Interessen der Vertragspartner beim Kauf. Die

116 § 434 Abs. 2 Nr. 1 – 3 BGB.
117 § 434 Abs. 3 Nr. 1 – 4 BGB.
118 § 434 Abs. 4 Nr. 1 – 2 BGB.
119 § 434 Abs. 5 BGB – sogenannte aliud-Lieferung.
120 Vgl. zum Ganzen § 377 HGB.
121 Vgl. dazu *Oechsler*, Praktische Anwendungsprobleme des Nacherfüllungsanspruchs, NJW 2004, S. 1825, (1826).

wechselseitige Leistungsbeziehung ist auf die Veräußerung einer ordnungsgemäß funktionierenden Sache gerichtet.

- Rücktritt, Minderung oder Schadensersatz kommen somit erst dann in Betracht, wenn die Nacherfüllung erfolglos war. Dem Nacherfüllungsanspruch des Käufers entspricht das Recht des Verkäufers zur zweiten Andienung. Er bekommt eine zweite Chance zur Lieferung einer mangelfreien Sache.[122]
- Gewährleistungsrechte sind grundsätzlich nicht von einem Verschulden des Verkäufers abhängig. Lediglich bei der Geltendmachung von Schadensersatz kommt es auf ein Verschulden an.

Nachfolgend die Gewährleistungsrechte im Einzelnen:

Bei der **Nacherfüllung** nach § 439 BGB besteht ein Wahlrecht zwischen Beseitigung des Mangels (Nachbesserung) oder der Lieferung einer neuen mangelfreien Sache (Nachlieferung).

Damit wird es dem Käufer überlassen, auf welche Weise er eine mangelfreie Sache erhält.[123] Die Ausübung dieses Wahlrechts ist an keine Form und Frist gebunden. Aus Gründen der Beweissicherung sollte sie jedoch schriftlich erfolgen. Das einmal ausgeübte Wahlrecht kann grundsätzlich nicht widerrufen oder erneut ausgeübt werden, da der Vertragspartner Klarheit haben soll, was von ihm verlangt wird.

Die Nacherfüllung umfasst Transport-, Wege-, Arbeits- und Materialkosten.[124] Der Aufwand zum Auffinden des Mangels[125] und etwaige Sachverständigen-, Anwalts- oder Gutachterkosten[126] sind ebenfalls zu tragen.

Zudem sind Aus- und Einbaukosten erfasst, § 439 Abs. 3 BGB. Diese Regelung wurde erst 2018 eingefügt und war zuvor für den B2B-Bereich zwischen Unternehmen umstritten.[127] Die Vorschrift hat erhebliche wirtschaftliche Auswirkungen. So sind beispielsweise die gewährleistungsbedingten Aus- und Einbaukosten beim Einkauf in der Automobilindustrie oder der Bauindustrie regelmäßig die höchsten Schadenspositionen.

Nacherfüllung kann ausnahmsweise ausgeschlossen sein. Dies ist der Fall, wenn sie unmöglich ist, z.B. bei einem unbehebbaren Mangel. Bei unverhältnismäßigen Kosten macht das Gesetz zudem Vorgaben, wann Nachbesserung oder Nachlieferung zu wählen ist.[128] Führt die Nacherfüllung nicht zum Ziel, hat der Käufer weitere Gewährleistungsrechte.

Beim **Rücktritt** nach § 440 BGB geht es um die Rückabwicklung des Vertragsverhältnisses unter Rückgewähr der bereits empfangenen Leistungen. Der Käufer gibt die Kaufsache zurück und erhält dafür etwaige bereits geleistete Zahlungen.

---

122 *Ebert*, Das Recht des Verkäufers zur zweiten Andienung und seine Risiken für den Käufer, NJW 2004, S. 1761.

123 Zu diesem gesetzgeberischen Motiv: BT-Drs. 14/6040, S. 231.

124 So ausdrücklich § 439 Abs. 2 BGB.

125 So bereits BGH, NJW 1991, S. 1604.

126 S. dazu BGH, NJW-RR 1999, S. 813.

127 Im Verbraucherbereich hatte der BGH die Erstattungspflicht von Aus- und Einbaukosten bereits vorher bejaht. BGH, NJW 2012, S. 1073. Das Urteil geht zurück auf eine Entscheidung des Europäischen Gerichtshofs, EuGH, NJW 2011, S. 2269.

128 Zum Ganzen § 439 Abs. 4 BGB.

Der Rücktritt als solcher tritt an die Stelle der früheren Wandlung. Er richtet sich nach den allgemeinen gesetzlichen Vorschriften.[129] Hierbei ist insbesondere eine erfolglose Nachfristsetzung zur Nacherfüllung erforderlich. Diese muss neben der eigentlichen Rücktrittserklärung eine eindeutige Aufforderung zur Nacherfüllung enthalten und hierfür eine angemessene Frist setzen. Der Verkäufer muss in der Lage sein, die Nacherfüllung auch tatsächlich vornehmen zu können.

Teilweise ist eine Nachfristsetzung entbehrlich und ein sofortiger Rücktritt möglich. Dies ist der Fall, wenn der Verkäufer die Nacherfüllung verweigert oder sie fehlgeschlagen bzw. unzumutbar ist.[130]

Ausnahmsweise kann einen Rücktritt auch ausgeschlossen sein, wenn der Sachmangel unerheblich ist,[131] der Käufer für den Mangel verantwortlich ist[132] oder der Mangel eintritt, wenn der Käufer im Annahmeverzug ist.[133] Der Rücktritt führt zum Erlöschen der Gewährleistungsansprüche, da nunmehr die Leistungspflichten entfallen sind.

Anstelle eines Rücktritts kann der Käufer auch die **Minderung** nach § 441 BGB erklären. Bei dieser Konstellation behält der Käufer die Sache, er muss jedoch nur einen herabgesetzten Kaufpreis bezahlen. Der Gesetzgeber sieht eine Konnexität zwischen Rücktritt und Minderung. Die Voraussetzungen beider Gestaltungsrechte sind vergleichbar.[134]

Nach erfolgloser Nacherfüllung kann anstelle einer kompletten Rückabwicklung des Vertrages eine Minderung erfolgen. Auch hier ist eine Nachfristsetzung erforderlich, soweit nicht einer der oben beschriebenen Ausnahmetatbestände vorliegt. Hat der Käufer kein Interesse mehr an der Kaufsache oder war es rückblickend ein „schlechter" Kauf, so wird er tendenziell den Rücktritt wählen. Zur Berechnung der Minderung:

Der Kaufpreis wird um den Betrag herabgesetzt, um den der Mangel den Wert der Sache – gemessen am Kaufpreis – mindert. Sofern der Kaufpreis den Wert der mangelfreien Sache wiedergibt, ist der mangelbedingte Minderwert einfach vom Kaufpreis abzuziehen. Der Minderwert seinerseits wird in der Regel dem Betrag für die Mangelbehebung entsprechen. Wenn der Käufer den vollen Kaufpreis bereits gezahlt hat, hat der Verkäufer ihm die Differenz zu erstatten.[135] Im Vergleich zum Rücktritt besteht die Besonderheit darin, dass Minderung auch bei geringfügigen Mängeln möglich ist.[136]

Sofern eine Nacherfüllung nicht in Betracht kommt, kann der Käufer schließlich auch **Schadensersatz** nach § 440 BGB verlangen.[137] Dieser kann neben Rücktritt und Minderung gel-

---

129 §§ 323, 326, 346 ff. BGB.

130 Vgl. dazu § 440 BGB. Weitere Ausnahmen zur Entbehrlichkeit der Nachfristsetzung enthält die allgemeine Rücktrittsvorschrift § 323 Abs. 2 BGB.

131 § 323 Abs. 5 S. 2 BGB.

132 § 323 Abs. 6, 1. Alt. BGB.

133 § 323 Abs. 6, 2. Alt. BGB.

134 BT-Drs. 14/6040, S. 235.

135 § 441 Abs. 4 S. 1 BGB.

136 § 441 Abs. 1 S. 2 BGB, der die für den Rücktritt relevante Vorschrift des § 323 Abs. 5 S. 2 BGB für unanwendbar erklärt.

137 Maßgeblich sind hier die allgemeinen gesetzlichen Schadensersatzregeln der §§ 280 bis 283 und 311a BGB.

tend gemacht werden.[138] Für Schadensersatzansprüche ist stets ein Verschulden des Verkäufers erforderlich, das jedoch vermutet wird. Der Verkäufer muss sein Nichtverschulden beweisen. Die zugrunde liegende Pflichtverletzung liegt in der Lieferung der mangelhaften Sache, da dies gegen die Pflichten aus dem Kaufvertrag verstößt. Erstattungsfähig ist zunächst der sogenannte Mangelschaden.[139] Dieser umfasst den Schaden an der Kaufsache selbst, insbesondere Minderwert und Reparaturkosten. Erforderlich ist auch hier eine Nachfristsetzung, sofern nicht einer der oben beschriebenen Ausnahmetatbestände gilt.

Für die Berechnung des Schadensersatzes existieren zwei Möglichkeiten: Beim *kleinen* Schadensersatz behält der Käufer die Sache. Er wird so gestellt, als ob der Vertrag ordnungsgemäß erfüllt worden wäre.[140] Hierbei wird insbesondere die Wertminderung erstattet. Beim *großen* Schadensersatz gibt der Käufer die Sache zurück und bekommt den Kaufpreis nebst Schaden aufgrund der Nichterfüllung erstattet.[141] Dies gilt nur, sofern der Mangel erheblich ist.[142] Erfasst sind hier insbesondere die Kosten der Ersatzbeschaffung in Form eines Deckungskaufs.

Zu erstatten ist auch der Mangelfolgeschaden, d.h. der Schaden an anderen Rechtsgütern als der Kaufsache. Eine Nachfristsetzung ist hier nicht erforderlich. Erstattungsfähig ist z.B. der entgangene Gewinn. Schließlich ist auch der Schaden aufgrund der Verzögerung der Lieferung zu erstatten.[143]

Im Zusammenhang mit der Geltendmachung von Gewährleistungsrechten wird regelmäßig auch das Thema der **Kündigung** diskutiert. Ähnlich wie der Rücktritt führt die Kündigung zur Vertragsbeendigung. Beim Rücktritt wird der gesamte Vertrag für die Vergangenheit und Zukunft aufgehoben.[144] Demgegenüber beendet die Kündigung den Vertrag nur für die Zukunft. Bereits diese Systematik macht deutlich, dass die Vertragsbeendigung durch Kündigung grundsätzlich Verträge betrifft, die für einen längeren Zeitraum abgeschlossen sind – sogenannte Dauerschuldverhältnisse. Hier muss die Gelegenheit eröffnet werden, einen „Ausstieg" aus dem Vertrag zu finden.[145]

Demgegenüber ist der Kaufvertrag typischerweise auf eine einmalige Leistung ausgerichtet.[146] Eine Kündigung ist ihm wesensfremd. Deshalb kommt allenfalls eine außerordentliche, fristlose Kündigung aus wichtigem Grund in Betracht, wenn ein Festhalten am Vertrag unzumutbar ist.[147] Dies kann der Fall sein, wenn der Vertragspartner seine Pflichten schwerwiegend verletzt hat oder seine Vermögensverhältnisse sich erheblich verschlechtern.[148] Es werden dann die noch nicht ausgeführten Leistungen oder Leistungsbestandteile aufgekündigt.

---

138 § 325 BGB.
139 Der Schadensersatzanspruch bei Mangelschäden richtet sich nach den §§ 280 Abs. 3, 281 BGB.
140 Terminologisch auch „Schadensersatz statt der Leistung".
141 Terminologisch auch „Schadensersatz statt der ganzen Leistung".
142 § 281 Abs. 1 S. 3 BGB.
143 Für die verzögerte Lieferung der mangelfreien Sache gelten die allgemeinen Verzugsregeln, s. oben A. IV. 1. c).
144 § 346 BGB.
145 Die Kündigung von Dauerschuldverhältnissen ist aus wichtigem Grund möglich, § 314 BGB.
146 Allenfalls Kauf-Rahmenverträge sind auf einen längerfristigen Leistungsaustausch ausgerichtet.
147 Die Kündigung orientiert sich dann faktisch an der Kündigung von Dauerschuldverhältnissen aus wichtigem Grund nach § 314 BGB.
148 Vgl. dazu bereits BGH, NJW-RR 1993, S. 943.

Als Alternative zur Kündigung kommt bei einem Kaufvertrag ein **Aufhebungsvertrag** in Betracht. Dies kann nur durch einen neuen, beiderseitigen Vertrag erfolgen. Eine einseitige „Stornierung" ist nicht möglich. Die Herausforderung bei einem Aufhebungsvertrag liegt darin, ihn kommerziell durchzusetzen.

Die **Verjährung der Gewährleistungsansprüche**, oft als „Gewährleistungsfrist" bezeichnet, regelt § 438 BGB. Hier sind zwei wesentliche Fristen zu beachten:

- Die eine Frist betrifft den **Baueinkauf**. Bei einem Bauwerk sowie Baustoffen und Bauteilen, die für ein Bauwerk verwendet werden, gilt eine Verjährungsfrist von fünf Jahren.[149] Fristbeginn ist die Übergabe des Bauwerks bzw. die Ablieferung der Stoffe.[150]
- Für alle **übrigen Produkte**, d.h. insbesondere für bewegliche Sachen, beträgt die Verjährungsfrist zwei Jahre.[151] Sie läuft ab dem Zeitpunkt der Ablieferung der Sache. Unbeachtlich ist, wann der Käufer den Mangel entdeckt hat oder hätte entdecken können. Die Verlängerung dieser Frist auf drei Jahre hält die Rechtsprechung für zulässig.[152]

Eine Besonderheit ist zu beachten: Hat der Verkäufer den Mangel arglistig verschwiegen, so gilt die allgemeine Verjährungsfrist des BGB.[153] Dies sind drei Jahre ab Kenntnis, anstelle der zwei Jahre.[154] Die allgemeine Frist beginnt hier mit dem Ablauf des Kalenderjahres.[155] Streiten die Vertragspartner über einen längeren Zeitraum zur Frage der Mängelhaftung und kommen dann erst nach Monaten zu einer Einigung, ist fraglich wie sich dies auf die Frist auswirkt.

Praxistipp: Anerkenntnis des Mangels

▶ *Durch die Einigung hinsichtlich der Mängelhaftung hat der Verkäufer den Mangel anerkannt. Die Einigung sollte schriftlich dokumentiert werden. Dabei ist festzuhalten, dass nicht aus Kulanz, sondern aufgrund der Gewährleistungsverpflichtung gehandelt wurde.*[156] *Bei einem Anerkenntnis beginnt die Verjährungsfrist neu zu laufen.*[157]

Neben der Verjährungsfrist sei an dieser Stelle kurz auf eine weitere Frist hingewiesen, die **Aufbewahrungsfrist von Verträgen**. Verträge unterliegen als Handelsbriefe den handels- und steuerrechtlichen Aufbewahrungspflichten der §§ 257 HGB und 147 AO. Diese Pflicht gilt für jede einzelne Gesellschaft. Die Aufbewahrungsfrist beträgt jeweils sechs Jahre.[158] Neben einer Aufbewahrung im Original kommt eine Wiedergabe auf Bild- bzw. Datenträgern in Be-

149 § 438 Abs. 1 Nr. 2 BGB.
150 § 438 Abs. 2 BGB.
151 § 438 Abs. 1 Nr. 3 BGB.
152 BGH, NJW 2006, S. 47. Der BGH hält dies auch für AGB-konform.
153 § 438 Abs. 3 S. 1 BGB.
154 § 195 BGB.
155 § 199 Abs. 1 BGB.
156 Formulierung: „*...aufgrund der Gewährleistungsverpflichtung des Verkäufers...*"
157 § 212 Abs. 1 Nr. 1 BGB. Zur Konstellation des Anerkenntnisses durch Nacherfüllung vgl. *Ellenberger*, in: Grüneberg, BGB-Kurzkommentar, 84. Aufl. 2025, § 212 BGB, Rn. 4.
158 §§ 257 Abs. 4 HGB und 147 Abs. 3 AO. Ergänzend sei festgehalten, dass Jahresabschlüsse zehn Jahre und Buchungsbelege acht Jahre aufzubewahren sind.

tracht, wenn eine bildliche/ inhaltliche Übereinstimmung mit dem Originaldokument gegeben ist.

Im Einkauf wird oftmals die Frage diskutiert, diese Aufbewahrungspflichten zu „erleichtern“. Ganz deutlich: Eine Beschränkung der Aufbewahrung auf wesentliche Verträge oder eine Aufbewahrung ab bestimmter Wertgrenzen steht nicht im Einklang mit den vorgenannten Vorschriften.

Im Gewährleistungsrecht sind abschließend einige **Sonderfälle** zu berücksichtigen. Dabei geht es vor allem um ein „Weniger“ und ein „Mehr“ an Gewährleistung. Im B2B-Bereich sind Gewährleistungsrechte ausgeschlossen, wenn gesetzliche oder vertragliche Haftungsausschlüsse vorliegen. Auf der anderen Seite verbessern Garantien die gesetzlichen Gewährleistungsrechte. Und schließlich existieren neben Sachmängeln auch noch Rechtsmängel. Im Einzelnen:

Ein **gesetzlicher Haftungsausschluss** für Gewährleistung liegt vor, wenn der Käufer den Mangel bereits bei Vertragsschluss kannte, § 442 BGB. Denn in diesem Fall ist er nicht schutzwürdig.[159] Ist ein Mangel aufgrund von grober Fahrlässigkeit unerkannt geblieben, kann der Käufer sich nur dann auf Gewährleistungsrechte berufen, wenn der Verkäufer arglistig handelte oder eine Beschaffenheitsgarantie abgegeben hat.[160]

Daneben kommt auch ein **vertraglicher Haftungsausschluss** in Betracht, § 444 BGB. Die vertragliche Beschränkung oder sogar der vollständige Ausschluss der Haftung des Verkäufers wegen eines Mangels ist prinzipiell zulässig. Üblich ist hier die Klausel: „Ausschluss der Gewährleistung“. Dies gilt jedoch nicht, wenn der Verkäufer den Mangel arglistig verschwiegen oder eine Garantie für die Beschaffenheit der Sache übernommen hat. Der Käufer soll hier vor einer unredlichen Freizeichnung des Verkäufers geschützt werden.[161]

Im Gegensatz zum Haftungsausschluss verstärkt eine **Garantie** nach § 443 BGB die gesetzliche Mängelhaftung. Die übrigen Gewährleistungsrechte des Käufers bleiben daneben vollumfänglich bestehen. Das Gesetz kennt zwei Konstellationen, bei denen der Verkäufer oder ein Dritter, z.B. der Hersteller, Garantien übernehmen.[162]

Eine **Beschaffenheitsgarantie** liegt vor, wenn die Gewähr übernommen wird, dass die Sache bei Übergabe eine bestimmte Beschaffenheit aufweist oder bestimmte Anforderungen neben der Mängelfreiheit erfüllt.[163] Wird die Verpflichtung übernommen, dass die Sache für eine bestimmte Dauer eine bestimmte Beschaffenheit behält, so liegt eine **Haltbarkeitsgarantie** vor.[164]

159 So bereits BGH, NJW 1989, S. 2050.
160 Zum gesetzlichen Haftungsausschluss vgl. § 442 BGB. Mit der Gesetzesänderung zum digitalen Kaufrecht ist § 442 BGB beim Verbrauchsgüterkauf nicht mehr anwendbar. Damit hat der Verbraucher auch bei Kenntnis von der Mangelhaftigkeit der Ware seine Gewährleistungsansprüche, so ausdrücklich § 475 Abs. 3 S. 2 BGB.
161 Zum vertraglichen Haftungsausschluss vgl. § 444 BGB. Beim Verbrauchsgüterkauf gilt dies nicht, § 476 BGB regelt dies zugunsten des Verbraucherschutzes.
162 Sofern der Hersteller eine Garantie übernimmt, ist dies terminologisch eine „Herstellergarantie“.
163 § 443 Abs. 1 BGB.
164 § 443 Abs. 2 BGB.

Laufzeit, Gegenstand und Umfang der Garantie richten sich nach der Erklärung des Garantiegebers und sind unabhängig von dessen Verschulden – **Garantieerklärung**.[165] Treten während der Garantiedauer Beschaffenheits- oder Haltbarkeitsmängel auf, können diese gegenüber dem Garantiegeber durchgesetzt werden.[166]

Da es zu den Verkäuferpflichten gehört, die Sache frei von Sach- und Rechtsmängeln zu liefern, werden Rechtsmängel genauso behandelt wie Sachmängel.[167] Ein **Rechtsmangel** liegt nach § 435 BGB vor, wenn der Gebrauch der Kaufsache aufgrund einer rechtlichen Beschränkung beeinträchtigt ist. Als Rechtsmangel kommen z.B. nicht vorliegende Patente, Marken- oder Urheberrechte in Betracht. Beim Immobilienkauf stellen behördliche Bauverbote oder Baulasten einen Rechtsmangel dar.

Last but not least ist die Lieferkette auch im Gewährleistungsrecht angekommen. § 445a BGB ermöglicht bei der Lieferung von mangelhaftem Material einen **Regress entlang der Lieferkette**.[168] Der in Anspruch genommene Verkäufer kann damit seinerseits bei seinem Lieferanten Rückgriff nehmen. Dies gilt ausdrücklich auch im B2B-Bereich.[169] Ziel ist es, dass Zwischenhändler und Letztverkäufer ihre Schäden in der Lieferkette bis zum Verursacher des Mangels weiterreichen können.[170]

Praxistipp: Prüfung von Gewährleistungsrechten

▶ *Die allgemeinen Voraussetzungen, die für alle Gewährleistungsrechte gelten, sind:*

- *Kaufvertrag: § 433 BGB*
- *Mangel: § 434 BGB*
- *Kein Gewährleistungsausschluss: §§ 442, 444 BGB*
- *Keine Verjährung : § 438 BGB*

V. Allgemeine Geschäftsbedingungen – das „Recht der Wirtschaft"

Allgemeine Geschäftsbedingungen sind, ebenso wie der „individuelle" Kaufvertrag, ein wesentliches juristisches Instrument im Einkauf. Für öffentliche Auftraggeber existieren Sonderregeln, da hier mit dem Vergaberecht ein eigenes Beschaffungsregime geschaffen wurde.

Historisch liegt Verträgen die Vorstellung zugrunde, dass die Vertragsparteien gemeinsam ausgewogene Vertragsbedingungen vereinbaren. Diese Vorstellung der „Richtigkeitsgewähr

165 Beim Verbrauchsgüterkauf muss die Garantieerklärung einfach und verständlich gefasst sein, § 479 BGB. Der erforderliche Inhalt der Garantieerklärung ist im Jahr 2022 durch die Neuerungen des digitalen Kaufrechts erweitert worden.

166 *Weidenkaff*, in: Grüneberg, BGB-Kurzkommentar, 84. Aufl. 2025, § 443 BGB, Rn. 9.

167 § 433 Abs. 1 S. 2 BGB.

168 § 445a BGB wurde zum 01.01.2018 neu eingefügt.

169 So ausdrücklich § 445a Abs. 3 BGB. Ein derartiger Rückgriff bestand bislang nur für den Verbrauchsgüterkauf, § 478 BGB. Die Systematik der neuen Rückgriffsvorschrift des § 445a BGB ähnelt auch derjenigen des § 478 BGB. Damit werden z.T. monierte Unterschiede zwischen B2C- und B2B-Bereich eliminiert.

170 Vgl. dazu BR-Drs. 123/16, S. 36.

von Verträgen"[171] als Ausdruck der allgemeinen Vertragsfreiheit relativierte sich mit fortschreitender Industrialisierung und Massenproduktion von standardisierten Waren.

Standardisiert wurden seither ebenfalls die Verträge in Form Allgemeiner Geschäftsbedingungen, als das „selbst geschaffene Recht der Wirtschaft". Vertragsinhalte werden hier nicht mehr von den Vertragsparteien gemeinsam vereinbart, sondern im Wesentlichen vom Verwender der AGB vorgegeben. Allgemeine Geschäftsbedingungen haben das Ziel, die Rechte des Verwenders zu stärken.[172] Damit nimmt der AGB-Verwender die Vertragsfreiheit allein für sich in Anspruch.

Vor diesem Hintergrund sind die §§ 305 ff. BGB zu sehen.[173] Sie unterziehen Allgemeine Geschäftsbedingungen einer Inhaltskontrolle hinsichtlich ihrer Wirksamkeit. Dabei ist der private Verbraucher stärker geschützt als der unternehmerische Vertragspartner. Für Unternehmer gilt diese Inhaltskontrolle nur teilweise, und zwar mit den Einschränkungen des § 310 BGB.

Der **Koalitionsvertrag 2025** kündigt in diesem Zusammenhang eine „Reform des AGB-Rechts" an.[174] Dazu am Ende des Kapitels mehr.

1. Geltungsbereich von AGB

Nach § 305 BGB gelten alle für eine Vielzahl von Verträgen vorformulierten Vertragsbedingungen, die eine Vertragspartei der anderen bei Vertragsschluss stellt, als **Allgemeine Geschäftsbedingungen**. Damit sind Musterverträge und Mustervertragsbedingungen, mit denen überwiegend im Einkauf gearbeitet wird, als AGB zu qualifizieren. Derartige „Einkaufsverträge" unterliegen der vorbezeichneten Inhaltskontrolle.

Nur wenn Klauseln „im Einzelnen ausgehandelt" wurden, kann die Eigenschaft als AGB entfallen.[175] Die Klauseln müssen individuell und ernsthaft verhandelt worden sein. Dem Lieferanten ist also eine echte Verhandlungsmöglichkeit einzuräumen. Sofern der Verwender die Vertragsklauseln nur erläutert und nicht ernsthaft bereit ist, den Vertrag zu ändern, reicht dies nicht aus.[176] Der Vertragspartner muss Gestaltungsfreiheit zur Wahrung eigener Interessen erhalten und die reale Möglichkeit, die inhaltliche Ausgestaltung der Vertragsbedingungen zu beeinflussen.[177] Die Darlegungs- und Beweislast hierfür liegt beim Verwender der AGB.[178]

Das Ausverhandeln bezieht sich jeweils auf die einzelne streitige Klausel. Auch die Inhaltskontrolle erstreckt sich auf die einzelne angegriffene Klausel.[179] Das Muster eines Einkaufsvertrages kann somit wirksame und unwirksame Klauseln enthalten. Die Unwirksamkeit ein-

171 Vgl. dazu BVerfG, NJW 1994, S. 36.
172 BGH, NJW 2010, S. 1277.
173 Historisch waren diese Regeln in einem eigenen Gesetz, dem AGB-Gesetz, geregelt. Dieses gesonderte Gesetz wurde 2002 nahezu unverändert in das BGB eingegliedert, §§ 305 ff. BGB.
174 Tz. 2783 ff. des Koalitionsvertrages.
175 So ausdrücklich § 305 Abs. 1 S. 3 BGB.
176 BGH, NJW 1992, S. 2759 (2760).
177 BGH, NJW 2000, S. 1110 (1111).
178 BGH, NJW 2014, S. 1725 (1727).
179 *V. Westphalen*, Allgemeine Einkaufsbedingungen, S. 17.

zelner Klauseln berührt den übrigen Vertrag nicht, es sei denn der verbleibende Vertrag stellt eine unzumutbare Härte für eine Vertragspartei dar.[180]

Praxistipp: Einkaufsverträge als AGB

Beschaffungen im Tagesgeschäft mit einem hohen Standardisierungsgrad werden in der Regel dem AGB-Recht unterfallen. Dies betrifft insbesondere die operative Beschaffung und Bestellabwicklungen über SAP.

In größeren Einkaufsprojekten hingegen werden Verträge üblicherweise sehr detailliert ausformuliert und verhandelt. Vertragsverhandlungen ziehen sich oftmals über Wochen und Monate hin. Der Beschaffungsgegenstand ist stark individualisiert – insbesondere auch in technischer Hinsicht. Mitunter handelt es sich sogar um Wirtschaftsgüter, die singulär beschafft werden.[181] In diesem Kontext werden die Verträge üblicherweise „clause by clause“ verhandelt. Dies sollte schriftlich dokumentiert werden. Soweit der Vertrag insgesamt mit allen Klauseln zwischen den Vertragspartnern verhandelt wird, wird man ihn als Individualvertrag und nicht als Allgemeine Geschäftsbedingungen mit den dortigen Restriktionen bewerten können.

Einkauf im Bereich der Wirtschaft findet üblicherweise zwischen Unternehmern[182] statt und nicht unter Einbeziehung von Verbrauchern[183]. Demgemäß kommen Einkaufs-AGB faktisch nicht gegenüber Verbrauchern zur Anwendung. Der Lieferant als Vertragspartner übt – auch steuerlich betrachtet – entweder eine gewerbliche oder selbständige Tätigkeit aus. Damit liegt der Fokus der nachfolgenden Ausführungen im **B2B-Bereich**.

Im B2B-Bereich, dem Geschäftsverkehr zwischen Unternehmern, regelt **§ 310 BGB** den Anwendungsbereich des AGB-Rechts. Dabei werden juristische Personen des öffentlichen Rechts, d.h. Gebietskörperschaften, Hochschulen etc., ebenfalls erfasst.[184]

Die vertragliche **Einbeziehung von AGB** erfolgt im B2B Bereich, wenn der Verwender in dem Vertrag seine AGB als Vertragsinhalt benennt und beispielsweise als Anlage beifügt. Die formalen Erfordernisse gegenüber Verbrauchern, insbesondere ein Aushang, müssen naturgemäß nicht erfüllt sein.[185]

Denkbar ist, dass jedes Unternehmen versucht, seine eigenen AGB in den Vertrag mit einzubeziehen. In der Praxis treffen dann Verkaufs-AGB des Lieferanten auf Einkaufs-AGB des Auftraggebers. **Widersprechende AGB** sind ein Klassiker. Tritt das Kollisionsproblem vor Erbringung der Leistung auf, so hatte sich nach ursprünglicher Rechtsprechung des BGH die Partei mit ihren AGB durchgesetzt, welche zuletzt auf ihre Bedingungen verwiesen hatte. Diese

180 § 306 Abs. 1 und 3 BGB.

181 Hier fehlt es bereits an einer Verwendung für eine „Vielzahl von Verträgen“ i.S.v. § 305 Abs. 1 S. 1 BGB. Der BGH bejaht dieses Tatbestandsmerkmal, wenn der AGB-Verwender die Absicht hat, vorformulierte Bedingungen mindestens drei (!) Mal zu verwenden, BGH, NJW 2004, S. 1454.

182 § 14 BGB.

183 § 13 BGB.

184 So bereits der ausdrückliche Wortlaut von § 310 Abs. 1 S. 1 BGB.

185 Vgl. § 305 Abs. 2 und 3 BGB, ferner *Grüneberg*, in: Grüneberg, BGB-Kurzkommentar, 84. Aufl. 2025, § 310 Rn. 5.

„Theorie des letzten Wortes" führte zu einem unliebsamen Ping-Pong Spiel im Streit um die Geltung der jeweils eigenen AGB.[186]

Mittlerweile wird das Problem dogmatisch wie folgt gelöst: An die Stelle der kollidierenden AGB tritt die gesetzliche Regelung.[187] Haben die Vertragsparteien stattdessen individuelle Nebenabreden getroffen, so gilt der Vorrang der Individualvereinbarungen.[188]

2. AGB und öffentliche Auftraggeber

Das AGB-Recht enthält einige Besonderheiten im Hinblick auf öffentliche Auftraggeber. Formalisierte Vorgaben öffentlicher Auftraggeber sind als AGB zu qualifizieren. Hiervon erfasst sind nicht nur Musterverträge, sondern auch Vorgaben aus Vergabeunterlagen.

Einen **Sonderfall** stellt die **VOB/B** dar. Die „Vergabe und Vertragsordnung für Bauleistungen – Teil B" enthält Regelungen über die Ausführung von Bauleistungen. Damit ergänzt sie das Werkvertragsrecht. Im Vergleich zu den gesetzlichen Regelungen der §§ 631 ff. BGB enthält die VOB/B für beide Vertragspartner Sonderregelungen, die den Besonderheiten für Bauleistungen Rechnung tragen.

Grundsätzlich handelt es sich hierbei auch um vertragliche Musterbedingungen. Bei einem Bauvertrag mit einem Verbraucher sind die einzelnen Bestimmungen der VOB/B insoweit als Allgemeine Geschäftsbedingungen zu qualifizieren, die einer vollen Inhaltskontrolle unterliegen.[189]

§ 310 BGB enthält eine Sonderregelung für den unternehmerischen Bereich, dem, wie oben dargelegt, auch **öffentliche Auftraggeber** zuzuordnen sind. Sofern hier die VOB/B gesamtheitlich zum Vertragsbestandteil gemacht wird, bleibt sie von der Inhaltskontrolle des AGB-Rechts ausgenommen.[190]

Im unternehmerischen Bereich und bei der öffentlichen Bauvergabe geht der Gesetzgeber also davon aus, dass es sich bei der VOB/B insgesamt um ein ausgewogenes Vertragswerk handelt. Es wird von einem paritätisch besetzten Gremium, dem Deutschen Vergabe- und Vertragsausschuss (DVA), erstellt.[191] Inhaltlich ist die Grundidee der VOB die Kooperation der Vertragspartner. Ziel der Vorschriften ist die Vermeidung von Konflikten im Rahmen einer Bauausführung. Es geht nicht darum, einseitig die Rechte des Verwenders zu stärken.

Die Befreiung vom AGB-Recht gilt bei öffentlichen Bauvergaben nach VOB/B aber nur, wenn die VOB/B „ohne inhaltliche Abweichungen insgesamt einbezogen ist".[192] Weicht ein Bauvertrag in einzelnen Regelungen von der VOB/B ab, gilt für jede Vorschrift die strenge Inhaltskontrolle des AGB-Rechts. Die Privilegierung der VOB/B entfällt dann insgesamt.[193]

186 Zur Entwicklung der BGH-Rechtsprechung: *v. Westphalen*, Allgemeine Einkaufsbedingungen, S. 32.
187 § 306 Abs. 2 BGB.
188 § 305 b BGB.
189 Zur Inhaltkontrolle von VOB/B-Klauseln vgl. *Hällßig*, in: v. Wietersheim, Bauvertragsrecht nach BGB und VOB/B, 5. Aufl. 2023, S. 557.
190 Diese Wertentscheidung hat der Gesetzgeber ausdrücklich in § 310 Abs. 1 S. 3 BGB getroffen.
191 Der DVA ist ein nichtrechtsfähiger Verein mit Sitz in Berlin.
192 § 310 Abs. 1 S. 3 BGB.
193 BGH, ZfBR 2004, S. 362.

Neben der Besonderheit der VOB/B existieren im „allgemeinen AGB-Recht" der §§ 305 ff. BGB teilweise **Sonderregelungen für öffentliche Auftraggeber**. Dies trägt den Besonderheiten öffentlicher Vergabeverfahren Rechnung. Der Auftraggeber hat über die Verdingungsunterlagen maßgeblichen Einfluss auf den Beschaffungsgegenstand. Er kann insoweit auch die Vertragsgestaltung im Einzelnen vorgeben. Damit hat er eine starke Position, die zum Teil diejenige des allgemeinen Verwenders von AGB noch übersteigt. Aus diesem Grund sind die Bieter/ Auftragnehmer hier in besonderer Weise schutzwürdig. Soweit nachfolgend bei der Inhaltskontrolle von AGB etwaige Besonderheiten im Hinblick auf öffentliche Auftraggeber zu berücksichtigen sind, werden diese gesondert kurz dargestellt.

3. Inhaltskontrolle – Fokus B2B-Bereich

Die **Inhaltskontrolle** von Allgemeinen Geschäftsbedingungen ist in den §§ 307 ff. BGB geregelt. Zunächst enthalten Spezialvorschriften jeweils eine katalogartige Aufzählung bestimmter unzulässiger Klauseln. In § 308 BGB werden 11 Klauseln genannt, bei denen noch eine Wertung im Einzelfall erforderlich – und möglich – ist. Wenn nach einer entsprechenden Wertung feststeht, dass die Klauseln „unangemessen" oder „unzumutbar" sind, werden sie als unwirksam qualifiziert, sogenannte **Klauselverbote mit Wertungsmöglichkeit**. Inhaltlich geht es bei diesen Klauseln u.a. um Fristen: Annahme-, Leistungs-, Zahlungs- und Abnahmefristen, sowie Nachfristen. Zudem sind Klauseln erfasst, bei denen der Verwender sich von seiner Verpflichtung zur Leistung lösen will, sei es durch Rücktritt, Kündigung oder Änderungsvorbehalt.

Demgegenüber zählt § 309 BGB insgesamt 15 Klauseln auf, die stets unwirksam sind. Diese werden als **Klauselverbote ohne Wertungsmöglichkeit** bezeichnet. Erfasst sind hier insbesondere Regeln, die maßgebliche kommerzielle Auswirkungen haben können: Kurzfristige Preiserhöhungen, pauschalierter Schadensersatz, Vertragsstrafen sowie unterschiedliche Formen von Haftungsausschlüssen.

Fällt eine AGB-Klausel nicht unter eines dieser genannten Verbote, so kann sie dennoch wegen einem **Verstoß gegen die Generalklausel** des § 307 Abs. 1 BGB unwirksam sein.[194] Danach ist eine Bestimmung in AGB unwirksam, die den Vertragspartner entgegen Treu und Glauben unangemessen benachteiligt. Eine **unangemessene Benachteiligung** ist im Zweifel anzunehmen, wenn die AGB-Regelung mit wesentlichen Grundgedanken der gesetzlichen Regelung, von der abgewichen wird, nicht zu vereinbaren ist. Unangemessen ist eine Klausel auch dann, wenn sie wesentliche Rechte und Pflichten, die sich aus der Natur des Vertrages ergeben, so einschränkt, dass die Erreichung des Vertragszwecks gefährdet ist.[195] Schließlich stellen auch solche Klauseln eine unangemessene Benachteiligung dar, die nicht klar und verständlich sind.[196]

Die **spezielle Prüfung im unternehmerischen Bereich** regelt § 310 BGB. Danach sind zunächst nur § 308 Nr. 1 a und 1b BGB sowie die Generalklausel des § 307 BGB der Maßstab

194 *Grüneberg*, in: Grüneberg, BGB-Kurzkommentar, 84. Aufl. 2025, § 307 BGB, Rn. 1 f.
195 Vgl. zum Ganzen § 307 Abs. 2 BGB.
196 § 307 Abs. 1 S. 2 BGB.

der Inhaltskontrolle in Vertragsbeziehungen zwischen Unternehmern.[197] Die übrigen Klauselverbote sind über die Generalklausel zu beachten. Die Prüfung im B2B-Bereich im Einzelnen:

a) Klauselverbote des § 308 Nr. 1a und Nr. 1 b BGB

§ 308 Nr. 1a BGB regelt die **Zahlungsfristen**. Damit ergänzt diese Vorschrift § 271a BGB, der allgemein die Vereinbarungen über Zahlungsfristen im Geschäftsverkehr zwischen Unternehmern regelt.[198] § 271a BGB enthält eine Höchstfrist bei Individualverträgen. Danach sind Vereinbarungen über Zahlungsfristen mit mehr als 60 Tagen grundsätzlich unzulässig.[199]

Für **öffentliche Auftraggeber**[200] wird die Frist grundsätzlich auf 30 Tage reduziert. Absolute Obergrenze sind auch hier 60 Tage.[201] Im AGB-Recht kommt bei vorformulierten Verträgen an dieser Stelle § 308 Nr. 1a BGB zum Tragen. Die Vorschrift enthält eine ausdrückliche Regelung für den unternehmerischen Bereich, einschließlich öffentlicher Auftraggeber. Danach sind Zahlungsziele von mehr als 30 Tagen „im Zweifel" unangemessen und damit unzulässig.

Bei einem **öffentlichen Auftraggeber** kann die Komplexität des Vergabegegenstandes eine entsprechende Ausnahme rechtfertigen. Sofern hierbei z.B. das Vertragswerk und dessen Art und Umfang der Leistungserfüllung eine längere Prüfung der Rechnung erfordert, kann ausnahmsweise eine längere Zahlungsfrist in Betracht kommen.[202]

Mit der grundsätzlichen 30-Tage-Frist wird ein Gleichlauf zum Schuldnerverzug hergestellt, der ebenfalls auf eine 30-Tage-Frist abstellt. Der Schuldner einer Entgeltforderung kommt spätestens in Verzug, wenn er nicht innerhalb von 30 Tagen nach Fälligkeit bzw. Rechnungsstellung zahlt.[203]

Zudem korrespondieren die Vorschriften über Zahlungsfristen mit Regelungen zum **Skonto**.[204] Zum Abzug von Skonto ist der Vertragspartner nur berechtigt aufgrund einer entsprechenden vertraglichen Abrede.[205] Üblicherweise wird in Allgemeinen Geschäftsbedingungen ein Zahlungsziel von 30 Tagen netto aufgenommen. Erfolgt die Zahlung vor Ablauf dieser Frist, besteht die Möglichkeit eines Skontoabzugs.

197 Zur Verwendung und Prüfungsfolge von AGB gegenüber einem Unternehmer: *Grüneberg*, in: Grüneberg, BGB-Kurzkommentar, 84. Aufl. 2025, § 310 BGB, Rn. 2 ff.

198 § 271a BGB ist nicht anwendbar auf ein Schuldverhältnis, aus dem ein Verbraucher die Erfüllung einer Entgeltforderung schuldet, so ausdrücklich § 271a Abs. 5 Nr. 2 BGB.

199 Sie sind ausnahmsweise dann wirksam, wenn sie ausdrücklich getroffen und im Hinblick auf die Belange des Gläubigers nicht grob unbillig sind. Als grob unbillig werden Zahlungsziele von 90 Tagen angesehen, vgl. *Grüneberg*, in: Grüneberg, BGB-Kurzkommentar, 84. Aufl. 2025, § 271 a BGB, Rn. 4.

200 Vgl. § 99 Nr. 1 – 3 GWB und die nachfolgenden Ausführungen im Kapitel zum Vergaberecht.

201 Zum Ganzen § 271a Abs. 2 BGB.

202 Dazu *Grüneberg*, in: Grüneberg, BGB-Kurzkommentar, 84. Aufl. 2025, § 271a BGB, Rn.4. § 271a BGB ist im Übrigen stets Prüfungsmaßstab, falls die VOB/B als Ganzes einbezogen wird.

203 § 286 Abs. 3 BGB.

204 Skonto als Preisnachlass wird gewährt, weil es die Inanspruchnahme des Finanzierungsrahmens beim Lieferanten verbessert.

205 Vgl. BGH, NJW 1998, S. 1302.

Praxistipp: Zahlungsfristen in allgemeinen Geschäftsbedingungen

▶ *Bei Zahlungsfristen in Allgemeinen Geschäftsbedingungen sollte man grundsätzlich auf eine Frist von 30 Tagen maximal abstellen. Frühere Zahlungseingänge können mit Skonto „incentiviert“ werden. In der Praxis hat sich ein Skontoabzug von 2 bis 3% bei Zahlungen innerhalb von circa 14 bis 20 Tagen nach Rechnungsstellung etabliert. Zahlt der Schuldner erst nach mehr als 30 Tagen, sind Verzugszinsen zu entrichten.*

§ 308 Nr. 1b BGB enthält Regelungen zu **Überprüfungs- und Abnahmefristen**. Nach dieser Vorschrift sind AGB-Klauseln unwirksam, bei denen sich der Verwender vorbehält, eine Entgeltforderung erst nach unangemessen langer Zeit für die Überprüfung oder Abnahme der Gegenleistung zu begleichen.[206]

Die Vorschrift wurde zusammen mit der zuvor genannten Nr. 1a durch das „Gesetz zur Bekämpfung von Zahlungsverzug im Geschäftsverkehr“ vom 22.07.2014 aufgenommen. Das Gesetz wiederum beruht auf der sogenannten Zahlungsverzugs-Richtlinie der EU. Das Ziel: Verbesserung der Zahlungsdisziplin.[207]

Mit der Regelung sollen vorgeschaltete Prüf- und Abnahmeverfahren zur Feststellung der Vertragsgemäßheit der Leistung eingeschränkt werden. Die Vorschrift trägt dem Gedanken Rechnung, dass Entgeltforderungen nicht durch unangemessen lange Zeiten für die Überprüfung oder Abnahme der Gegenleistung herausgezögert werden sollen. Denn dies kann bei kleinen und mittelständischen Unternehmen zu erheblichen Liquiditätsengpässen führen.

§ 308 Nr. 1b BGB enthält ebenso wie die zuvor genannte Vorschrift eine eindeutige Regelung für den Geschäftsverkehr zwischen Unternehmern, einschließlich öffentlicher Auftraggeber. Danach ist eine Frist von mehr als 15 Tagen nach Empfang der Gegenleistung „im Zweifel“ unangemessen lang. Ein Gericht kann von der Unangemessenheit ausgehen, wenn die Frist länger als 15 Tage ist und keine besonderen Gründe für eine längere Frist sprechen.[208] Die Frist beginnt beim Kaufvertrag mit Übergabe der Ware.[209]

Bei einem **öffentlichen Auftrag** kann abermals die Komplexität der Vergabe eine Verlängerung der Frist rechtfertigten. Sofern beispielsweise im Bauvergaberecht Projektkonstruktionen mit General- und Subunternehmern oder Bieter- bzw. Arbeitsgemeinschaften („Biege / Arge“) gewählt sind, erhöht sich die Komplexität der Leistungsbeziehungen zwangsläufig. Hier wird man ausnahmsweise Prüfungs- und Abnahmefristen von bis zu 30 Tagen als noch AGB-konform akzeptieren können.[210]

Abschließend stellt sich die Frage, in welchem Verhältnis diese Vorschrift zur Rügeobliegenheit des Kaufmanns steht. Im B2B-Bereich hat der Käufer die Ware „unverzüglich“ nach der

---

206 Nicht von Nr. 1b, sondern von Nr. 1a erfasst sind Klauseln, bei denen der Verwender sich eine Frist zur Rechnungsprüfung vorbehält. Hier ist nicht die Prüfung der Gegenleistung betroffen.

207 Richtlinie 2011/7 des Europäischen Parlaments und des Rates vom 16. Februar 2011. Zur Zielsetzung dieser Richtlinie siehe dort die Erwägungsgründe 3 und 6.

208 Juristisch handelt es sich bei dieser „Zweifelsregel“ nicht um eine Beweislastregel, sondern um ein Regelbeispiel.

209 Beim Werkvertrag ist die Zurverfügungstellung des Werkes zur Abnahme entscheidend.

210 Vgl. zum Ganzen *Wurmnest*, in: Säcker u.a., Münchener Kommentar zu BGB, Band 2, 9. Aufl. 2022, § 308 Nr. 1 b BGB, Rn. 10.

Ablieferung zu untersuchen und gegebenenfalls zu rügen. § 308 Nr. 1b BGB lässt es zu, den gesetzlichen Fälligkeitszeitpunkt der Entgeltforderung durch eine Frist zur Überprüfung der Gegenleistung zu verschieben.[211] Die Rügeobliegenheit des § 377 HGB entfällt hierdurch nicht, da sie die Fälligkeit der Forderung als solche nicht berührt.[212]

b) Spezifische Prüfungssystematik des § 310 BGB bei Unternehmern

Die wesentliche Entscheidung für das AGB-Recht im unternehmerischen Bereich trifft § 310 Abs. 1 S. 2 BGB: Im Verkehr zwischen Unternehmern sind sonstige Klauselverbote über die Generalklausel des § 307 BGB ebenfalls zu berücksichtigen. Allgemein formuliert: Auch wenn von einem Unternehmer ein höheres Maß an Verantwortung und Risikobereitschaft erwartet werden kann als von einem Verbraucher, darf dies gleichwohl nicht zu einer unangemessenen Benachteiligung führen.[213]

Es ist jedoch dem Gedanken Rechnung zu tragen, dass Unternehmer weniger schutzwürdig sind.[214] Zudem ist auf die im Handelsverkehr geltenden Gewohnheiten und Gebräuche Rücksicht zu nehmen.[215] Was bedeutet dies nun konkret?

Die Verbote des § 308 BGB, d.h. die Klauselverbote mit Wertungsmöglichkeit, sind in der Regel auf den Verkehr zwischen Unternehmern übertragbar. In ihren Wertungsspielräumen können die kaufmännischen Besonderheiten berücksichtigt werden.[216] Dagegen ist diese Betrachtung bei den strikten Verboten des § 309 BGB nicht möglich. Hier liegt aber der Gedanke zugrunde, dass es sich bei derartigen Klauseln quasi um gesetzliche Ausprägungen einer unangemessenen Benachteiligung handelt. Insoweit ist jeweils im Einzelfall zu prüfen, ob und ggfs. wie die Klausel auf den unternehmerischen Bereich anwendbar ist. Diese Prüfungsfolge führt zwangsläufig zu einer gewissen Kasuistik.

Praxistipp: Inhaltskontrolle von AGB im B2B-Bereich

Für den Praktiker bedeutet dies Folgendes: Bei der Inhaltskontrolle von AGB im B2B-Bereich sind die Klauselverbote der §§ 308 und 309 BGB mit zu prüfen. Klauseln nach § 309 BGB sind, anders als bei Verbrauchern, nicht zwingend unwirksam. Ein Verstoß gegen § 309 BGB ist aber zumindest ein Indiz für die Unwirksamkeit der Klausel.[217]

Nachfolgend werden zwei Beispiele dargestellt, die die Prüfungssystematik im unternehmerischen Bereich verdeutlichen. Dabei handelt es sich zugleich um Klauseln, die in der Praxis aufgrund ihrer erheblichen kommerziellen Bedeutung häufig zu Streitigkeiten führen – Vertragsstrafen und Haftungsausschluss.

211 Beim Werkvertrag ist die Vergütung „bei der Abnahme" des Werkes zu entrichten, § 641 Abs. 1 BGB. § 308 Nr. 1b BGB lässt hier eine Verschiebung des Fälligkeitszeitpunkts um bis zu 15 Tage zu. Vgl. *Retzlaff*, in: Grüneberg, BGB-Kurzkommentar, 84. Aufl. 2025, § 641 BGB, Rn. 18.

212 *Wurmnest*, in: Säcker u.a., Münchener Kommentar zu BGB, Band 2, 9. Aufl. 2022, § 308 Nr. 1 b BGB, Rn. 5.

213 Vgl. dazu *v. Westphalen*, Allgemeine Einkaufsbedingungen, 8. Aufl. 2023, S. 20 f.

214 Unternehmer sind diejenigen, die eine gewerbliche oder selbständige Tätigkeit beruflich ausüben, § 14 Abs. 1 BGB. Der Unternehmerbegriff des BGB ist damit ertragsteuerlich beeinflusst.

215 So ausdrücklich § 310 Abs. 1 S. 2 BGB.

216 *Grüneberg*, in: Grüneberg, BGB-Kurzkommentar, 84. Aufl. 2025, § 307 BGB, Rn. 40.

217 BGH, NJW 2007, S. 3774.

In Vertragsbeziehungen zwischen Unternehmern werden oftmals **Vertragstrafen wegen Verzugs** („Verzugspönalen") vereinbart. Kommerzieller Sinn und Zweck einer derartigen Vertragsstrafe: Es soll Druck auf den Vertragspartner zur Erfüllung seiner Leistungspflichten ausgeübt werden. Daneben soll der Ausgleich eines Mindestschadens abgesichert werden, ohne dass ein konkreter Schadensnachweis erforderlich ist.[218] Das Gesetz sieht ohne eine entsprechende Vereinbarung der Vertragsparteien keine Vertragsstrafe vor. § 339 BGB regelt die Vereinbarung über eine Vertragsstrafe und lässt diese generell im Falle des Verzugs zu.[219]

§ 309 Nr. 6 BGB enthält Fallgruppen unzulässiger Vertragsstrafen. Auf den B2B Bereich ist diese Vorschrift anerkanntermaßen nicht übertragbar, da sie sehr auf den Schutz von Verbrauchern zugeschnitten ist.[220]

Insoweit bleibt es bei der Prüfung der Generalklausel des § 307 BGB. Vertragsstrafen wegen Verzugs sind hiernach unwirksam, wenn sie den Schuldner unangemessen benachteiligen. Unangemessen sind feste Beträge ohne Differenzierung nach Art, Gewicht und Dauer der Vertragsverletzung.[221]

Die Rechtsprechung hält Strafen von maximal 0,3% der Auftragssumme je Werktag für zulässig. Eine derartige formularmäßige Regelung hält aber nur dann der Inhaltskontrolle von § 307 BGB stand, wenn für die Vertragsstrafe eine angemessene Höchstgrenze festgelegt wird. Bei Bauverträgen wird eine Höchstgrenze von bis zu 5% akzeptiert.[222] Bei Verzug in allgemeinen Kaufverträgen sind Obergrenzen, sogenannte „Caps", bis zu 10% marktüblich.

Die vergleichsweise niedrige Höchstgrenze bei Bauverträgen wird damit begründet, dass dort die Gewinnmarge insgesamt nicht besonders hoch sei. Würde man dort Vertragsstrafen deutlich jenseits der 5% für zulässig erachten, sei bereits bei Vertragsschluss das Geschäft als Verlustgeschäft angelegt.[223] Beim Kauf allgemeiner Wirtschaftsgüter ist demgegenüber die Gewinnmarge oftmals grösser. Demgemäß können auch Vertragsstrafen mit höheren Obergrenzen vereinbart werden. Sie stellen dann keine unangemessene Benachteiligung im Sinne von § 307 BGB dar.

Ein weiteres Beispiel zur AGB-Prüfungssystematik betrifft das Thema **„Haftung"**: Im Geschäftsverkehr zwischen Unternehmern sind Haftungsausschlüsse und -beschränkungen üblich. Ziel derartiger Regeln ist es, das wirtschaftliche Risiko für den Auftragnehmer bei der Vertragsabwicklung abzumildern. Er kann sich damit vor hohen Schadensersatzforderungen schützen, die gegebenenfalls außer Verhältnis zum Auftragswert stehen.

§ 309 Nr. 7 BGB enthält Klauselverbote für derartige Haftungsausschlüsse und -beschränkungen. Die Vorschrift ist grundsätzlich auch im unternehmerischen Bereich anwendbar.[224]

Der wesentliche Grundgedanke der gesetzlichen Regelungen (Prüfungsrahmen des § 307 Abs.2 BGB) liegt in der unbeschränkten Haftung für beide Vertragsparteien. Sinn und Zweck

218 Vgl. BGHZ 85, S. 312 und BGHZ 105, S. 27
219 Vertragsstrafe im Sinne des § 339 BGB ist das unselbständige, an eine Hauptverbindlichkeit angelehnte Strafversprechen.
220 *Grüneberg*, in: Grüneberg, BGB-Kurzkommentar, 84. Aufl. 2025, § 309 BGB, Rn. 38.
221 BGH, NJW 2016, S. 1230.
222 BGH, NJW 2003, S. 1805 und BGH, NJW 2013, S. 1363.
223 BGH, jeweils a.a.O.
224 BGH, NJW 2007, S. 3774.

des Schadensersatzes ist der Ausgleich von Schäden, die auf schuldhafte Pflichtverletzungen zurückzuführen sind.

Nach § 309 Nr. 7 BGB sind deshalb Haftungsausschlüsse oder -beschränkungen unzulässig, die sich auf Personenschäden (Leben, Körper, Gesundheit) oder grobes Verschulden (Vorsatz oder grobe Fahrlässigkeit) beziehen.

Für den unternehmerischen Bereich hat die Rechtsprechung dies weiter konkretisiert. Neben den zuvor genannten Fällen wird auch für die Verletzung von Kardinalpflichten in voller Höhe gehaftet. Soweit keine Kardinalpflichten verletzt werden, ist eine Haftung auf den typischerweise vorhersehbaren Schaden bei einfacher Fahrlässigkeit zulässig. Ferner sind Haftungsbeschränkungen auf den typischerweise bei Geschäften der fraglichen Art entstehenden Schaden zulässig.[225] Und schließlich sind branchentypische Freizeichnungen, die allseits gebilligt und anerkannt werden, wirksam.[226]

Zurück zur allgemeinen Inhaltskontrolle von AGB: Die **Rechtsfolgen eines Verstoßes gegen AGB-Recht** regelt § 306 BGB. Danach ist die entsprechende Klausel unwirksam, allerdings nur die vom Verbot betroffene Einzelklausel. An die Stelle der unwirksamen Klausel tritt die gesetzliche Regelung.[227] Die Unwirksamkeit einzelner Klauseln berührt grundsätzlich den übrigen Vertrag nicht, dieser bleibt wirksam. Nur ausnahmsweise ist der Vertrag insgesamt unwirksam. Dies ist der Fall, wenn der verbleibende Restvertrag für eine Partei eine unzumutbare Härte darstellt.[228]

In diesem Kontext wird diskutiert, ob bei unwirksamen Klauseln eine Reduzierung auf den gerade noch wirksamen Teil der Klausel möglich ist. Eine solche **geltungserhaltende Reduktion** sieht das AGB-Recht nicht vor. Dies gilt auch im kaufmännischen Verkehr zwischen Unternehmern.[229] Anderenfalls würde der Verwender von AGB kein Risiko tragen. Er könnte sich auch bei unwirksamen Klauseln darauf einstellen, dass stets der zulässige Teil übrig bleibt. Ein solches Verhalten darf die Rechtsordnung nicht dadurch risikolos machen, dass sie eine verbotswidrige Klausel durch Reduktion auf das gerade noch angemessene Maß teilweise aufrechterhält.[230]

Ebenso kann der Verwender selbst sich nicht auf die Unwirksamkeit einer für ihn ungünstigen Klausel berufen. Er hat die Allgemeinen Geschäftsbedingungen schließlich selbst formuliert.

Last but not least stellt sich die Frage der **Verhandelbarkeit von Allgemeinen Geschäftsbedingungen**. Oftmals sind Lieferanten nicht bereit, die AGB des Auftraggebers uneingeschränkt zu akzeptieren. Stattdessen sollen punktuell Klauseln anders gestaltet werden. § 305b BGB lässt dies ausdrücklich zu – es gilt der Vorrang der Individualabrede. Die Anpassung einzelner AGB-Klauseln sollte nicht in den Allgemeinen Geschäftsbedingungen selbst vorgenommen werden, sondern im Vertrag erfolgen. Redaktionell geschieht dies üblicherweise durch einen eigenen Paragraphen am Ende des Vertrages unter der Überschrift „Abbedingung allgemeiner Geschäftsbedingungen“. Dort werden die einzelnen nachverhandelten

225 BGH, NJW 1993, S. 335.
226 BGH, NJW 1986, S. 1435.
227 § 306 Abs. 2 BGB.
228 § 306 Abs. 3 BGB.
229 BGH, NJW 1993, S. 1787
230 *Grüneberg*, in: Grüneberg, BGB-Kurzkommentar, 84. Aufl. 2025, § 306 BGB, Rn. 6

Klauseln abgebildet. Durch die im Vertrag vorzuschreibende Geltungsrangfolge des Vertragstextes vor den Anlagen (z.B. AGB) ist sichergestellt, dass die abweichenden Regeln im Vertrag denjenigen in den AGB vorgehen.

Praxistipp: Quick Check AGB

Sofern im Einkauf eine AGB-Zulässigkeitsprüfung zu erfolgen hat, sollte als Quick Check zunächst die Schlussklausel der AGB betrachtet werden. Sofern hier eine salvatorische Klausel aufgenommen ist („Was gilt bei unwirksamen Bedingungen?"), ist dies ein Indiz dafür, dass die AGB unsauber erstellt wurden. Dieser handwerkliche Fehler kommt öfter vor, als man glaubt. Bei Individualverträgen ist eine derartige Klausel „Standard", bei AGB hingegen ist sie unzulässig. Im AGB-Recht gelten bei unwirksamen Klauseln die gesetzlichen Regeln, § 306 Abs. 2 BGB. Damit ist eine derartige Klausel unwirksam nach § 307 BGB.[231]

4. Blick in die Zukunft: „Reform" des AGB-Rechts durch den Koalitionsvertrag

Abschließend ein kurzer Blick in die Zukunft: Der **Koalitionsvertrag 2025** hat das Thema „AGB-Recht" ebenfalls aufgenommen und hier eine Reform angekündigt. Wenn große Kapitalgesellschaften untereinander Verträge unter Verwendung von AGB schließen, sollen sie sich darauf verlassen können, „dass das im Rahmen der Privatautonomie Vereinbarte auch von den Gerichten anerkannt wird."[232] Wie dies genau geschehen soll, lässt der Koalitionsvertrag offen.

Große Kapitalgesellschaften sind solche, die zwei der drei folgenden Größenkriterien überschreiten: Bilanzsumme von mindestens 25 Mio. Euro, Nettoumsatzerlöse von mindestens 50 Millionen Euro, sowie mindestens 250 Beschäftigte.[233] Wie kann bei diesen Unternehmen mehr Verlässlichkeit bei der Verwendung ihrer Verträge erzielt werden?

Wie oben dargestellt, ist die Prüfungssystematik von AGB im B2B-Bereich sehr kasuistisch. Sämtliche Klauselverbote gegenüber Verbrauchern sind über die Generalklausel des § 307 BGB ebenfalls im Business-Bereich mit zu prüfen. Darüber hinaus sind die im Handelsverkehr geltenden Gewohnheiten und Gebräuche zu berücksichtigen.

In der Praxis bedeutet das: Besteht Streit über die Wirksamkeit einer Klausel, so muss diese in jedem Einzelfall spezifisch geprüft werden. Zunächst ist zu prüfen, ob bzw. inwieweit die speziellen Klauselverbote auf dem B2B-Bereich übertragbar sind. Und als „Fallback" verbleibt die Generalklausel, bei der sich die Frage der „Unangemessenheit" der jeweiligen AGB-Klausel stellt. Die Folge ist eine schwer überschaubare Rechtsprechung zu zentralen kommerziellen Themen, wie die oben beschriebenen Vertragsstrafen oder Haftungsbeschränkungen. In lau-

231 Das OLG Frankfurt hält eine derartige Klausel nicht nur für abmahnfähig, sondern auch für wettbewerbswidrig, OLG Frankfurt, Beschluss v. 27.07.2011, Az.; 6 W 55/11.

232 Tz. 2783 ff. des Koalitionsvertrages.

233 Zu den Größenklassen nach HGB vgl. § 267 Abs. 2 und 3 HGB. Kapitalmarktorientierte Kapitalgesellschaften nach § 264 d HGB fallen ebenfalls hierunter, so ausdrücklich § 267 Abs. 3 S. 2 HGB.

fende Geschäftsbeziehungen ist dies wenig nachvollziehbar. Rechtssicherheit und Vorhersehbarkeit werden hiermit nur bedingt gefördert.

Um der von der Koalition geforderten „Privatautonomie" mehr Geltung zu verschaffen, könnten künftig Formularverträge zwischen großen Kapitalgesellschaften der inhaltlichen AGB-Kontrolle entzogen werden. Eine derartige Gestaltung würde der **Konstellation bei öffentlichen Auftraggebern** entsprechen. Wie zuvor skizziert, sind Verträge von öffentlichen Auftraggebern ebenfalls einer AGB-Kontrolle entzogen, wenn die VOB/B uneingeschränkt vereinbart wird.[234] Der Gedanke dahinter: Bei der VOB/B handelt es sich um ein ausgewogenes Vertragskonstrukt im Rahmen der Bauausführung.[235]

Übersetzt man diese Logik auf große Kapitalgesellschaften, so könnte das Narrativ lauten: „Verträge zwischen großen Kapitalgesellschaften sind ausgewogen, da hier auf Augenhöhe verhandelt wird. Einer AGB-Inhaltskontrolle bedarf es insoweit nicht." Dass innerhalb des weiten Spektrums großer Kapitalgesellschaften ebenfalls ein wirtschaftliches Machtgefälle besteht, sei nur am Rande erwähnt. Denn dieses Argument ließe sich ebenfalls bei öffentlichen Auftraggebern anführen. Hier ist allerdings eine Befreiung von der AGB-Kontrolle bereits erfolgt.

Wird die Reform auf Verträge zwischen großen Kapitalgesellschaften begrenzt, so ist zweierlei zu berücksichtigen: Für einen Großteil der deutschen Unternehmen, insbesondere für kleine und mittelständische Unternehmen (KMU), bleibt die AGB-Kontrolle nach wie vor erhalten. Und auch bei großen Unternehmen führt dies letztlich zu einer „Zweiteilung" der Vertragslandschaft. Es würden dann Verträge „unter Gleichen" entstehen, die vom AGB-Recht ausgenommen sind. Darüber hinaus bestehen Verträge mit den übrigen Vertragspartnern, die einer allgemeinen AGB-Inhaltskontrolle unterliegen. Das Vertragsmanagement würde insgesamt komplexer.Sofern der Gesetzgeber die Änderungen entsprechend dem Koalitionsvertrag umsetzt, müsste er rechtstechnisch wie bei öffentlichen Auftraggebern agieren: § 310 BGB wäre anzupassen und große Kapitalgesellschaften seinem Anwendungsbereich zu entziehen. Es bleibt abzuwarten, wie die postulierte Reform des AGB-Rechts künftig konkretisiert wird.

VI. Sonderfälle: Absichtserklärung, LOI, NDA, MoU, Vorvertrag, Rahmenvertrag, Einzelvertrag

Neben den zuvor skizzierten Einkaufsverträgen existieren einige Sonderfälle, die für den Praktiker ebenfalls von Relevanz sind. All diese Sonderfälle haben eines gemeinsam: Sie sind im BGB nicht ausdrücklich geregelt. Das Recht, Schuldverhältnisse zu begründen ergibt sich aus den §§ 241 und 311 BGB. Auch vorvertragliche Schuldverhältnisse, die die Aufnahme geschäftlicher Kontakte abbilden, sind in diesem Rahmen möglich. Privatautonomie und Vertragsfreiheit lassen all diese Sonderkonstellationen zu.

Im Vorfeld eines Vertragsschlusses finden regelmäßig Verhandlungen statt. Diese sind für sich gesehen grundsätzlich nicht bindend.[236] Gleichwohl besteht insbesondere bei Großpro-

234 So ausdrücklich § 310 Abs. 1 S. 3 BGB.
235 S. oben A. V. 2.
236 So ausdrücklich § 154 Abs. 1 BGB.

jekten das Bedürfnis der Beteiligten, die Verhandlungspositionen schriftlich zu fixieren. Zugleich wird damit die gegenseitige Ernsthaftigkeit der Verhandlungen und der Wille zum Abschluss eines Vertrages dokumentiert.[237]

Derartige Inhalte werden in einer **Absichtserklärung, „Letter of Intent" (LoI)**, niedergelegt. Neben der Interessenbekundung erfolgt die Beschreibung des Projekts sowie der Gesprächsstand. Zudem sind Geheimhaltungsverpflichtungen üblicherweise Bestandteil eines LoI und je nach Verhandlungsstatus auch Exklusivitätsvereinbarungen hinsichtlich der Verhandlungen. Wird die Geheimhaltungsvereinbarung separat abgeschlossen, so wird dies oftmals auch als **NDA (Non-Disclosure Agreement)** bezeichnet.

Absichtserklärungen sind grundsätzlich rechtlich unverbindlich. Denn die Beteiligten wollen sich keinen Schadensersatzverpflichtungen aussetzen, nur weil sie die Absicht bekunden, miteinander zu verhandeln. Üblicherweise finden Absichtserklärungen lediglich zwischen zwei Beteiligten statt. Soweit mehrere Interessenten beteiligt sind, wird dies terminologisch zumeist als **„Memorandum of Understanding" (MoU)** bezeichnet. Oftmals sind derartige Konstellationen im politischen Bereich anzutreffen. Anders gewendet: Ein MoU ist eine Absichtserklärung, die von mehreren Verhandlungspartnern abgegeben wird.

Sofern die Beteiligten rechtliche Bindungswirkungen mit ihren Verhandlungen anstreben, ist stattdessen ein Vorvertrag abzuschließen. Dieser ist ein schuldrechtlicher Vertrag, der die Verpflichtung zum späteren Abschluss eines Hauptvertrages begründet.[238] Ein **Vorvertrag** wird in der Regel dann abgeschlossen, wenn dem eigentlichen Vertrag noch tatsächliche, rechtliche oder bürokratische Hindernisse entgegenstehen.[239] Die Beteiligten wollen aber zwischenzeitlich bereits eine Bindungswirkung erzeugen.

Ein **Rahmenvertrag** ist ein Vertragskonstrukt, das den künftigen Abschluss einer Vielzahl von gleichartigen Einzelverträgen zum Ziel hat. Wie der Begriff verdeutlicht, regelt er lediglich den „Rahmen", der durch die später abzuschließenden Einzelverträge konkretisiert wird. Inhaltlich enthält ein Rahmenvertrag viele Vertragsbestandteile, die im nächsten Kapitel bei der Gestaltung von Einkaufsverträgen dargestellt werden. Er zieht diese quasi „vor die Klammer". Dies betrifft z.B. Klauseln zu Lieferungs- und Zahlungsbedingungen, Gewährleistung, Verzug, Preisen, Laufzeiten und Kündigungsfristen.

Spezifische eigene Klauseln enthalten Rahmenverträge hinsichtlich des Abrufs sowie des Zustandekommens von Einzelverträgen. In diesem Zusammenhang ist insbesondere festzulegen, ob und inwieweit Abrufverpflichtungen bestehen. Üblicherweise kommt der **Einzelvertrag** zustande durch Bestellung mit Verweis auf den jeweiligen Rahmenvertrag und Bestätigung der Bestellung durch den Vertragspartner.

Vom „Letter of Intent", d.h. der Absichtserklärung, grenzt sich der Rahmenvertrag dadurch ab, dass ein LoI keine rechtsverbindlichen Verpflichtungen enthält. Der Unterschied zum Vorvertrag besteht darin, dass dieser mit Abschluss des Hauptvertrages keine Wirkung mehr entfaltet, während der Rahmenvertrag weiterhin wirksam ist, auch wenn bereits Einzelabrufe erfolgen. Rahmenverträge bieten vielfältige Gestaltungsmöglichkeiten, insbesondere im Bereich

---

237 Vgl. *Ellenberger*, in: Grüneberg, BGB-Kurzkommentar, 84. Aufl. 2025, vor § 145 BGB, Rn. 18.
238 BGHZ 102, S. 384 (388).
239 Eine noch ausstehende Baugenehmigung ist ein „Klassiker" im Bereich der Immobilienwirtschaft.

von Vergabeverfahren. Hierauf wird im Kapitel „Einkauf und Vergaberecht" näher eingegangen.[240]

VII. Vertragsinhalte und Vertragsgestaltung entlang der Supply Chain

Nachdem die Grundlagen des Vertragsrechts dargestellt wurden, geht es nunmehr darum, diese in Vertragsinhalte und Vertragsgestaltung umzusetzen. Verträge geben Lebenssachverhalte wieder. Die Abbildung des Einkaufsprozesses dient insoweit als wesentlicher Maßstab für die Erstellung von Verträgen.

Anerkannt ist, dass es DEN Einkaufsprozess nicht gibt.[241] Im Rahmen der Vertragsgestaltung steht der Ablauf der Bedarfsdeckung von der Anforderung eines Produkts bis zu dessen Lieferung und Bezahlung im Fokus. Dieser auch als **Supply Chain** bezeichnete Ablauf gliedert sich in mehrere Phasen:

- Angebotsphase,
- Verhandlungsphase,
- Herstellungsphase und
- Auslieferungsphase.

Der eigentlichen Beschaffung vorgelagert sind Planung und Strategie.[242] Am Ende der ersten beiden Phasen steht juristisch der Vertragsschluss.[243] Die Phasen nach Vertragsschluss schließen auch die Rechnungsstellung mit ein.[244]

Diese einzelnen Phasen der Supply Chain sind mit Vertragsinhalten zu unterlegen. Hierbei unterscheiden sich Allgemeine Geschäftsbedingungen und Individualverträge im Aufbau nicht grundlegend. Es geht jeweils um Kaufrecht. Bei AGB's ist ergänzend die zuvor umfassend geschilderte Inhaltskontrolle zu berücksichtigen.

Die vorgelagerte Planungs- und Strategiephase, Planning-to-Strategy, bildet die Grundlage der Beschaffung. Der Fokus liegt auf Planung, strategischer Zielsetzung und Ausrichtung an übergeordneten Geschäftszielen. Vertraglich sind hier zunächst allgemeine Vorgaben abzubilden. Unter **„1. Allgemeines"** ist der Geltungsbereich des Vertrages zu formulieren.

Juristisch wird hier zunächst festgelegt, ob es sich um „Allgemeine Einkaufsbedingungen" und damit um AGB handelt oder ob ein Individualvertrag vorliegt. Wie dargelegt, sind Einkaufsverträge im Tagesgeschäft üblicherweise als Allgemeine Geschäftsbedingungen zu be-

240 S. unten B. IV. 2. a).

241 Grundlegend hierzu: Prozesse und Systeme im Einkauf, Bundesverband Materialwirtschaft, Einkauf und Logistik (BME), Leitfaden vom November 2016. Der BME entwickelt hier einen Referenz-Einkaufsprozess, der zwischen Strategie, Kernprozessen und Unterstützungsprozessen unterscheidet.

242 Die Planungs-und Strategiephase wird auch als „Planning-to-Strategy" (P2S) bezeichnet.

243 Die Phase bis zum Vertragsschluss wird auch als „Source-to-Contract" (S2C) bezeichnet.

244 Die Phase von der konkreten Bestellung bis zur Bezahlung wird auch als „Procure-to-Pay" oder „Purchase-to-Pay" (P2P) bezeichnet.

werten, die der AGB-Kontrolle unterliegen.[245] Darüber hinaus kann festgelegt werden, ob es sich um einen Rahmenvertrag handelt.

Üblicherweise werden im ersten Vertragspassus auch übergeordnete strategische Vorgaben abgebildet. Dabei geht es insbesondere um Compliance-Anforderungen wie Integritätsklausel oder Code of Conduct. **Öffentliche Auftraggeber** treffen hier zudem Regeln über vergaberechtliche Anforderungen. Die einzelnen Themen werden später vertieft dargestellt.[246]

Zu Beginn der eigentlichen Beschaffungsphase ist der **„2. Vertragsgegenstand"** abzubilden. Dabei wird der Vertragstypus Kauf festgelegt, der maßgeblich durch den Kaufgegenstand bestimmt wird. Er wird durch Leistungsbeschreibung, Lastenheft, technische Spezifikationen sowie Ausführungsunterlagen konkretisiert. Diese „Qualitätsanforderungen" beschreiben die Mindestanforderungen an das Produkt. Sie sind wiederum relevant für die Frage der ordnungsgemäßen Vertragserfüllung und das Vorliegen eines Sachmangels. Mit dem Passus über den Vertragsgegenstand wird insoweit die Grundlage für die spätere Klausel im Hinblick auf Gewährleistungsrechte gelegt.[247]

Die dann folgende Verhandlungsphase ist entscheidend, um optimale Konditionen zu erhalten. Bezogen auf die Vertragsinhalte werden hier vereinbart: Preise, Zahlungsbedingungen und Lieferfristen.

Die **„3. Preise"** sind als Festpreise auszuweisen, die Nachforderungen des Verkäufers ausschließen. Seit Corona und der Russland Krise ist das Thema „Preisanpassungen" ein häufiges Einkaufsthema geworden. Hier kommen die oben skizzierten Preisgleitklauseln in Betracht, um auf unvorhergesehene Ereignisse zu reagieren.[248]

„4. Zahlungsbedingungen" enthalten Regelungen zum Zahlungsziel und zu Skonto. Oftmals werden hier 30 Tage netto bzw. 14 Tage und 3% Skonto vereinbart.[249]

Bei **„5. Lieferfristen"** ist festzulegen, dass diese bindend sind. Für die Nichteinhaltung von Lieferfristen sind Regelungen zu den zuvor geschilderten Leistungsstörungen aufzunehmen. Dies betrifft insbesondere Unmöglichkeit und Verzug sowie die damit korrespondierenden Rechtsfolgen wie Schadensersatz, Verzugsschaden, Rücktritt und etwaige Vertragsstrafen. Üblicherweise wird hier auch ein Passus zur höheren Gewalt und der wechselseitigen Suspendierung von Leistungspflichten aufgenommen.[250]

In der anschließenden Herstellungs- und Auslieferungsphase muss der Verkäufer seine Pflichten aus dem abgeschlossenen Vertrag erfüllen.[251] Anders gewendet: Der Einkäufer seinerseits muss Eigentum am Kaufgegenstand erwerben – und das frei von Sach- und Rechtsmängeln.

Bei den allgemeinen Ausführungen zum Kaufrecht wurde dargestellt, dass der Eigentumserwerb erst mit Auslieferung der Sache stattfindet. Die Klausel zu **„6. Eigentum"** muss die Ein-

245 S. oben A. V. 1.
246 Zu Integritätsklausel und Code of Conduct vgl. C. II. 2.
247 Zur Frage des Sachmangels und den korrespondierenden Gewährleistungsrechten vgl. oben A. IV. 3. b).
248 Zu Preisgleitklauseln vgl. A. IV. 1. i).
249 Allgemein zum Skontoabzug *v. Westphalen*, Allgemeine Einkaufsbedingungen, 8. Aufl. 2023, S. 58. Ferner die Ausführungen oben zum AGB-Recht A. V. 3. a).
250 Zu allgemeinen Leistungsstörungen vgl. A. IV. 1.
251 S. dazu § 433 Abs. 1 BGB.

käuferinteressen berücksichtigen. Deshalb sollte festgelegt werden, dass sich der Eigentümerwechsel mit der Übergabe der Kaufsache vollzieht und dass kein Eigentumsvorbehalt vereinbart wird.[252]

Darüber hinaus ist die Sache frei von Sach- und Rechtsmängeln herzustellen und auszuliefern. Dies muss bei der Klausel zu **„7. Gewährleistung"** sichergestellt werden. Hier sind Gewährleistungsrechte und deren Verjährungsfrist zu formulieren. Die gesetzlichen Gewährleistungsrechte bieten für sich gesehen bereits ein vertretbares Schutzniveau. Dies gilt auch aufgrund der Ausweitung des Mangelbegriffs in 2022. Denn seitdem müssen, wie dargelegt,[253] objektive und subjektive Anforderungen hinsichtlich der Qualität des Produkts stets kumulativ erfüllt sein.

Abhängig vom jeweiligen Geschäft des Unternehmens ist zu überlegen, ob das Recht aufgenommen wird, den Mangel im Wege der Selbstvorname eigenständig zu beseitigen. Ferner kommt die oben als zulässig beschriebene Verlängerung der „Gewährleistungsdauer" auf drei Jahre in Betracht.[254] Ob darüber hinaus gehende Garantien ein weiterer Vertragsbestandteil werden können, hängt ab vom Kaufgegenstand, dem Marktsegment und der jeweiligen Verhandlungsposition.[255]

Des Weiteren kommenden Rechtsmängel in Betracht.[256] Deren Hauptfall ist die Verletzung von Schutzrechten. Dies wird üblicherweise in einer separaten Klausel aufgenommen. Die Klausel **„8. Schutzrechte"** beinhaltet, dass die Kaufsache frei von Rechten Dritter ist. Denn diese könnten die Nutzung des Produkts durch den Käufer einschränken. Sofern ein Verstoß gegen derartige Schutzrechte vorliegt, hat der Lieferant die alleinige Haftung zu übernehmen und den Käufer hiervon freizustellen

Eine Klausel zur **„9. Kündigung"** sollte das Recht zur außerordentlichen, fristlosen Kündigung beinhalten, wenn ein Festhalten am Vertrag aufgrund schwerwiegender Vertragsverletzung unzumutbar ist.[257]

Nach dem Einkauf des Produkts ist schließlich das Thema „Rechnungstellung" abzubilden.[258] In der Klausel **„10. Rechnungen"** wird die Pflicht zur Rechnungstellung aufgenommen. Etwaige Abschlags,- Teil- und Schlussrechnungen sind als solche zu bezeichnen und fortlaufend zu nummerieren. Oftmals erfolgt auch der deklaratorische Hinweis, dass die Rechnung den umsatzsteuerlichen Vorschriften zu entsprechen hat.[259]

252 Zum Eigentumsvorbehalt s oben A. IV. 3. a). Aus Sicht des Lieferanten ist ein Eigentumsvorbehalt bis zur vollständigen Kaufpreiszahlung zu bevorzugen. Sofern daraus widersprechende AGB entstehen, gilt das Gesetzesrecht. Dann findet der Eigentumserwerb mit Übergabe statt, so wie es dem gesetzlichen Leitbild des Kaufvertrages entspricht.

253 S. wie oben ausgeführt in A. IV. 3.b).

254 Zur Verlängerung der „Gewährleistungsdauer" vgl. A. IV. 3. b).

255 Zu Garantien vgl. A. IV. 3. b).

256 § 435 BGB.

257 Zur außerordentlichen Kündigung bei Kaufverträgen vgl. A. IV. 3. b).

258 Im Hinblick auf den Einkaufsprozess ist dies der dritte Kernprozess „Procure-to-Pay" (P2P), s. dazu bereits oben in diesem Abschnitt.

259 Zu den umsatzsteuerlichen Anforderungen an den Inhalt einer Rechnung s, § 14 Abs. 4 UStG. Eine fehlerhaft ausgestellte Rechnung verhindert den Vorsteuerabzug, § 15 Abs. 1 Nr. 1 S. 2 UStG.

Abschließend sind die **„11. Schlussbestimmungen"** aufzunehmen. Hier werden üblicherweise Klauseln zu Gerichtsstand, anwendbarem – deutschen – Recht und zum Schriftformerfordernis formuliert. Salvatorische Klauseln, die Anwendungsregeln bei unwirksamen Bedingungen enthalten, sind nur in Individualverträgen möglich. Regelmäßig finden sich derartige Klauseln auch in Allgemeinen Geschäftsbedingungen. Letzteres ist, wie oben skizziert, unzulässig.[260]

Praxistipp: Vertragsinhalte eines Einkaufsvertrages

Ein Einkaufvertrag sollte als Typus „Kaufvertrag" folgende Mindestbestandteile enthalten:

1. *Allgemeines*
2. *Vertragsgegenstand*
3. *Preise*
4. *Zahlungsbedingungen*
5. *Lieferfristen*
6. *Eigentum*
7. *Gewährleistung*
8. *Schutzrechte*
9. *Kündigung*
10. *Rechnungen*
11. *Schlussbestimmungen*

VIII. Vertragsrecht und steuerliche Besonderheiten

Im Steuerrecht existieren einige Besonderheiten, die Auswirkungen auf das Vertragsrecht und die Vertragsgestaltung haben. Dies ist darauf zurückzuführen, dass das Steuerrecht in noch stärkerem Umfang als der Einkauf durch eine wirtschaftliche Betrachtungsweise geprägt ist. Im Einzelnen sind folgende Besonderheiten zu berücksichtigen:

Sofern ein **Einkaufsvertrag gesetzes- oder sittenwidrig** ist, ist er zivilrechtlich unwirksam.[261] Steuerrechtlich ist dies jedoch nach den §§ 40, 41 Abgabenordnung (AO) unbeachtlich. Der Vertragspartner kann sich also gegenüber dem Fiskus nicht auf sein eigenes verbotswidriges Verhalten berufen. Die Logik dahinter: Ein Steuerpflichtiger soll für sein gesetzwidriges bzw. sittenwidriges Verhalten nicht auch noch steuerrechtlich belohnt werden.[262] Die Unerheblichkeit der zivilrechtlichen Unwirksamkeit folgt aus § 41 AO.

260 Zur Unzulässigkeit salvatorischer Klauseln in AGB aufgrund eines Verstoßes gegen §§ 306 Abs. 2, 307 Abs. 2 Nr. 1 BGB vgl. bereits oben A. V. 3. b).

261 §§ 134 und 138 BGB. Dabei ist § 134 BGB die speziellere Norm. Ein Rechtsgeschäft, das sowohl gegen ein Verbotsgesetz als auch gegen die guten Sitten verstößt, ist als Verstoß gegen ein gesetzliches Verbot nach § 134 BGB nichtig.

262 Vgl. dazu BVerfG, NJW 1996, S. 2086.

Als Beispiel mit Bezug zur Beschaffung sind hier z.B. **Verträge ohne Rechnung** zu nennen. Ein „Ohne-Rechnung-Vertrag" ist zivilrechtlich nichtig. Er ist im Ganzen nach § 139 BGB nichtig, da diese Vereinbarung den Hauptzweck des Vertrages betrifft und die Preisgestaltung beeinflussen soll.[263] Steuerlich ist ein solcher Vertrag jedoch wirksam, insbesondere auch ergebniswirksam.

§ 41 AO enthält eine weitere Sonderkonstellation für **Scheingeschäfte**. Zivilrechtlich ist ein Scheingeschäft ein Rechtsgeschäft, bei dem die Parteien die verbundenen Rechtsfolgen nicht eintreten lassen wollen. Derartige Geschäfte sind nach § 117 BGB nichtig. Wird ein Einkaufsvertrag also nur formal abgeschlossen, um eine unlautere Konstellation zu verdecken, so wäre er zivilrechtlich nichtig. Steuerlich sind derartige Scheingeschäfte für Zwecke der Besteuerung unbeachtlich.[264]

Als Praxisbeispiel können hier **Beraterverträge** genannt werden, die nur deshalb abgeschlossen werden, damit der Vertragspartner als „Berater" scheinbar legal eine Zahlung erhält. De facto wird die Beratungsleistung allerdings nie erbracht. Die Gestaltung wird nur gewählt, um eine beabsichtigte finanzielle Zuwendung vertraglich einzukleiden.

Vertragsrecht und Steuerrecht weichen auch voneinander ab hinsichtlich der **Zuordnung des Eigentums**. Zivilrechtlich sind Wirtschaftsgüter dem Eigentümer zuzurechnen. Das Steuerrecht macht hiervon Ausnahmen. Übt ein anderer als der juristische Eigentümer die tatsächliche Sachherrschaft aus, so wird ihm das Eigentum nach § 39 Abs. 2 Nr. 1 AO zugerechnet.[265]

Die Vorschrift knüpft an die sogenannte Leasing-Entscheidung des BFH aus dem Jahr 1970 an. Hier konstatierte der BFH, dass für die steuerliche Beurteilung der Eigentumsverhältnisse an beweglichen Wirtschaftsgütern die wirtschaftliche Betrachtungsweise entscheidend sei.[266]

Für den Einkauf hat diese steuerliche Besonderheit maßgebliche Auswirkungen beim **Leasing**. Zivilrechtlich ist der Leasinggeber der Eigentümer, da er „sein" Wirtschaftsgut dem Leasingnehmer lediglich zur Nutzung überlässt. Der Leasingnehmer seinerseits muss das Wirtschaftsgut nicht selbst kaufen und finanzieren. Vertragsrechtlich liegt hier ein atypisches Mietverhältnis vor.[267]

Soweit im Einkauf eine Beschaffung mittels Leasingvertrag erfolgt, sind allerdings die Leasing-Erlasse des BMF für die wirtschaftliche und bilanzielle Zuordnung maßgeblich. Die vereinfachte Darstellung dieser Leasing-Erlasse lautet: In der Regel zielen Leasingverträge darauf ab, das wirtschaftliche Eigentum dem Leasinggeber zuzurechnen. Diese Vertragsgestaltung ist für den Vertragspartner steuerlich die günstigste, da er die Leasingraten dann als Aufwand buchen kann und das Leasingobjekt nicht im Anlagevermögen ausweisen muss.

---

263 Vgl. BGH, NJW 2003, S. 2742.

264 § 41 Abs. 2 AO.

265 § 39 AO kam in jüngster Zeit vermehrt bei sogenannten **cum/cum-Geschäften** zur Anwendung, Geschäfte bei denen eine Übertragung von Aktien mit Dividendenberechtigung vereinbart wird. Die Finanzverwaltung ist der Auffassung, dass bei derartigen Gestaltungen das wirtschaftliche Eigentum nicht übergeht, BMF v. 09.07.2021, BStBl I 2021, S. 995.

266 BFH, BStBl II, 1970, S. 264.

267 Insoweit gelten die §§ 535 ff. BGB. Vgl. dazu bereits BGHZ 68, 118 (123), s auch BGHZ 128, 255 (259).

Ist der Einkaufsvertrag hingegen so gestaltet, dass er sich wirtschaftlich als „Mietkauf" darstellt, wird das wirtschaftliche Eigentum dem Leasingnehmer zugerechnet. Kaufoptionen unterhalb des Buchwertes lassen beispielsweise darauf schließen, dass die Eigentumsübertragung von Anfang an das eigentliche Vertragsziel ist. Bei ganz kurzen Vertragslaufzeiten geht die Finanzverwaltung ebenfalls davon aus, dass faktisch ein Kauf beabsichtigt ist.[268] Der Leasingnehmer muss das Wirtschaftsgut dann in seiner Bilanz aktivieren. Aufwandswirksam ist „nur" der Zinsanteil der Mietkaufraten und die Abschreibung des Leasingobjektes.

Die steuerliche Behandlung von **Sicherungseigentum** hat ebenfalls Auswirkungen auf Einkaufsverträge. Sicherungseigentum ist eine Vertragsgestaltung, bei der der Schuldner dem Gläubiger zur Sicherung seiner Schuld das Eigentum an einer beweglichen Sache überträgt. Die Sache bleibt dem Schuldner aber zur weiteren Nutzung überlassen. Zivilrechtlich wird der Sicherungsnehmer Eigentümer der Sache; sie dient ihm als Kreditsicherungsmittel.[269] Nach Tilgung des so besicherten Kredits fällt das Eigentum an der Sache an den Alteigentümer zurück.

Im Einkauf haben Sicherungseigentum und die damit verbundene Kreditfinanzierung praktische Relevanz insbesondere beim Einkauf von Maschinen, technischen Anlagen sowie Betriebs und Geschäftsausstattung.[270]

Steuerlich wird das Wirtschaftsgut dem Sicherungsgeber zugerechnet, denn im Gegensatz zum zivilrechtlichen Eigentümer hat er die tatsächliche Sachherrschaft. Wirtschaftlich soll der Sicherungsgeber den Gegenstand für seinen Betrieb verwenden, damit Gewinn erzielen und den Kredit zurückzahlen. Das Steuerrecht stellt damit auf das tatsächliche wirtschaftliche Eigentum ab und räumt ihm gegenüber dem juristischen Eigentum den Vorrang ein. Bilanziell wird das Sicherungsgut im Anlagevermögen des Sicherungsgebers ausgewiesen. Der Kreditgeber aktiviert die entsprechende Forderung.

§ 39 AO enthält schließlich weitere Sonderregeln für Treuhandverhältnisse und bestimmte Formen des Besitzes. Bei Treuhandverhältnissen wird der Treugeber als wirtschaftlicher Eigentümer angesehen. Bei Eigenbesitz wird dem Eigenbesitzer das Wirtschaftsgut steuerlich zugerechnet.

Das Steuerrecht hat ebenfalls Einfluss auf Gestaltungen von Einkaufsverträgen, die maßgeblich darauf angelegt sind, steuerliche Effekte zu erzielen. Der **Gestaltungsmissbrauch** wird nach § 42 AO steuerlich nicht anerkannt.

Nach der Rechtsprechung des BFH liegt ein derartiger Missbrauch von rechtlichen Gestaltungsmöglichkeiten vor, wenn eine Gestaltung gewählt worden ist, die gemessen an dem erstrebten Ziel (a) unangemessen ist (b) der Steuerminderung dienen soll und (c) durch wirtschaftliche oder sonstige nichtsteuerliche Gründe nicht zu rechtfertigen ist.[271] Die Feststellungslast trägt das Finanzamt.[272]

268 Laufzeiten zwischen 40 und 90% der betriebsgewöhnlichen Nutzungsdauer sprechen grds. für eine wirtschaftliche Zuordnung des Eigentums beim Leasinggeber.

269 Besitzkonstitut, § 930 BGB – Eigentumserwerb durch Übergabesurrogat.

270 Im privaten Bereich ist die PKW-Finanzierung ein klassischer Fall des Sicherungseigentums.

271 Vgl. z.B. BFH, Urt. v. 17.11.2020, BStBl II, 2021, 580.

272 S. hierzu auch den entsprechenden Anwendungserlass zur Abgabenordnung – AEAO zu § 42.

In Betracht kommen hier z.B. Einkaufsverträge mit ungewöhnlichen Gestaltungen hinsichtlich der Kosten. Die Frage des Ausweises von Ausgaben als Wirtschaftsgut oder als Aufwand sind ein „Klassiker" in Einkaufsverträgen. Denn hiermit lässt sich die EBIT-Wirksamkeit von Verträgen maßgeblich steuern.

Wirtschaftsgüter sind Sachen oder Rechte, die für den Betrieb Vorteile bringen, einer selbständigen Bewertung zugänglich sind und mit dem Betrieb gemeinsam übertragen werden können.[273] Aufgrund des bilanziellen Vollständigkeitsgebots müssen Wirtschaftsgüter grundsätzlich in der Bilanz aktiviert werden. Anderenfalls können Kosten als sofort abziehbare Betriebsausgaben verbucht werden.

Zielt ein Einkaufsvertrag auf „Aufwandsmaximierung" – und damit Steuersenkung – ab, wird man Gestaltungen wählen, die es ermöglichen, Kosten als sofort abziehbare Betriebsausgaben zu deklarieren. Soll ein Vertrag demgegenüber „EBIT-schonend" gestaltet sein und das Betriebsergebnis verbessern, wird man versuchen, vertraglich die Kosten der Kategorie „Wirtschaftsgut" zuweisen, um lediglich die Abschreibungen aufwandswirksam zu buchen.

Beim „einfachen" Kauf einer beweglichen Sache ist der Spielraum für Gestaltungen und Gestaltungsmissbrauch in der Regel beschränkt. Geht es jedoch um Ausbauleistungen bestehender Sachen, Reparaturen, Ersatzteile oder Ersatzinvestitionen, ist die konkrete Einordnung der jeweiligen Ausgaben nicht mehr so eindeutig.

Kosten im Zusammenhang mit **IT-Beschaffungen** sind noch schwieriger zuzuordnen. Hardware, Software, Software as a Service (SaaS), Cloud-Lösungen, Updates, Upgrades und Customizing bieten mannigfachen Interpretationsspielraum für bilanziellen Ausweis und steuerliche Behandlung.

Der gesamte Themenkomplex wird oftmals auch mit den Begriffen **CAPEX** und **OPEX** in Verbindung gebracht. CAPEX (Capital Expenditure) sind Ausgaben für Wirtschaftsgüter, OPEX (Operational Expenditure) allgemeine Betriebsausgaben. CAPEX werden in der Bilanz als Anschaffungskosten erfasst, während OPEX in der Gewinn- und Verlustrechnung als Aufwand ausgewiesen werden und damit unmittelbaren Einfluss auf das Ergebnis haben.

Bei Einkaufsvorgängen für **öffentliche Auftraggeber** kommt Folgendes hinzu: Oftmals sind derartige Beschaffungen über **Fördermittel** finanziert. Finanziert wird hier in der Regel nur die „Investition" und damit die Kosten für Wirtschaftsgüter – CAPEX. Sonstige Aufwandspositionen hat der Aufgabenträger mit Eigenmitteln selbst zu zahlen.[274]

Kurz gefasst wird man festhalten können: Soweit Verträge entgegen den handels- und steuerrechtlichen Vorgaben formuliert sind und nur unter dem Fokus „Aufwandsmaximierung" oder „EBIT-Schonung" gestaltet werden, kommt ein Gestaltungsmissbrauch im Sinne von § 42 AO in Betracht.

273 Der steuerrechtliche Begriff des Wirtschaftsgutes und der handelsrechtliche Begriff des Vermögensgegenstandes werden überwiegend synonym verwendet, vgl. BFHE 202, 256, BStBl II 2003, S 878. Ebenso § 246 HGB und § 4 EStG.

274 Vgl. z.B. § 8 BSWAG (Bundesschienenwegeausbaugesetz) für Investitionen in Schienenwege.

IX. Zusammenfassung

Einkauf und Vertragsrecht gehören zusammen wie Einkauf und Unternehmenserfolg. Das Vertragsrecht bildet den rechtlichen Rahmen für die Beschaffung. Es ist geprägt durch den Grundsatz der Vertragsfreiheit. Die Parteien können fast alles vereinbaren und verhandeln, was ihrem beiderseitigen Willen entspricht.

Vertragsrecht setzt sich im Wesentlichen aus drei Quellen zusammen: Gesetzesrecht, individuell verhandelte Konditionen sowie allgemeine Geschäftsbedingungen.

Das Gesetz, d.h. maßgeblich das BGB, bildet den rechtlichen Rahmen. Hier ist insbesondere das Zustandekommen von Verträgen, Leistungsstörungen sowie der Grundtypus einzelner Verträge geregelt. Maßgeblicher Beschaffungsvertrag ist der Kaufvertrag. Gesetzesrecht ist zumeist dispositiv, d.h. es kann von den Vertragsparteien individuell verändert werden. Ebenso können die Parteien im Rahmen ihrer Vertragsfreiheit neue Vertragstypen kreieren, wie z.B. Rahmenverträge, NDA, LoI oder MoU.[275]

Individuell ausgehandelte Vereinbarungen haben im deutschen Zivilrecht lediglich zwei Grenzen – Verstoß gegen gesetzliche Verbote und Sittenwidrigkeit.[276] Individuelle Verträge zielen darauf ab, die gesetzliche Rechtslage und die Beschaffungssituation zu eigenen Gunsten zu verbessern. Dies ist prinzipiell legitim und zulässig.

Sofern Vertragsinhalte allerdings nicht von beiden Parteien gemeinsam vereinbart, sondern durch den Verwender allgemeiner Geschäftsbedingungen vorgegeben werden, sind der Vertragsfreiheit Grenzen gesetzt.

Allgemeine Geschäftsbedingungen unterliegen deshalb einer Inhaltskontrolle hinsichtlich ihrer Wirksamkeit. Dies gilt uneingeschränkt im Hinblick auf Verbraucher. Aber auch im B2B-Einkauf zwischen Unternehmern setzt das AGB-Recht Grenzen. Die Gesetzessystematik mit Ausnahme und Rückausnahme lässt sich darauf reduzieren, dass unangemessene Benachteiligungen eines Vertragspartners unzulässig sind. Dies ist jeweils im Einzelfall anhand der in Rede stehenden-AGB-Klausel zu prüfen.[277] Der **Koalitionsvertrag 2025** kündigt für das AGB-Recht eine Reform an und verspricht für große Unternehmen mehr Privatautonomie.

Bei widersprechenden AGB, bei denen jeder Vertragspartner auf seinen eigenen AGB besteht, treffen Einkaufs-AGB und Vertriebs AGB des Lieferanten aufeinander. In dieser Konstellation lebt das zuvor zitierte Gesetzesrecht wieder auf.[278] Allein schon deshalb sind Kenntnisse der gesetzlichen Grundregeln essenziell.

Verträge bilden Lebenssachverhalte ab. Wesentlicher Maßstab für die Erstellung von Einkaufsverträgen ist die Abbildung des Einkaufsprozesses. Vertragsinhalte und Vertragsgestaltung lassen sich insoweit entlang der Supply Chain umsetzen. Für Einkaufsverträge ergibt sich hieraus ein Grundaufbau mit ca. 10 -12 Standardklauseln.

---

275 Das Recht, derartige Schuldverhältnisse zu begründen, ergibt sich aus den §§ 241 und 311 BGB.

276 §§ 134 und 138 BGB.

277 Diesen Prüfungsmaßstab gibt § 310 BGB vor und verweist dabei zudem auf die im Handelsverkehr geltenden Gewohnheiten und Gebräuche.

278 So ausdrücklich § 306 Abs. 2 BGB.

Vertragsrechtliche Besonderheiten ergeben sich zudem unter Einbeziehung des Steuerrechts und der dort stark ausgeprägten wirtschaftlichen Betrachtungsweise. So ist es für die Besteuerung grundsätzlich unerheblich, ob ein Rechtsgeschäft gegen ein gesetzliches Verbot oder die guten Sitten verstößt.[279] Zudem ist steuerlich das wirtschaftliche und nicht das juristische Eigentum maßgeblich.[280] Schließlich sind Vertragsgestaltungen unzulässig, die einen Gestaltungsmissbrauch darstellen, der darauf abzielt, Steuergesetze zu umgehen.[281]

Das Vertragsrecht hat schließlich spezifische Ausprägungen im Rahmen öffentlicher Ausschreibungen. Hier setzt das im nachfolgenden Kapitel dargestellte Vergaberecht eigene Rahmenbedingungen.

279 §§ 40, 41 AO.
280 § 39 AO.
281 § 42 AO.

B. Einkauf und Vergaberecht

I. Der Staat – ein wesentlicher Wirtschaftsfaktor in der Deutschland AG

Die Beschaffung durch den öffentlichen Sektor hat herausragende Bedeutung für die deutsche Wirtschaft. Aufträge mit einem Gesamtvolumen im dreistelligen Milliardenbereich vergeben öffentliche Auftraggeber Jahr für Jahr bei Bau-, Dienst- und Lieferleistungen. Damit macht die öffentliche Beschaffung in Deutschland zugleich circa 13% des Bruttoinlandsproduktes aus.[282] Bei einem BIP von 4,3 Bill. Euro in 2024[283] ist dies eine Summe mit „Wumms".

Der Staat ist damit ein wesentlicher Wirtschaftsfaktor und zugleich einer der größten Nachfrager in Deutschland. Dies gilt vor allem bei Investitionen in die Infrastruktur. Des Weiteren tragen öffentliche Aufträge dazu bei, konjunkturelle Schwankungen auszugleichen. Auch dies unterstreicht die gesamtwirtschaftliche Bedeutung.

Damit die öffentliche Hand den Wettbewerb in diesem Bereich nicht verzerrt, unterliegen derartige Beschaffungen einem eigenen Regelwerk, dem **Vergaberecht**. Durch die Gebote von Gleichbehandlung, Nichtdiskriminierung und Transparenz soll ein fairer Wettbewerb sichergestellt werden. Unternehmen sollen in einem marktgerechten Umfeld die Möglichkeit haben, öffentliche Aufträge zu erhalten.

Zu Wettbewerbsverletzungen kann es sowohl bei Auftraggebern als auch bei Auftragnehmern kommen. Seitens der Auftragnehmer verletzten kartellartige Preisabsprachen den Wettbewerb. Auftraggeber tragen durch gesetzeswidrige Ausschreibungspraktiken und einseitige Bevorzugung von Bietern zu Marktverfälschungen bei. Schließlich sind öffentliche Ausschreibungen anfällig für Korruption, d.h. die zumeist beiderseitige kollusive Beeinflussung des Ausschreibungsergebnisses.

Vergaberecht soll des Weiteren die wirtschaftliche und kosteneffiziente Verwendung von Haushaltsmitteln sicherstellen. Traditionell wurde Vergaberecht in Deutschland unter diesem Blickwinkel gesehen. Öffentliche Beschaffung war Bestandteil des Haushaltsrechts. Damit waren die dort bestehenden Grundsätze von Sparsamkeit, Wirtschaftlichkeit und gesicherter Deckung einzuhalten.[284] Diese „haushaltsrechtliche Lösung" bedeutete, dass Auftragsvergabe zur privatrechtlichen Tätigkeit der öffentlichen Hand gehörte. Vergaberecht war damit Innenrecht des Staates – geregelt im Haushaltsrecht und in Verwaltungsvorschriften.[285]

Dass öffentliche Auftragsvergabe auch zu Wettbewerbsbeschränkungen führen kann und damit subjektive, einklagbare Rechte der Marktteilnehmer beinhaltet, wurde erst später erkannt. 1998 wurde die Vergabe öffentlicher Aufträge Bestandteil des Gesetzes gegen Wettbewerbs-

---

282 So das Bundeswirtschafsministerium im Referentenentwurf zum Vergabetransformationspaket.

283 BIP-Daten von Statista.

284 Die wirtschaftliche und sparsame Verwendung öffentlicher Gelder ist ausdrücklich im Haushaltsgrundsätzegesetz normiert, § 6 HGrG.

285 Das Haushaltsgrundsätzegesetz und die Vergabeverordnung von 1994 waren noch Ausdruck dieses haushaltsrechtlichen Ansatzes.

beschränkungen (GWB).[286] Das Vergaberecht erhielt Rechtsnormqualität. Etwaige Verstöße gegen Vergaberechtsnormen können seither juristisch angegriffen werden, und zwar oberhalb der Schwellenwerte mit einem sogenannten Nachprüfungsverfahren.[287]

Zugleich war nunmehr der Weg bereitet, weitere rechtspolitische Ziele in Rechtsnormen zu transferieren und im Vergaberecht zu implementieren. Gesetzgeber und öffentliche Auftraggeber nutzen zunehmend das erhebliche Beschaffungsvolumen als Hebel, um gesellschaftliche Ziele voranzubringen. So wird beispielsweise das Ziel der Nachhaltigkeit und die Einbeziehung umweltbezogener und sozialer Beschaffungsaspekte überwiegend durch öffentliche Auftraggeber und weniger durch private Nachfrager getrieben.

Das Vergaberecht soll allerdings nicht nur Treiber strategischer Politikziele für die Transformation der Wirtschaft sein. Es soll auch zur Entlastung von Wirtschaft und Verwaltung beitragen. Mit dem später noch skizzierten **Koalitionsvertrag 2025** sollen Vergabeverfahren einfacher, effizienter und flexibler gestaltet werden. Ziel ist es, im Bereich der öffentlichen Hand als einem der größten deutschen Wirtschaftszweige der Deutschland AG, neue Wachstumsimpulse zu setzen, Bürokratieabbau voranzubringen und ein Infrastrukturpaket mit einem Volumen von bis zu 500 Mrd. Euro zu platzieren.

Nach der wirtschaftlichen Verortung des Vergaberechts werden nunmehr die juristischen Eckpunkte dieses zuvor skizzierten Wirtschaftsrahmens dargestellt. Dabei liegt der Schwerpunkt der Darstellung auf EU-Vergaben oberhalb der Schwellenwerte. Dieser Themenkomplex wird nicht nur für „öffentliche Auftraggeber" und aus deren Sicht behandelt. Vielmehr sollen auch die Vertragspartner und Lieferanten dieser Auftraggeber für einen der größten deutschen Märkte ein besseres Verständnis entwickeln.

Neben den allgemeinen Grundlagen zum Vergaberecht sowie Verfahrensarten und -ablauf liegt der Fokus auch auf dem Rechtsschutz im Vergaberecht. Denn in der Praxis ist dieser für Auftraggeber im öffentlichen Sektor und deren Lieferanten gleichermaßen von Bedeutung. Aus diesem Grund wird auch das einschneidendste vergaberechtliche Instrument gegenüber Lieferanten näher beleuchtet – die Vergabesperre. Zudem sind Vergabesperren auch im später noch skizzierten LkSG ein Instrument der „Eingriffsverwaltung".[288]

Kurzum: Ziel dieses Kapitels ist nicht der Versuch einer Kurzfassung zum Themenkomplex „Vergaberecht". Es geht auch hier um den 360 Grad-Blick.

II. Grundlagen des Vergaberechts

1. Schwellenwerte und Auftraggeber-Eigenschaft

Die Grundlagen des Vergaberechts für Auftraggeber oberhalb der EU-Schwellenwerte sind im Gesetz gegen Wettbewerbsbeschränkungen normiert. Daneben existieren Verfahrensord-

286 Diese Neuregelung bewirkte das Vergaberechtsänderungsgesetz vom 26.08.1998, das auf europarechtliche Vorgaben zurückzuführen ist. Im GWB wurde ein vierter Teil über die Vergabe öffentlicher Aufträge eingefügt, §§ 97 ff. GWB. Hierin enthalten waren erstmals subjektive Bieterrechte und ein eigenes Rechtsschutzsystem – sogenannte „kartellrechtliche Lösung".

287 § 155 ff. GWB.

288 S. unten D. II. 2.

nungen, die den konkreten Ablauf des Vergabeverfahrens regeln. Die Vergabeverordnung (VgV), die Sektorenverordnung (SektVO) und die Konzessionsvergabeverordnung (KonzVgV) treffen Bestimmungen über das einzuhaltende Verfahren für die jeweiligen Auftraggeber-Typen.[289]

Die drei verschiedenen Auftraggeber werden in § 98 GWB explizit genannt: Öffentliche Auftraggeber, Sektorenauftraggeber und Konzessionsgeber. Jeder Typus ist im Gesetz definiert und weist jeweils eigene Schwellenwerte auf.

Die Anwendung des Vergaberechts hängt also maßgeblich davon ab, ob ein „Auftraggeber" beschafft und wie hoch sein Einkaufsvolumens in der konkreten Vergabe ist, der sogenannte „Schwellenwert".[290] Nachfolgend werden zunächst die Schwellenwerte kurz skizziert und dann bei der Darstellung der Auftraggeber-Eigenschaft dem entsprechenden Typus jeweils zugeordnet.

a) Schwellenwerte und Berechnung des Auftragswertes

Schwellenwerte bilden ein wesentliches vergaberechtliches Abgrenzungskriterium für die Frage, welche Regeln bei der Vergabe von öffentlichen Aufträgen zu beachten sind.

Gesetzlich normiert ist der Themenbereich **„Schwellenwert"** in § 106 GWB. Die Vorschrift selbst enthält jedoch keine Werte. Diese ergeben sich aus EU-Richtlinien, auf die verwiesen wird. Die Werte gelten unmittelbar in der aktuell gültigen Fassung der EU-Richtlinien.[291] Die Anpassung der Schwellenwerte erfolgt alle zwei Jahre zum 1. Januar durch die EU-Kommission. Derzeit gelten die Schwellenwerte von 2024/ 2025. Das Bundeswirtschaftsministerium gibt diese im Bundesanzeiger bekannt, sobald sie im Amtsblatt der EU veröffentlicht wurden.[292]

Ab einem bestimmten Auftragswert („Schwellenwert") haben Auftraggeber das EU-Vergaberecht anzuwenden. Aufträge müssen dann europaweit ausgeschrieben werden unter Beachtung spezifischer Verfahrensregeln. Das bedeutet: Vor Beginn einer Beschaffung muss der Auftraggeber den voraussichtlichen Auftragswert schätzen. Maßgeblicher Zeitpunkt ist der Tag der Auftragsbekanntmachung oder die sonstige Einleitung des Vergabeverfahrens.[293]

Bei der **Schätzung des Auftragswertes** ist vom voraussichtlichen Gesamtwert der Leistung ohne Umsatzsteuer auszugehen. Hierbei gelten einige Besonderheiten: Sofern der Beschaffungsvertrag Optionen oder Vertragsverlängerungen beinhaltet, sind diese zu berücksichtigen. Selbiges gilt für Prämien oder sonstige Zahlungen.[294]

Der Wert eines Rahmenvertrages wird auf der Grundlage des Gesamtwertes aller Einzelaufträge berechnet, die während der gesamten Vertragslaufzeit geplant sind.[295] Dies gilt auch für dynamische Beschaffungssysteme. Diese ähneln einem herkömmlichen Rahmenvertrag.

289 Die entsprechende Verordnungsermächtigung, d.h. die Befugnis, Regelungen auf Verordnungsebene und nicht auf der Grundlage formeller Gesetze zu treffen, ergibt sich aus § 113 GWB.
290 Die aktuellen EU-Schwellenwerte gelten seit dem 01.01.2024.
291 Sogenannte dynamische Verweisungen.
292 § 106 Abs. 3 GWB.
293 § 3 Abs. 3 VgV, § 2 Abs. 3 SektVO.
294 § 3 Abs. 1 VgV, § 2 Abs. 1 SektVO.
295 § 3 Abs. 4 VgV, § 2 Abs. 4 SektVO.

Anstelle einer physischen Vertragsvereinbarung existiert ein elektronisches System, das im gesamten Zeitraum seiner Einrichtung allen Bietern offen steht, um jeweils Beschaffungsaufträge zu erhalten.

Bei Innovationspartnerschaften, d.h. zur Entwicklung noch nicht auf dem Markt verfügbarer Leistungen, ist der Gesamtwert aller Forschungs- und Entwicklungstätigkeiten sowie der Bau-, Liefer- und Dienstleistungen die zu beschaffen sind, zu berücksichtigen.[296] Bei Bauleistungen ist neben dem Gesamtwert der Bauaufträge der Wert aller Liefer-, und Dienstleistungen zu berücksichtigen, die für die Bauausführung erforderlich sind.[297]

Und schließlich darf die Berechnung des geschätzten Auftragswertes nicht in der Absicht erfolgen, gezielt die Schwellenwerte zu unterschreiten, beispielsweise durch eine gezielte Stückelung der Bedarfe.[298] Überschreitet das so berechnete Auftragsvolumen den jeweiligen Schwellenwert, ist der Auftrag EU-weit auszuschreiben.

Liegt der geschätzte Auftragswert **unterhalb der EU-Schwellenwerte**, ist nationales Vergaberecht, d.h. Haushaltsrecht, anzuwenden. Für Vergaben des Bundes ist dies in § 55 Bundeshaushaltsordnung (BHO) geregelt. Vergleichbare Regelungen finden sich in den Landeshaushaltsordnungen.[299]

Für die Vergabe von Liefer- und Dienstleistungen gilt grundsätzlich die Unterschwellenvergabeordnung (UVgO) bzw. entsprechende Landesvergabegesetze. Bei der Vergabe von Bauleistungen gilt ein Regelwerk, das bereits im Zusammenhang mit der Darstellung Allgemeiner Geschäftsbedingungen angesprochen wurde, die Vergabe- und Vertragsordnung für Bauleistungen (VOB/A).

Relevanz hat diese Differenzierung des Auftragswertes ober- bzw. unterhalb der Schwellenwerte für die Frage der Anwendbarkeit der Vergabegrundsätze sowie des Rechtsschutzes. Hierauf wird an entsprechender Stelle eingegangen.

b) Öffentliche Auftraggeber

§ 99 GWB beinhaltet den Regelungsrahmen für **Öffentliche Auftraggeber**, den ersten Auftraggeber-Typus. Die Vergabeverordnung (VgV) trifft nähere Bestimmungen hinsichtlich der einzuhaltenden Verfahrensregelungen.[300] Unter die Vorschrift fallen zunächst „klassische" Auftraggeber wie Gebietskörperschaften, d.h. Bund, Länder, Landkreise und Gemeinden einschließlich deren Anstalten und Stiftungen.[301]

Erfasst sind zudem Auftraggeber, die eine besondere Staatsnähe aufweisen und im Allgemeininteresse liegende Aufgaben nichtgewerblicher Art erfüllen.[302] Die besondere Staatsnähe, d.h. die Einflussnahmemöglichkeit der öffentlichen Hand, kann insbesondere auf öffentlicher Finanzierung oder Aufsicht beruhen. Hierunter fallen je nach Ausgestaltung öffent-

296 § 3 Abs. 5 VgV, § 2 Abs. 5 SektVO.
297 § 3 Abs. 6 VgV, § 2 Abs. 6 SektVO.
298 § 3 Abs. 2 VgV, § 2 Abs. 2 SektVO.
299 Vgl. beispielsweise für NRW § 55 LHO NRW.
300 So ausdrücklich § 1 VgV.
301 § 99 Nr. 1 GWB.
302 § 99 Nr. 2 GWB.

liche Bildungseinrichtungen wie Universitäten oder Schulen, ebenso Krankenhäuser oder gesetzliche Krankenkassen.[303]

Verbände, deren Mitglieder unter die vorgenannten Regeln fallen, sind ebenfalls als öffentliche Auftraggeber zu qualifizieren.[304] Sie erfüllen Aufgaben, die ihre Verbandsmitglieder als öffentlicher Auftraggeber wahrnehmen. Ob der Verband öffentlich oder privatrechtlich organisiert ist, ist irrelevant.[305] Erfasst sind beispielsweise Landschaftsverbände, Regierungsbezirke oder Abfallwirtschaftsverbände.

§ 99 Nr. 4 GWB schließlich erfasst subventionierte Auftraggeber. In dieser Konstellation beauftragt einer der vorgenannten Auftraggeber eine Drittfirma zur Durchführung bestimmter Bauaufträge bzw. mit Ihnen in Verbindung stehender Dienstleistungen und Wettbewerbe. Die Vergabe erfolgt also nicht unmittelbar durch den öffentlichen Auftraggeber selbst, sondern durch von ihm zu mehr als 50% finanzierte Dritte. Bauaufträge in diesem Sinne sind Tiefbaumaßnahmen oder z.B. die Errichtung von Krankenhäusern, Sport-, Erholungs- oder Freizeiteinrichtungen sowie Schul-, Hochschul- oder Verwaltungsgebäuden.

Der Hintergrund für diese Regelung: Die Drittfirma wird als „verlängerter Arm" für einen öffentlichen Auftraggeber tätig. Deshalb wird sie selbst als öffentlicher Auftraggeber qualifiziert und dem Vergaberecht unterworfen.[306]

Diese vier Arten öffentlicher Auftraggeber haben ab 5.538.000 Euro für Bauaufträge und ab 221.000 Euro für Dienst- und Lieferaufträge EU-weite Vergabeverfahren durchzuführen. Für oberste und obere Bundesbehörden beträgt der Schwellenwert bei Dienst- und Lieferaufträgen 143.000 Euro. Zudem existiert ein Schwellenwert von 750.000 Euro für besondere Dienstleistungen.[307]

c) Sektorenauftraggeber

Sektorenauftraggeberschaft bedeutet, dass ein bestimmtes Rechtssubjekt (§ 100 GWB) eine Sektorentätigkeit durchführt (§ 102 GWB). Die einzelnen Verfahrensregelungen ihrerseits sind in der Sektorenverordnung (SektVO) geregelt.

Sektorenauftraggeber sind in § 100 GWB aufgeführt. Dies sind zunächst öffentliche Auftraggeber gemäß der eben dargestellten §§ 99 Nr. 1-3 GWB, die eine Sektorentätigkeit ausüben.

Ferner sind natürliche oder juristische Personen des Privatrechts Sektorenauftraggeber, wenn ihre Tätigkeit auf der Grundlage spezifischer Rechte ausgeübt wird, die behördlich gewährt wurden. Alternativ erlangen diese Personen Sektorenauftraggeber-Eigenschaft, wenn ein öffentlicher Auftraggeber auf sie beherrschenden Einfluss ausüben kann. Spezifische Rechte sind solche, die die Ausübung von Sektorentätigkeiten einem oder mehreren Unter-

303 Beachte: Die in kommunaler Trägerschaft geführten Schulen sind nicht selbst öffentlicher Auftraggeber, sondern die hinter ihnen stehende Kommune. Insoweit ist § 99 Nr. 1 GWB einschlägig. Krankenhäuser in rein privater Trägerschaft unterfallen nicht § 99 Nr. 2 GWB.

304 § 99 Nr. 3 GWB.

305 § 99 Nr. 3 GWB ist ein Auffangtatbestand für diejenigen Verbände, die ihrerseits nicht bereits unter § 99 Nr. 1 oder 2 GWB fallen.

306 Dogmatisch betrachtet wird die öffentliche Auftraggebereigenschaft hier nicht organisations-, sondern auftragsbezogen definiert.

307 Hierunter fallen z.B. Rechtsdienstleistungen oder Finanzdienstleistungen, vgl. dazu § 116 GWB.

nehmen vorbehalten und die Möglichkeit anderer Unternehmen, diese Tätigkeit auszuüben, erheblich beeinträchtigen.[308] Der beherrschende Einfluss ist gesellschaftsrechtlich geprägt. Er wird vermutet bei einer Kapitalmehrheit, Stimmrechtsmehrheit oder Mitgliedermehrheit in der Unternehmensleitung.[309] Juristisch werden damit Personen des Privatrechts aufgrund ihrer Staatsnähe zu Sektorenauftraggebern qualifiziert.

Die konkrete **Sektorentätigkeit** umschreibt § 102 GWB. Die Tätigkeiten beziehen sich auf die Zurverfügungstellung bestimmter Infrastrukturen und zwar konkret auf die Bereitstellung und den Betrieb von Netzen. Erfasst sind die Bereiche Trinkwasserversorgung, Elektrizität, Gas, Wärme, die Förderung fester Brennstoffe sowie die Versorgung mit bestimmten Verkehrsleistungen.[310]

Der Zweck der Regelungen für Sektorenauftraggeber ist Folgender: Es sollen bestimmte Sektoren erfasst werden, bei denen das Risiko einer wettbewerbsbehindernden Abschottung dieser Märkte besteht. Das Vergaberecht wird hier als Mittel zur Herstellung von Wettbewerb eingesetzt.

Für Sektorenauftraggeber gelten folgende Schwellenwerte: Bauaufträge werden behandelt wie bei „allgemeinen öffentlichen Auftraggebern". Es gilt derselbe Schwellenwert von 5.538.000 Euro. Bei Dienst- und Lieferaufträgen liegt er bei 443.000 Euro.[311]

d) Konzessionsgeber

Die dritte Kategorie von Auftraggebern sind sogenannte **Konzessionsgeber**. § 101 GWB regelt die Eigenschaft als Konzessionsgeber, während § 105 GWB formuliert, welches Geschäft als Konzession anzusehen ist. Konkrete Verfahrensregelungen enthält die Konzessionsvergabeverordnung (KonzVgV).

Öffentliche Auftraggeber nach § 99 Nr. 1-3 GWB sind Konzessionsgeber, sofern sie eine Konzession vergeben.[312] Selbiges gilt für Sektorenauftraggeber. Das tätigkeitsbezogene Merkmal der Vergabe einer Konzession qualifiziert also andere Auftraggeber zum Konzessionsgeber.[313]

Konzessionen sind entgeltliche Verträge, mit denen Auftraggeber, die ihrerseits dem Vergaberecht unterliegen, andere Unternehmen mit der Erbringung von Bauleistungen (Baukonzessionen) oder Dienstleistungen (Dienstleistungskonditionen) betrauen.[314] Als Gegenleistung erhält der Konzessionsnehmer das Recht zur Nutzung des Bauwerks oder der Dienstleis-

---

308 So der ausdrückliche Wortlaut von § 100 Abs. 2 S. 1 GWB. Das Gesetz spricht von „besonderen" oder „ausschließlichen" Rechten. Besondere Rechte unterscheiden sich von ausschließlichen Rechten dadurch, dass die Befugnis nicht einem, sondern mehreren Unternehmen übertragen wird.

309 Vgl. § 100 Abs. 3 GWB.

310 Die Aufzählung in § 102 GWB ist abschließend. Damit kann das Vergaberecht nicht auf weitere Sektoren erstreckt werden.

311 Der Schwellenwert für Besondere Dienstleistungen liegt bei Sektorenauftraggebern bei 1.000.000 Euro.

312 § 101 GWB.

313 Subventionierte Auftraggeber nach § 99 Nr. 4 GWB sind von dieser Logik nicht erfasst, ebenso wenig Sektorentätigkeiten im Bereich Wasser. Hier bleibt es bei der allgemeinen vergaberechtlichen Auftraggeber-Systematik.

314 § 105 GWB.

tung.[315] Die Verwertung des Nutzungsrechts gegenüber Dritten führt dann zur Entgeltzahlung an ihn. Das ist der Business Case bei Konzessionsvergaben.

Konzessionen betreffen üblicherweise Infrastrukturen und strategische Dienstleistungen, für die der Konzessionsgeber selbst verantwortlich ist und die in dessen Zuständigkeit fallen. Diese spezifische Verbindung begründet die Verpflichtung zur Durchführung eines Konzessionsvergabeverfahrens durch den Konzessionsgeber. Beispiele sind, je nach Ausgestaltung, städtebauliche Verträge für Baukonzessionen und Krankentransport/ Rettungsdienst für Dienstleistungskonditionen.

Die Abgrenzung zur allgemeinen Vergabe von Bau- oder Dienstleistungen erfolgt nach dem Betriebsrisiko. Danach geht bei Konzessionen das Betriebsrisiko für die Leistung auf den Konzessionsnehmer über. Das ist der Fall, wenn ihm nicht von vornherein die Abdeckung seiner Investitionen garantiert wird und er aufgrund der Unwägbarkeiten des Marktes einem Verlustrisiko ausgesetzt ist.[316]

Bau- und Dienstleistungskonzessionen haben ebenfalls einen Schwellenwert von 5.538.000 Euro.[317]

2. Vergabegrundsätze

Vergabegrundsätze bilden den Rahmen des Vergaberechts. Bei der wirtschaftspolitischen Einordnung zu Beginn dieses Kapitels wurden sie bereits angesprochen. Die Vergabegrundsätze sind **Leitlinien**, die sich wie ein „roter Faden" durch das gesamte Vergabeverfahren ziehen. Sie spiegeln zugleich die Interessen aller am Verfahren Beteiligten, d.h. sowohl die aus Auftraggeber- als auch die aus Auftragnehmersicht wider. Juristisch betrachtet dienen sie als Auslegungshilfen bei der Entscheidungsfindung.

§ 97 GWB bildet die Grundnorm für Beschaffungen oberhalb der Schwellenwerte. Sie beinhaltet die zentralen, durch Europarecht vorgegebenen Ziele und Grundsätze des Vergaberechts. Letztlich sind diese Grundsätze auch unterhalb der EU-Schwellenwerte für „Unterschwellenvergaben" anzuwenden. In der Bundeshaushaltsordnung ist dies explizit erwähnt.[318] In den Landeshaushaltsordnungen ist dies in den entsprechenden „Erwägungsgründen" niedergelegt.[319] Die Unterschwellenvergabeordnung greift diese Grundsätze ebenfalls auf.[320]

Als Kernprinzipien gelten Wettbewerb, Transparenz und Gleichbehandlung.[321] Diese werden flankiert durch weitere Grundsätze wie zum Beispiel umweltbezogene, soziale und innovative Aspekte.

§ 97 Abs. 1 GWB stellt dem gesamten Regelungsgefüge das allgemeine Ziel voran, öffentliche Aufträge im **Wettbewerb** zu vergeben.

---

315 Dies kann ggfs. mit einer weiteren Zahlung seitens des Konzessionsgebers verbunden sein, vgl. § 105 Abs. 1 GWB.

316 Vgl. dazu § 105 Abs. 2 GWB.

317 Zur Berechnung des geschätzten Vertragswertes enthält § 2 KonzVgV weitere Angaben.

318 § 55 Abs. 1 S. 2 BHO.

319 Vgl. hierzu beispielsweise die „Erwägungen" zu § 55 LHO NRW – Ziff. 2.1 „Europarechtliche Grundsätze".

320 § 2 UVgO.

321 § 97 Abs. 1 und 2 GWB.

Aus Bietersicht sollen alle potenziellen Unternehmen freien Zugang zu den öffentlichen Beschaffungsmärkten haben. Ein wettbewerbliches Beschaffungswesen eröffnet die Möglichkeit zur Abgabe von Angeboten für die jeweilige Beschaffung und gewährleistet zugleich den Vergleich dieser Angebote. Geheimwettbewerb und die Sicherstellung der Anonymität der Bieter sorgen für ein faires Verfahren.

Für den Auftraggeber wird durch Wettbewerb sichergestellt, dass öffentliche Mittel sparsam und effektiv eingesetzt werden. In diesem Kontext kann sich der Wettbewerb sowohl auf preisliche als auch leistungsspezifische Merkmale erstrecken.

Damit wird zugleich einem flankierenden Grundsatz, nämlich dem der **Wirtschaftlichkeit** Rechnung getragen.[322] Der Zuschlag hat auf das wirtschaftlichste Angebot zu erfolgen.[323]

Öffentliche Aufträge werden des Weiteren im Wege transparenter Verfahren vergeben.[324] **Transparenz** verhindert unlauteren Wettbewerb und „Vetternwirtschaft". Sie dient zugleich der Korruptions- und Kartellprävention.

Das Transparenzgebot postuliert umfassende Publizitätspflichten. Es verlangt, dass allen Bietern auftragsrelevante Informationen in nachvollziehbarer Weise zugänglich gemacht werden. Zudem sind Eignungs- und Zuschlagskriterien bekannt zu machen. Ferner ist anzugeben, wie die einzelnen Kriterien zur Ermittlung des wirtschaftlichsten Angebots gewichtet werden. Des Weiteren dürfen Auftraggeber während eines Vergabeverfahrens keine grundlegenden Änderungen der ausgeschriebenen Leistungen vornehmen.

Durch diese Offenlegungsvorgaben unterliegt der Auftraggeber einer Transparenz hinsichtlich der Wirtschaftlichkeit seines Handelns. Transparenz dient somit auch dem haushalterischen Zweck der sparsamen Mittelverwendung.

Ein unverfälschter Wettbewerb ist nur möglich, wenn für alle beteiligten Unternehmen dieselben Verfahrensbedingungen gelten. Damit ist der Vergabegrundsatz der **Gleichbehandlung** umschrieben. Verfassungsrechtlich ist dieser Grundsatz zugleich über den allgemeinen Gleichheitssatz des Art. 3 Abs. 1 GG abgesichert.[325]

Die Bieter in einem Vergabeverfahren sind in jeder Phase des Verfahrens gleich zu behandeln. Sie müssen denselben Zugang zu den gleichen Informationen haben und sind mit denselben Maßstäben zu bewerten. Der Grundsatz der Gleichbehandlung hat damit zugleich eine enge Verflechtung zum Wettbewerbsgrundsatz. Denn nur, wenn alle Bieter in einem Verfahren gleich behandelt werden, ist ein ordnungsgemäßer Wettbewerb sichergestellt. Zudem wird damit die Chancengleichheit für alle Bieter gewahrt.

Aus der Perspektive des Auftraggebers hat dieser willkürfreie Entscheidungen auf einer sachlichen Grundlage zu treffen. Er unterliegt einer strikten Bindung an die von ihm selbst festgelegten Kriterien.[326]

Eine weitere Ausprägung des Gleichbehandlungsgebots ist das **Diskriminierungsverbot**. Eine Diskriminierung insbesondere aufgrund der staatlichen Herkunft eines Bieters ist auszu-

322 § 97 Abs. 1 S. 2 GWB.
323 § 127 Abs. 1 S. 1 GWB.
324 § 97 Abs. 1 GWB.
325 Vgl. hierzu BVerfG, NJW 2006, S. 3701 (3702); BVerfG NJW 2007, S. 51 (52).
326 EuGH, NZBau 2015, S. 38.

schließen. Dies gilt sowohl für Bieter aus Deutschland, der EU als auch Nicht-EU-Staaten. Ebenso wie unmittelbare Diskriminierungen aus Gründen der Staatsangehörigkeit sind auch mittelbare Diskriminierungen verboten, die durch Anlegung anderer Unterscheidungsmerkmale faktisch zu demselben Ergebnis führen.[327]

Neben diesen Kernprinzipien existieren weitere Vergabegrundsätze.

Nach § 97 Abs. 3 GWB werden auch **umweltbezogene, soziale und innovative Kriterien** bei der Vergabe berücksichtigt. Dies trägt dem zuvor skizzierten Gedanken Rechnung, dass öffentliche Auftragsvergabe zunehmend zur Umsetzung gesellschaftlicher Ziele dient. Die Vorschrift liefert damit den rechtlichen Rahmen für die Einbeziehung von Nachhaltigkeitskriterien im Vergabeverfahren. Öffentliche Beschaffung soll umweltfreundlich, sozial und innovativ sein. Nachdem historisch Sparsamkeit und Wirtschaftlichkeit im Mittelpunkt des Vergabeverfahrens standen, werden diese zuvor als vergabefremd eingestuften Kriterien nunmehr integraler Bestandteil eines Vergabeverfahrens. Allerdings besteht derzeit noch keine Verpflichtung, diese Kriterien in das konkrete Vergabedesign zu integrieren. Nur dort, wo es ausdrücklich rechtlich vorgegeben ist, besteht im Einzelfall eine Pflicht des Auftraggebers zur Einbeziehung derartiger Kriterien.[328]

An dieser Stelle kommen **neue gesetzgeberische Überlegungen** zum Tragen, die später noch skizziert werden. Hier rückt das Thema der Nachhaltigkeit stärker in den Mittelpunkt. Dabei geht es um die Frage, ob diese Kriterien nicht mehr nur als „Kann" sondern als „Soll" oder gar „Muss"-Bedingungen in das Vergabeverfahren zu integrieren sind.

Des Weiteren ist bei der Vergabe öffentlicher Aufträge die **Förderung mittelständischer Interessen** zu berücksichtigen.[329] Dieses Mittelstands-Prinzip erfährt seine Umsetzung insbesondere in der Verpflichtung des Auftraggebers zur losweisen Vergabe.

Durch die Vergabe der Leistung nach Losen wird kleineren und mittleren Unternehmen die Möglichkeit eröffnet, sich auch auf komplexere Beschaffungsvorhaben zu bewerben. Die Losaufteilung soll KMU in die Lage versetzen, sich eigenständig und nicht nur in Bietergemeinschaften zu engagieren.[330]

Von diesem Grundsatz darf nur in Ausnahmekonstellationen abgewichen werden. Mehrere Lose dürfen dann zusammen vergeben werden, wenn wirtschaftliche oder technische Gründe dies erfordern. Wirtschaftliche Gründe sind zu bejahen, wenn eine Losaufteilung zu einer unverhältnismäßigen Verteuerung des gesamten Beschaffungsvorhabens oder seiner deutlichen Verzögerung führen würden.[331] Technische Gründe sind solche, die eine Integration aller Leistungsbestandteile in einer Hand zur Leistungserbringung notwendig machen.[332]

327 EuGH, NZBau 2006, S. 189.
328 Beispiele: § 121 Abs. 2 GWB – Berücksichtigung von Zugänglichkeitskriterien für Menschen mit Behinderungen; § 67 VgV – Einbeziehung von Anforderungen hinsichtlich der Energieeffizienz, bei der Beschaffung energieverbrauchsrelevanter Leistungen.
329 § 97 Abs. 4 GWB.
330 Vgl. OLG Karlsruhe, NZBau 2011, S. 567 (570).
331 Vgl. OLG München, NZBau 2015, S. 446 (447).
332 Vgl. OLG Koblenz, NZBau 2012, S. 598 (599).

Bei der Vergabe öffentlicher Aufträge muss zudem der Grundsatz der **Verhältnismäßigkeit** gewahrt sein.[333] Bezogen auf das Vergaberecht bedeutet dies, dass öffentliche Auftraggeber nur diejenigen Maßnahmen ergreifen dürfen, die zur Erreichung des verfolgten Ziels angemessen und erforderlich sind und die Ausübung der Wirtschaftstätigkeit am wenigsten belasten.

Konkrete Auswirkungen hat der Grundsatz der Verhältnismäßigkeit auf die Ausgestaltung der Bedarfsanforderungen im jeweiligen Vergabeverfahren. Das Leistungsbestimmungsrecht des Auftraggebers wird hierdurch nicht berührt. Er darf weiterhin selbst bestimmen, welche konkreten Leistungen seinen Beschaffungsbedarf am besten abdecken. Allerdings müssen Leistungsbeschreibung, Ausführungsbedingungen sowie Eignungs- und Zuschlagskriterien sorgfältig gewählt werden und dürfen nicht völlig überzogen sein.

Die Regelung zur Verhältnismäßigkeit hat im Vergaberecht bloß klarstellende Wirkung.[334] Das Verhältnismäßigkeitsprinzip ist eines der wesentlichen Prinzipien des öffentlichen Rechts. Es findet stets und unabhängig von den Besonderheiten des Vergaberechts Anwendung.

Schließlich haben Unternehmen einen Anspruch darauf, dass die Regelungen über das Vergabeverfahren, und damit auch die zuvor beschriebenen Vergabegrundsätze, eingehalten werden.[335] Dieses **subjektive Recht auf Einhaltung der Verfahrensbestimmungen** begründet einklagbare Rechte.

Es eröffnet den **Rechtsschutz** über die vergaberechtlichen Nachprüfungsinstanzen. Diejenigen Vorschriften, die den Schutz des Bieters bezwecken, können gerichtlich überprüft werden. Die bei der wirtschaftspolitischen Verortung des Vergaberechts dargestellte haushaltsrechtliche Lösung, die Vergaberecht als bloßes Innenrecht der Verwaltung betrachtete, hatte diese Rechtsschutzmöglichkeiten noch nicht vorgesehen.

III. Verfahrensarten und Vergabeverfahren

Auftraggeber können bei der Vergabe ihrer öffentlichen Aufträge zwischen verschiedenen Verfahrensarten wählen. Für Vergabeverfahren oberhalb der Schwellenwerte normiert das GWB die Verfahrensarten. Drei Basisverfahren stehen zur Verfügung:

- das offene Verfahren,
- das nicht offene Verfahren sowie
- das Verhandlungsverfahren.

Hinzu gekommen sind mit

- dem wettbewerblichen Dialog und
- der Innovationspartnerschaft

333 § 97 Abs. 1 S. 2 GWB.
334 *Ziekow*, in: Ziekow/Völlink, Vergaberecht, 5. Aufl. 2024, § 97 GWB, Rn. 56.
335 § 97 Abs. 6 GWB.

zwei weitere, neuere Verfahren.[336] Für den Konzessionsgeber existiert zudem mit dem Konzessionsverfahren ein Vergabeverfahren eigener Art, das nur für diesen Auftraggeber gilt. Die Anzahl dieser Verfahren ist abschließend.

§ 119 GWB regelt die Verfahrensarten für **öffentliche Auftraggeber**. Danach sind alle fünf Verfahrensarten grundsätzlich anwendbar. Zwischen offenem und nicht offenem Verfahren besteht Wahlfreiheit. Die anderen Verfahrensarten sind nur zulässig, wenn das GWB sie ausdrücklich gestattet.[337] Die weiteren Anwendungsvoraussetzungen der einzelnen Verfahren sind in der Vergabeverordnung VgV geregelt.[338]

Dem **Sektorenauftraggeber** steht nach § 141 GWB das offene und nicht offene Verfahren zur Verfügung, ebenso der wettbewerbliche Dialog. Innovationspartnerschaften sind nur möglich, wenn sie gesetzlich gestattet sind. Hauptanwendungsfall im Sektorenbereich ist das Verhandlungsverfahren.[339] Insgesamt haben Sektorenauftraggeber weitgehende Freiheiten hinsichtlich der Wahl der Verfahrensart.

Konzessionsgeber wenden mit dem „Verfahren zur Vergabe von Konzessionen" nach § 151 GWB ein eigenes Verfahren an. Die Details zum Konzessionsverfahren sind in der Konzessionsvergabeverordnung (KonzVgV) geregelt.

Wählt der Auftraggeber die falsche Verfahrensart, begründet dies einen Vergabeverstoß, der juristisch mit einem Nachprüfungsverfahren aufgegriffen werden kann.

Eine Besonderheit besteht für **öffentlich geförderte Projekte**. Üblicherweise bestimmt der Fördermittelgeber hier in seinem Fördermittelbescheid, welche Verfahrensart anzuwenden ist. Die Nichtbeachtung dieser Vorgaben führt zur Rückforderung der gezahlten Zuwendungen. Üblicherweise kommt bei geförderten Projekten das offene Verfahren zur Anwendung.

Die einzelnen Verfahrensarten im Überblick:

1. Offenes Verfahren

Das **offene Verfahren** ist ein Verfahren, „in dem der öffentliche Auftraggeber eine unbeschränkte Anzahl von Unternehmen öffentlich zur Abgabe von Angeboten auffordert".[340]

Damit ist das offene Verfahren die einzige Vergabeart mit einem einstufigen Verfahrensablauf. Es findet keine Einschränkung des Bieterkreises statt. Eine Vorauswahl der Unternehmen, die Angebote abgeben dürfen, erfolgt nicht. Dadurch, dass eine unbeschränkte Anzahl von Bietern Angebote einreichen kann, wird das vergaberechtliche Ziel des freien Wettbewerbs umgesetzt. Zudem wird dem Gleichbehandlungsgrundsatz hierdurch Rechnung getragen.

Es existiert somit kein vorgeschalteter Teilnahmewettbewerb, mit dessen Hilfe diejenigen Bieter ermittelt werden, die zur Angebotsabgabe zugelassen sind. Die Eignungsprüfung der Bieter findet nicht vorab statt, sondern erst nach Öffnung der Angebote.

336 Vgl. § 119 Abs. 1 GWB. Allgemein für öffentliche Auftraggeber.
337 So ausdrücklich § 119 Abs. 2 GWB.
338 Im Einzelnen §§ 14 ff. VgV.
339 Vgl. zum Ganzen § 141 GWB.
340 § 119 Abs. 3 GWB.

Die konkrete Ausgestaltung eines offenen Verfahrens ist in § 15 VgV geregelt. Es erfolgt eine europaweite Vergabebekanntmachung. Die Abgabe von Angeboten hat auf der Grundlage einer eindeutigen und erschöpfenden Leistungsbeschreibung innerhalb der vorgegebenen Fristen zu erfolgen. Dabei existiert ein Verhandlungsverbot, d.h. es finden keine Verhandlungen über die Konditionen der eingegangenen Angebote statt. Zulässig sind allenfalls Aufklärungsgespräche.[341]

Der Zuschlag wird auf das wirtschaftlichste Angebot und damit nach dem besten Preis-Leistungs-Verhältnis erteilt.[342]

2. Nicht offenes Verfahren

Das GWB beschreibt das **nicht offene Verfahren** als ein Verfahren, bei dem öffentliche Auftraggeber nach vorheriger Aufforderung zur Teilnahme eine beschränkte Anzahl von Unternehmen auswählen und sie nach diesem Teilnahmewettbewerb zur Abgabe von Angeboten auffordern.[343] Das nicht offene Verfahren enthält damit zwei Phasen. § 16 VgV normiert weitere Details zum Verfahren.

Zunächst führt der Auftraggeber einen öffentlichen **Teilnahmewettbewerb** durch. Dazu ruft er durch Veröffentlichung einer Vergabebekanntmachung auf. Mit dem Teilnahmeantrag übermitteln die interessierten Unternehmen die vom Auftraggeber geforderten Informationen zur Prüfung der Eignung.

Die **Eignungskriterien** ihrerseits sind in der EU-Bekanntmachung festgelegt.Die Eignungsprüfung erfolgt damit in einem eigenen Verfahrensabschnitt vor der Aufforderung zur Angebotsabgabe. Ziel ist es, aus dem Kreis der Bewerber diejenigen herauszufiltern, die in der Lage sind, den konkreten Auftrag durchzuführen. Der Teilnahmewettbewerb ist für alle Wirtschaftsteilnehmer offen.[344]

Nach Abschluss der Eignungsprüfung wählt der Auftraggeber diejenigen Unternehmen aus, die er zu einer Angebotsabgabe auffordert. Damit wird die Anzahl der Teilnehmer reduziert.[345] Die Durchführung eines Teilnahmewettbewerbs sowie die Beschränkung des Teilnehmerkreises ist der wesentliche Unterschied zwischen offenem und nicht offenem Verfahren.[346]

Diese Durchführung des Teilnahmewettbewerbs gilt im Grundsatz auch für das nachfolgend skizzierte Verhandlungsverfahren sowie den wettbewerblichen Dialog.

In der zweiten Phase, der Angebotsphase, erhalten die verbleibenden Teilnehmer mit der Aufforderung zur Angebotsabgabe die Vergabeunterlagen und können ein Angebot abgeben. Dabei finden keine Verhandlungen zwischen Auftraggeber und Bieter statt. Es gilt dasselbe Verhandlungsverbot, wie beim offenen Verfahren.[347]

341 § 15 Abs. 5 VgV.
342 § 127 GWB.
343 § 119 Abs. 4 GWB.
344 So ausdrücklich § 16 Abs. 1 S. 2 VgV.
345 Vgl. § 16 Abs. 4 VgV.
346 Vgl. § 119 Abs. 4 GWB.
347 § 16 Abs. 9 VgV verweist auf die korrespondierende Vorschrift im offenen Verfahren zum Verhandlungsverbot.

Praxistipp: Verhandlungsverbot im Vergabeverfahren

Das Verhandlungsverbot ist gerichtlich überprüfbar. Deshalb sollten auch Aufklärungsgespräche im offenen und nicht offenen Verfahren nur restriktiv gehandhabt werden. Gespräche, die darauf abzielen, den Inhalt des Angebots zu ändern, sind unzulässig. Aus Beweissicherungsgründen, auch im Hinblick auf etwaige Nachprüfungsverfahren, sollten Aufklärungsgespräche protokolliert werden. Das Protokoll ist der Vergabeakte beizufügen.

3. Verhandlungsverfahren

Das **Verhandlungsverfahren** unterscheidet sich grundlegend von den beiden anderen zuvor skizzierten Vergabeverfahren. Dort erteilt der Auftraggeber den Auftrag gemäß dem unverhandelten Inhalt des wirtschaftlichsten abgegebenen Angebots. Demgegenüber sind die Angebote im Verhandlungsverfahren jeweils verhandelbar.[348]

Grundsätzlich ist in einem Verhandlungsverfahren ein vorgeschalteter Teilnahmewettbewerb erforderlich, wie er zuvor skizziert wurde. Ausnahmsweise kann sich ein Auftraggeber auch direkt an einzelne Unternehmen wenden und mit diesen Vertragsverhandlungen durchführen. Die Voraussetzungen für ein derartiges Verhandlungsverfahren ohne Teilnahmewettbewerb sind eng gezogen.

Insgesamt ist das Verhandlungsverfahren weniger formalistisch. Das bedeutet auch: Es ist jedoch im Hinblick auf Wettbewerb und Transparenz anfälliger als die anderen zuvor geschilderten Verfahren.

Öffentliche Auftraggeber dürfen es deshalb nur dann durchführen, wenn die Anwendung des Verhandlungsverfahrens gesetzlich zugelassen ist. § 14 VgV, der die Wahl der Verfahrensart regelt, enthält entsprechenden Ausnahmen. Danach ist ein **Verhandlungsverfahren mit Teilnahmewettbewerb** nur unter engen Voraussetzungen zulässig. Die dort genannten Fälle betreffen Konstellationen, in denen der Leistungsgegenstand aufgrund seiner Individualität, Innovation, Komplexität oder technischen Anforderungen nicht ohne einen Austausch zwischen Auftraggeber und Bieter beschafft werden kann und insoweit vorherige Verhandlungen erforderlich sind.[349]

Anders gewendet: Standarddienstleistungen oder Standardlieferungen, die von vielen verschiedenen Marktteilnehmern erbracht werden können, sollen öffentliche Auftraggeber nicht im Wege eines Verhandlungsverfahrens ausschreiben.[350]

Für Sektorenauftraggeber existieren hinsichtlich der Anwendung eines Verhandlungsverfahrens mit Teilnahmewettbewerb keine grundlegenden Einschränkungen. Es besteht Wahlfrei-

348 Vgl. § 119 Abs. 5 GWB.
349 § 14 Abs. 3 VgV.
350 So ausdrücklich Erwägungsgrund 43 der zugrunde liegenden EU-Richtlinie 2014/24/EU über die öffentliche Auftragsvergabe vom 26.02.2014.

heit.[351] Es existieren Regelungen über die Fristen im Teilnahmewettbewerb sowie für die Einreichung von Angeboten.[352]

Darüber hinaus gibt es Konstellationen, in denen **Verhandlungsverfahren ohne Teilnahmewettbewerb** möglich sind. § 14 Abs. 4 VgV regelt dies für öffentliche Auftraggeber. § 13 Abs. 2 SektVO enthält die korrespondierende, weitestgehend inhaltsgleiche Regelung für Sektorenauftraggeber.

Klar ist: Dieses Verfahren schränkt den Wettbewerb stark ein. Je nach Anzahl der Teilnehmer und Begründung schließt es ihn sogar ganz aus. Insoweit ist ein Konflikt zu den eingangs dargestellten Vergabegrundsätzen vorgegeben.

Der Gesetzgeber löst diesen Konflikt auf, indem die dort genannten **Ausnahmetatbestände** abschließend und restriktiv anzuwenden sind. Sie betreffen u.a. Alleinstellungsmerkmale eines Unternehmens, zusätzliche Lieferungen eines Unternehmens sowie Fälle besonderer Dringlichkeit oder besonders vorteilhafter Gelegenheiten. Zudem sind bestimmte Formen von Aufträgen erwähnt, nämlich Forschungs- und Entwicklungsaufträge sowie Aufträge im Anschluss an einen Planungswettbewerb. Schließlich sind Verhandlungsverfahren ohne Teilnahmewettbewerb zulässig, wenn zuvor in einem offenen oder nicht offenen Verfahren keine entsprechenden Angebote eingegangen sind.

Nach der Teilnehmerauswahl erfolgt in einem Verhandlungsverfahren die eigentliche **Verhandlungsphase**. Hier hat der Auftraggeber Gestaltungsspielraum und kann entsprechende Spielregeln festlegen. Diese müssen in den Verdingungsunterlagen oder der EU-Bekanntmachung kommuniziert werden. Zulässig sind z.B. Vorgaben über den Mindestinhalt der Angebote, die Festlegung von Ausschluss- bzw. Musskriterien hinsichtlich der Unverhandelbarkeit von Konditionen sowie die Bestimmung der Anzahl der Verhandlungsrunden. Verhandlungsgegenstand ist der gesamte Leistungsinhalt einschließlich der Angebotspreise. Hinsichtlich der Wertung der Angebote gelten die allgemeinen vergaberechtlichen Vorgaben; insbesondere ist diese jeweils anhand der veröffentlichten Bewertungskriterien durchzuführen.

Es sind auch Änderungen an den Vergabeunterlagen möglich, solange kein völlig neuer Leistungsgegenstand beschafft wird.[353] Die Identität des Beschaffungsvorhabens als solche muss gewahrt bleiben. Diese Grenze ist dann überschritten, wenn aufgrund der geänderten Bedingungen nunmehr auch andere Bieter Angebote hätten einreichen können.[354] Auf der Grundlage der finalen Angebote ist sodann die Vergabeentscheidung zu treffen.

Praxistipp: Anwendung des Verhandlungsverfahrens

▶ *Sofern einem Auftraggeber gesetzlich die Möglichkeit eingeräumt ist, ein Verhandlungsverfahren durchzuführen, sollte er dies tun. Das Verfahren ist insgesamt vorteilhafter als ein nicht offenes Verfahren. Wenn der Auftraggeber sich in der Bekanntmachung die Möglichkeit offen hält, den Zuschlag auf das Erstangebot zu erteilen, entspricht dies*

351 Diese Wahlfreiheit ist in § 13 Abs. 1 SektVO normiert.

352 Zur Teilnahmefrist s. § 15 Abs. 2 SektVO; zur Angebotsfrist s. § 15 Abs. 3 SektVO. Die Angebotsfrist kann im gegenseitigen Einvernehmen zwischen Auftraggeber und den Bietern festgelegt werden.

353 Änderungen sind allen Bietern transparent und diskriminierungsfrei mitzuteilen.

354 EuGH, NZBau 2009, S. 602.

bereits dem Level eines nicht offenen Verfahrens. Der Auftraggeber behält allerdings die zusätzliche Option, die Angebote der Bieter zu verhandeln.

4. Wettbewerblicher Dialog

Eine weitere, neuere Verfahrensart ist der **wettbewerbliche Dialog**. Die EU-Kommission hatte die Einführung dieses Vergabeverfahrens damit begründet, dass es für öffentliche Auftraggeber unmöglich sei, bei besonders komplexen Vorhaben die Bedarfe von Anfang an exakt zu formulieren. Ihnen soll mit dem wettbewerblichen Dialog ein flexibles Verfahren an die Hand gegeben werden, bei dem der Auftraggeber vorab die Aspekte des Auftrags mit den Bewerbern erörtern kann.[355]

Damit werden ähnliche Argumente genannt, wie sie für die Anwendbarkeit des Verhandlungsverfahrens ins Feld geführt werden. In der Tat verbindet der Wettbewerbliche Dialog Elemente des nicht offenen Verfahrens mit denen des Verhandlungsverfahrens. Der Unterschied zum nicht offenen Verfahren besteht darin, dass der Auftrag im Einzelnen verhandelbar ist. Der Zeitpunkt der Verhandlungen ist jedoch ein anderer als beim Verhandlungsverfahren. Während bei letzterem erst nach Abgabe der Angebote verhandelt wird, finden Verhandlungen im wettbewerblichen Dialog vor Angebotsabgabe statt.

Öffentliche Auftraggeber dürfen den wettbewerblichen Dialog als Verfahrensform nur anwenden, sofern es gesetzlich zugelassen ist.[356] Es gelten dieselben Voraussetzungen wie für die zuvor skizzierte Wahl des Verhandlungsverfahrens mit Teilnahmewettbewerb.[357] Für Sektorenauftraggeber besteht erneut Wahlfreiheit hinsichtlich der Anwendung dieses Verfahrens.[358]

Das Verfahren des wettbewerblichen Dialogs ist in § 18 VgV für öffentliche Auftraggeber und weitestgehend inhaltsgleich in § 17 SektVO für Sektorenauftraggeber geregelt. Es ist in drei Phasen aufgeteilt. Im Einzelnen:

Zunächst erfolgt ein Teilnahmewettbewerb, so wie er oben bereits skizziert wurde. Hiernach wird eine unbeschränkte Anzahl von Unternehmen zur Abgabe von Teilnahmeanträgen aufgefordert. Mit dem Teilnahmeantrag übermitteln die Unternehmen die geforderten Unterlagen zur Eignungsprüfung.[359] Im Rahmen in dieser Prüfung wählt der Auftraggeber unter den Bewerbern diejenigen aus, die er zum wettbewerblichen Dialog auffordert.

Sodann folgte die eigentliche **Dialogphase**. Sie dient der gemeinsamen Erarbeitung einer Lösung für den Beschaffungsbedarf. In der konkreten Gestaltung des Dialogs ist der Auftraggeber weitgehend frei.[360] Auch hier manifestiert sich die Vergleichbarkeit mit den Verhandlungsgesprächen im Verhandlungsverfahren.

---

355 Erwägungsgrund 31 der Richtlinie 2004/18/EG vom 31.03.2004 über die Koordinierung der Verfahren zur Vergabe öffentlicher Bauaufträge, Lieferaufträge und Dienstleistungsaufträge, sogenannte Vergabekoordinierungsrichtlinie.

356 § 119 Abs. 2 S. 2 GWB.

357 Damit ist auch hier § 14 Abs. 3 VgV zu prüfen.

358 § 13 Abs. 1 SektVO.

359 § 18 Abs. 2 VgV, ferner § 17 Abs. 2 SektVO.

360 Vgl. hierzu §§ 18 Abs. 5 und 6 VgV, bzw. § 17 Abs. 5 und 6 SektVO.

Bei der Durchführung der Dialoge sind die allgemeinen Vergabegrundsätze zu berücksichtigen. Insbesondere dürfen Lösungsvorschläge eines Bewerbers nicht ohne dessen Einverständnis an andere Bewerber weitergegeben werden. Der Auftraggeber beendet den Dialog, wenn er die Lösung gefunden hat, die seinen Beschaffungsbedarf erfüllen kann.[361]

In der Angebotsphase werden die verbleibenden Teilnehmer schließlich zur Abgabe eines Angebotes aufgefordert. Verhandlungen über den Inhalt der Angebote finden nicht statt. Nach Abschluss der Bewertung erfolgt der Zuschlag auf das wirtschaftlichste Angebot.

5. Innovationspartnerschaft

Die **Innovationspartnerschaft** ist „ein Verfahren zur Entwicklung innovativer, noch nicht auf dem Markt verfügbarer Liefer-, Bau- oder Dienstleistungen und zum anschließenden Erwerb der daraus hervorgehenden Leistungen".[362] Die Entwicklung einer Innovation ist somit das wesentliche Merkmal dieser Verfahrensart.

Innovation ist hiernach die Realisierung von neuen oder deutlich verbesserten Waren, Dienstleistungen oder Verfahren einschließlich der Produktions-, Bau- oder Konstruktionsverfahren.[363]

Die Zulässigkeitsvoraussetzungen für die Anwendbarkeit dieser Verfahrensart sind bei öffentlichen Auftraggebern und Sektorenauftraggebern identisch. Der Beschaffungsbedarf, der der Innovationspartnerschaft zugrunde liegt, darf nicht durch auf dem Markt bereits verfügbare Leistungen befriedigt werden können.[364]

Das konkrete Vergabeverfahren ist in § 19 VgV sowie § 18 SektVO geregelt. Auch die Innovationspartnerschaft beginnt mit einem Teilnahmewettbewerb und der damit verbundenen Eignungsprüfung nach den zuvor beschriebenen Regularien.

Die geeigneten Unternehmen werden sodann vom Auftraggeber aufgefordert, ein Angebot für das Forschungs- und Innovationsprojekt einzureichen. Sodann folgt die Verhandlungsphase, die vergleichbar mit einem Verhandlungsverfahren ausgestaltet ist. Dabei darf grundsätzlich über den gesamten Auftragsinhalt verhandelt werden. Im Rahmen dieser Gestaltungsfreiheit sind die allgemeinen, zu Beginn dieses Kapitels dargelegten Vergabegrundsätze zu berücksichtigen, insbesondere hat keine diskriminierende Informationsweitergabe von einem Bieter an den anderen zu erfolgen.

Nach Abschluss der Verhandlungen schließt der Auftraggeber eine Innovationspartnerschaft mit dem Bestbieter.[365] Die Partnerschaft als solche gliedert sich in zwei aufeinanderfolgende Phasen.[366] In einer Forschungs- und Entwicklungsphase werden Prototypen hergestellt bzw. die Entwicklung der Dienstleistung getätigt. In der anschließenden Leistungsphase wird die hieraus hervorgegangene Leistung erbracht. Nach Abschluss der ersten Phase ist der Auf-

361 § 18 Abs. 7 VgV, ebenso § 17 Abs. 7 SektVO.
362 § 119 Abs. 7 GWB.
363 Vgl. *Antweiler*, in: Ziekow/Völlink, 5. Aufl. 2024, § 119 GWB, Rn. 33.
364 So ausdrücklich § 19 Abs. 1 S. 2 VgV, ebenso § 18 Abs. 1 S. 2 SektVO.
365 Juristisch zulässig sind auch Innovationspartnerschaften mit mehreren Bietern, vgl.§ 19 Abs. 7 VgV, ferner § 18 Abs. 7 SektVO. Dies erhöht allerdings die Komplexität beim Vollzug der Innovationspartnerschaft maßgeblich.
366 § 19 Abs. 8 VgV und § 18 Abs. 8 SektVO.

traggeber zum anschließenden Erwerb der Liefer- oder Dienstleistung verpflichtet, wenn das festgelegte Leistungsniveau und die Kostenobergrenze eingehalten werden.[367]

6. Konzessionsverfahren

Für den Auftraggeber-Typus des Konzessionsgebers enthält das GWB ein eigenes Verfahren neben den bereits dargestellten fünf Regelverfahren.

Bei einem **Konzessionsverfahren** beauftragt ein Konzessionsgeber Bauleistungen oder Dienstleistungen, für die er selbst verantwortlich ist. Üblicherweise sind dies Infrastrukturleistungen oder strategische öffentliche Dienstleistungen, wie z.B. Krankentransport. Der Konzessionsnehmer seinerseits erhält ein Nutzungsrecht und kann dies gegenüber Dritten verwerten.[368]

Das Vergabeverfahren ist in der Konzessionsvergabeverordnung (KonzVgV) im Einzelnen geregelt. Wesentliches Verfahrensmerkmal der Konzessionsvergabe ist der **Grundsatz der freien Verfahrensgestaltung**.[369] Der Konzessionsgeber ist damit nicht streng an die zuvor beschriebenen fünf Verfahrensarten des GWB gebunden.

Daneben beinhaltet § 13 KonzVgV verschiedene **Verfahrensgarantien**. Der Konzessionsgeber hat Eignungskriterien, technische Mindestanforderungen und weitere Teilnahmebedingungen festzulegen.[370] Zudem ist die Konzession im Einzelnen zu beschreiben.[371] Des Weiteren hat der Konzessionsgeber den Teilnehmern einen Organisations- und Zeitplan des Vergabeverfahrens einschließlich des geplanten Schlusstermins zu übermitteln.[372]

Das Konzessionsverfahren selbst kann entweder ein oder zweistufig ausgestaltet werden.[373] Der Konzessionsgeber kann entweder ein einstufiges Verhandlungsverfahren durchführen oder ein Verhandlungsverfahren mit vorgeschaltetem Teilnahmewettbewerb. Um den vergaberechtlichen Grundsätzen von Wettbewerb und Transparenz bestmögliche Rechnung zu tragen, empfiehlt sich das zweistufige Verfahren.[374]

Verhandlungen sind über den Konzessionsgegenstand, die Mindestanforderungen an das Angebot und die Zuschlagskriterien zu führen. Während der Verhandlungen darf dieser Verhandlungsgegenstand nicht geändert werden.

Der Zuschlag wird auf das Angebot erteilt, das den größten „wirtschaftlichen Gesamtvorteil" bietet.[375] Damit sind die Zuschlagskriterien bei der Konzessionsvergabe anders als im allgemeinen Vergaberecht, wo das wirtschaftlichste Angebot entscheidet. Der Konzessionsgeber verfügt hier bei der Zuschlagserteilung über größere Gestaltungsspielräume.[376]

367 § 19 Abs. 10 VgV und § 18 Abs. 10 SektVO.
368 S. dazu bereits oben B. II. 1. d).
369 So ausdrücklich § 151 S. 3 GWB.
370 § 13 Abs. 1 KonzVgV.
371 § 13 Abs. 2 KonzVgV.
372 § 13 Abs. 3 KonzVgV.
373 § 12 Abs. 2 KonzVgV.
374 Vgl. dazu *Siegel*, in: Ziekow/ Völlink, 5. Aufl. 2024, § 12 KonzVgV, Rn. 8.
375 § 152 Abs. 3 GWB.
376 *Siegel*, in: Ziekow/ Völlink, 5. Aufl. 2024, § 152 GWB, Rn. 14.

Praxistipp: Gestaltung eines Konzessionsverfahrens

Obwohl der Grundsatz der freien Verfahrensgestaltung gilt, sind der Verhandlungsfreiheit auch in einem Konzessionsverfahren Grenzen gesetzt. Aus diesem Grund sollte der Konzessionsgegenstand möglichst weit gefasst und die Mindestanforderungen an das Angebot möglichst gering formuliert werden. Beides ist in der Vergabeakte zu dokumentieren, um im Falle eines Nachprüfungsverfahrens diesbezüglich nicht angreifbar zu sein.

7. Vergabeverfahren unterhalb der EU-Schwellenwerte

Nationale Vergabeverfahren unterhalb der EU-Schwellenwerte weisen einige Besonderheiten auf, die nachfolgend kurz dargestellt werden.

Für Bauleistungen gilt der erste Abschnitt der VOB/A, die sogenannten Basisparagraphen. Bei Dienst- und Lieferleistungen bildet die **Unterschwellenvergabeordnung** (UVgO) den rechtlichen Rahmen.[377] Ihrer Rechtsnatur nach handelt es sich um eine Verwaltungsvorschrift, die jeweils von Bund und Ländern zunächst in Kraft gesetzt werden muss.[378] Die gesetzgeberischen Überlegungen gehen dahin, die UVgO einheitlich für Bund und Länder anzuwenden, um Vereinfachungen im nationalen Vergabeverfahren zu erreichen.[379]

Die UVgO normiert drei Verfahrensarten. Das offene Verfahren wird terminologisch als „öffentliche Ausschreibung"[380] bezeichnet, das nicht offene Verfahren als „beschränkte Ausschreibung"[381] und das Verhandlungsverfahren als „Verhandlungsvergabe".[382] Die letztgenannten Verfahrensarten sind mit und ohne Teilnahmewettbewerb möglich.

Damit besteht ein Unterschied zum nicht offenen Verfahren nach EU-Vorgaben. Dort ist dieses Verfahren nur mit Teilnahmewettbewerb möglich. Wettbewerblicher Dialog und Innovationspartnerschaften sind nur bei europaweiten Vergabeverfahren zulässig.[383] Unterhalb der EU-Schwellenwerte gilt Wahlfreiheit zwischen öffentlicher Ausschreibung und beschränkter Ausschreibung mit Teilnahmewettbewerb. Beide Verfahrensarten sind gleichrangig und nicht an spezifische Zulassungsvoraussetzungen geknüpft. Der Vorrang der öffentlichen Ausschreibung nach alter Rechtslage besteht damit nicht mehr.[384] Die beschränkte Ausschreibung ohne Teilnahmewettbewerb und die Verhandlungsvergabe sind demgegenüber nur zulässig, wenn die UVgO dies ausdrücklich vorsieht.

Danach ist eine beschränkte Ausschreibung ohne Teilnahmewettbewerb zulässig, wenn eine öffentliche Ausschreibung kein wirtschaftliches Ergebnis ergeben hat. Sie ist auch zulässig,

377 § 1 UVgO.
378 S. hierzu die amtliche Erläuterung zu § 1 UVgO.
379 Diese Diskussion ist im Zusammenhang mit dem Vergabetransformationspaket aufgekommen.
380 § 9 UVgO.
381 §§ 10 f. UVgO.
382 § 12 UVgO. Die aus der VOL/A bekannte „freihändige Vergabe" wurde umbenannt. Damit soll verdeutlicht werden, dass es sich um ein normales wettbewerbliches Regelverfahren handelt.
383 § 8 Abs. 1 UVgO.
384 Vgl. dazu noch § 3 Abs.2 VOL/A.

wenn eine öffentliche Ausschreibung oder eine beschränkte Ausschreibung mit Teilnahmewettbewerb einen unverhältnismäßig hohen Aufwand verursachen würde.[385]

Die Zulässigkeitsvoraussetzungen für Verhandlungsvergaben sind in § 8 Abs. 4 UVgO geregelt. Sie sind für Vergaben mit und ohne Teilnahmewettbewerb identisch. Inhaltlich werden nahezu dieselben Ausnahmetatbestände genannt, wie sie für die Anwendung des Verhandlungsverfahrens bei öffentlichen Auftraggebern oberhalb der Schwellenwerte gelten und oben bereits geschildert wurden.[386]

Die allgemeinen Vergabegrundsätze finden unterhalb der EU-Schwellenwerte ebenfalls Anwendung. § 2 UVgO stellt dies ausdrücklich klar und nennt hier insbesondere die drei Kernprinzipien Wettbewerb, Transparenz und Gleichbehandlung.[387] Der Rechtsschutz unterhalb der EU-Schwellenwerte wird im weiteren Verlauf noch dargestellt.[388]

Praxistipp: Anwendung der Unterschwellenvergabeordnung (UVgO)

▶ *Die UVgO ist in ihrem Aufbau der Vergabeverordnung (VgV) nachgebildet, die für öffentliche Auftraggeber oberhalb der EU-Schwellenwerte gilt. Auch die amtlichen Erläuterungen zur UVgO stellen mit auf die VgV ab. Öffentliche Auftraggeber sowie deren Lieferanten finden hierin einen guten Orientierungsrahmen.*

IV. Vergaberecht und Privatwirtschaft

Privatwirtschaftlich organisierte Unternehmen verwenden für ihren Einkauf oftmals ebenfalls den Begriff Ausschreibung: „Wir haben diese Leistung ausgeschrieben". Damit ist letztlich gemeint, dass der Bedarf für die Leistung in den Wettbewerb gestellt wird. Gesetzliche Vorgaben analog dem Vergaberecht gibt es in der Privatwirtschaft nicht. Es existieren keine zwingenden Regelungen über den Wettbewerb zwischen Teilnehmern, die Ausgestaltung von Angebotsphasen und die finale Erteilung des Auftrags. Dies ist letztlich Ausdruck der eingangs dargestellten Vertragsfreiheit.[389]

Es ist gleichwohl ein Gebot der wirtschaftlichen Vernunft, nur mit geeigneten Partnern Geschäfte zu tätigen und auch jeweils mehrere Angebote einzuholen.[390] Ebenso ist es vernünftig, vergaberechtliche Kriterien der öffentlichen Hand nicht vollkommen zu ignorieren wie zum Beispiel Wettbewerb und Wirtschaftlichkeit. So lässt sich eine sinnvolle Entscheidung herleiten, die zudem nicht auf einseitiger Bevorzugung oder „Vetternwirtschaft", sondern auf einem soliden Marktüberblick beruht.

385 § 8 Abs. 3 UVgO.
386 Die Ausnahmen von § 14 Abs. 3 und 4 VgV wurden z.T. wortgleich übernommen.
387 § 2 Abs. 1 und 2 UVgO.
388 S. unten B. V. 3.
389 S. oben A. I.
390 Im Bereich des Wohnungseigentumsgesetzes (WEG) hat die Rechtsprechung für bestimmte Sanierungsleistungen die Vorgabe gemacht, dass „drei Vergleichsangebote" vorliegen müssten. Dies ist den Besonderheiten des WEG geschuldet. Es soll verhindern, dass der WEG-Verwalter bestimmte „eigene" Dienstleister bevorzugt. Auf den Einkauf im B2B-Bereich sind diese Grundsätze nicht übertragbar.

1. Umfang der Vertragsfreiheit

Vergaberecht und Vertragsrecht unterliegen unterschiedlichen juristischen Regelungsmechanismen. Das Vergaberecht und insbesondere seine Verfahren sind Bestandteil des öffentlichen Rechts und damit staatlich geprägt. Beschaffung und Vertragsschluss als solche erfolgen auf privatrechtlicher Grundlage. Gleichwohl: Zwischen Verträgen, die in einem Vergabeverfahren geschlossen werden und Verträgen der Privatwirtschaft bestehen inhaltlich kaum Unterschiede.

Zivilrechtlich betrachtet ist ein Vergabeverfahren zudem als Vertragsanbahnung zu betrachten. Es besteht ein vorvertragliches Schuldverhältnis, das allen Beteiligten bereits Rechte und Pflichten auferlegt. Sie sind insbesondere zu Rücksichtnahme und Kooperation verpflichtet.[391] Dies ist auch der Hintergrund für die Rügeobliegenheit in einem Vergabeverfahren.[392] Die Grundnormen über das Schuldverhältnis, die bei den vertraglichen Sonderfällen bereits erwähnten §§ 241 und 311 BGB, sind also sehr weitreichend und auch bereits in einem Vergabeverfahren anzuwenden.[393]

Daraus folgt, dass im Zusammenhang mit einem Vergabeverfahren auch zivilrechtliche Schadensersatzansprüche geltend gemacht werden können. Anspruchsnorm ist § 311 Abs. 2 BGB.[394] Diese treten neben den allgemeinen Schadensersatzanspruch aus § 181 GWB, der besteht, wenn Vergaberegeln verletzt werden und das verletzte Unternehmen eine echte Chance gehabt hätte, den Auftrag zu erhalten. Der Umfang des Schadensersatzes umfasst die Kosten für die Teilnahme am Vergabeverfahren einschließlich der Vorbereitung des Angebots.

Zugleich limitiert das Vergaberecht das Zivilrecht in der Weise, dass die Vertragsfreiheit bei Verträgen eingeschränkt wird. Zum einen hat der Auftraggeber durch die Vorgabe von Musskriterien die Möglichkeit, bestimmte vertragliche Regelungen als unverhandelbar vorzugeben. Damit hat er einen noch stärkeren vertraglichen „Hebel" als der Verwender allgemeiner Geschäftsbedingungen, denen zumindest widersprochen werden kann.[395] Zugleich bewirkt eine öffentliche Ausschreibung einen **Abschlusszwang** nach den Regularien der Zuschlagserteilung. Da hierdurch aber gerade das wirtschaftlichste Angebot bevorzugt wird, trägt die Einschränkung der Abschlussfreiheit letztlich dem Wettbewerbsgedanken Rechnung.

2. Vertragsrecht als Instrument vergaberechtlicher Gestaltungen

Die Wechselwirkungen von Vertrags- und Vergaberecht zeigen sich auch in der Gestaltungspraxis. Dies bietet vielfältige Chancen: Das Vertragsrecht kann die Handlungsspielräume der Vergabestelle erweitern.

Gestaltungsmöglichkeiten können sich zunächst unmittelbar aus dem Vergaberecht selbst, insbesondere aus den Vergabearten und dem Verfahren ergeben. So schafft beispielsweise der wettbewerbliche Dialog ein flexibles Verfahren, bei dem Auftraggeber und Bewerber

---

391 BGH, NJW 2004, S. 2165.
392 *Dicks*, in: Ziekow/Völlink, 5. Aufl. 2024, § 160 GWB, Rn. 37.
393 S. oben A. VI.
394 Grundlage ist das Rechtsinstitut „Verschulden bei Vertragsanbahnung", culpa in contrahendo, § 311 Abs. 2 BGB.
395 Vgl. oben A. V. 1.

vorab die gemeinsame Erarbeitung einer Lösung für komplexe Beschaffungsbedarfe vornehmen können. Innovationspartnerschaften sind ein Verfahren für Entwicklung und Erwerb innovativer, noch nicht auf dem Markt verfügbarer Leistungen. Und Konzessionsvergaben sind ein Business Case, bei denen der Auftraggeber seine öffentlichen Verantwortlichkeiten an einen Konzessionsnehmer „delegiert".[396]

Darüber hinaus eröffnet das Vertragsrecht verschiedene Möglichkeiten vergaberechtlicher Gestaltung. Die wesentlichen Gestaltungsinstrumente sind Folgende:

a) Rahmenvertrag

Im Kapitel „Einkauf und Vertragsrecht" wurde dargelegt, dass ein **Rahmenvertrag** vertragsrechtliche Rahmenbedingungen festlegt, aus denen heraus später Einzelverträge abgeschlossen werden.[397] Vergaberechtlich sind die jeweiligen Regeln insbesondere zur Schätzung des Auftragswertes[398] und der Laufzeit[399] einzuhalten.[400]

Innerhalb dieses juristischen Handlungsrahmens bringt der Abschluss derartiger Verträge dem Auftraggeber ein hohes Maß an Flexibilität. Auch die neue Bundesregierung scheint dies erkannt zu haben. Im **Koalitionsvertrag 2025** werden Rahmenverträge als Bestandteil des neu zu etablierenden strategischen Beschaffungsmanagements genannt.[401] Bei der Darstellung des Koalitionsvertrages wird dieses Thema später vertieft.

Zu den vergaberechtlichen Gestaltungen: Rahmenverträge können mengenoffen oder mit einer Abrufverpflichtung gestaltet werden. Zwar hat der Europäische Gerichtshof im Jahr 2021 entschieden, dass bei der Vergabe von Rahmenverträgen Schätz- und Höchstmengen bzw. Schätz- und Höchstwerte anzugeben sind.[402] Diese können jedoch auch in der Bekanntmachung bzw. in den Bewerbungsbedingungen genannt werden. Zudem ist damit nur eine Volumenbegrenzung „nach oben" beschrieben.

Ein mengenoffener Rahmenvertrag bleibt gleichwohl zulässig. Er bietet viele Gestaltungsmöglichkeiten für die Bedarfsplanung. Es muss nicht von vornherein ganz exakt festgelegt werden, was in welchem Umfang beschafft werden soll. Gerade in volatilen Märkten ist dies von Vorteil. Die Vereinbarung fester Abnahmeverpflichtungen begründet zudem Schadensersatzansprüche des Lieferanten, sofern der Verpflichtung nicht nachgekommen wird. Storno kostet Geld.[403]

Rahmenverträge verbessern zudem die Effizienz im Einkauf. Wenn Einkaufsbedingungen in jedem Einzelvertrag neu vereinbart werden müssen, ist dies mit größerem Aufwand verbunden, als wenn der Rahmen hierfür einmal vorab festgelegt wird. Kurzum: Einzelbestellungen sind aufwändig und teuer.

396 Zum Ganzen vgl. oben B. III. 6.
397 S. oben A. VI.
398 § 3 Abs. 4 VgV, § 2 Abs. 4 SektVO.
399 § 21 Abs. 6 VgV – maximal 4 Jahre für öffentliche Auftraggeber, 19 Abs. 3 SektVO – maximal 8 Jahre für Sektorenauftraggeber.
400 Vgl. allgemein zu Rahmenverträgen § 103 Abs. 5 GWB, § 21 VgV, § 19 SektVO.
401 Tz. 2075 des Koalitionsvertrages.
402 EuGH, Urt. v. 17.06.2021, C – 23/20.
403 Bei Werkverträgen ergibt sich dies ausdrücklich aus § 648 BGB.

Dies gilt je nach Auftraggebertypus bereits für kleinere Auftraggeber, sei es kleine Gebietskörperschaften oder mittelständische Unternehmen. Für größere Auftraggeber, z.B. komplexe Gebietskörperschaften oder Konzerne im Sektorenbereich, ist der Effizienzhebel noch deutlich größer. Dort werden Bestellungen auf viele jeweils einzelne Buchungskreise getätigt. Ökonomischer ist es, stattdessen einen Rahmenvertrag für viele Buchungskreise abzuschließen und dann für die einzelnen Bereiche oder Konzernunternehmen eine Abrufberechtigung zu vereinbaren.[404] Bei indirektem Material, z.B. Büromöbeln oder IT-Standards, das übergreifend genutzt und nicht jeweils individuell konfiguriert werden muss, birgt dies viel Potenzial.

Kommerziell bringen Rahmenverträge darüber hinaus den Vorteil, dass Einkaufsvolumen gebündelt wird. Mengenbündelungen sind für den Auftraggeber ein wesentliches Instrument, um Einsparungen zu erzielen. Für den Lieferanten haben sie den Vorteil der Planungssicherheit. Die im Rahmenvertrag vorab vereinbarten Konditionen gelten dann bis auf weiteres für sämtliche Lieferverträge.

Schließlich kann die Ausschreibung von Rahmenverträgen Geschäftsbeziehungen mit einem oder mehreren Partnern herbeiführen. Vertragsrechtlich werden dann Vereinbarungen mit mehreren Vertragsparteien geschlossen. Bei einem derartigen **„Mehrfach-Rahmenvertrag"** muss vergaberechtlich ein Modus gefunden werden, welcher Vertragspartner im Einzelfall zu beauftragen ist. Dies geschieht über einen nachgelagerten Wettbewerb. Insoweit ist für den jeweiligen Einzelabruf ein **„Miniwettbewerb"** durchzuführen.[405] Die Kriterien hierfür sind bereits im Vergabeverfahren sowie im Rahmenvertrag vorab festzulegen.[406]

Mehrfach-Rahmenverträge erhöhen die Komplexität gegenüber einer 1:1-Vertragsbeziehung. Im Tagesgeschäft, das durch eine Vielzahl von Bestellabrufen geprägt ist, ist diese Vertragskonstruktion zu aufwendig. In Großprojekten, bei denen wenige Einzelabrufe jeweils ein hohes Einkaufsvolumen binden, ist eine derartige Vertragskonstruktion vorteilhaft. Als Beispiele kommt die Beschaffung baulicher Anlagen, kommunale Infrastrukturbeschaffungen oder auch der Einkauf von Fuhrparkflotten oder sonstigen Spezialfahrzeugen in Betracht.

Jeder durchgeführte Miniwettbewerb entspricht wirtschaftlich einem eigenen Vergabeverfahren. Mit der Ausschreibung des Mehrfach-Rahmenvertrages wird also die Durchführung vieler einzelner Vergabeverfahren mit all seinen Regularien vermieden. Der Aufwand für das gesamte Vergabedesign wird einmalig „vor die Klammer gezogen".

b) Option

Das **Optionsrecht** ist ein weiteres Instrument, das die Verzahnung zwischen Vertragsrecht und vergaberechtlichen Gestaltungen verdeutlicht. Es umschreibt das Recht, durch einseitige Erklärung einen Vertrag zustande kommen zu lassen.[407] Juristisch handelt es sich um einen aufschiebend bedingten Vertrag, der durch die Optionserklärung wirksam wird.[408]

404 Der Idealtypus in einem Konzern als Auftraggeber ist ein „konzernweiter Rahmenvertrag".
405 § 21 Abs. 4 VgV, § 19 Abs. 2 S. 2 SektVO.
406 Die Verpflichtung zur Festlegung im Rahmenvertrag betrifft ausdrücklich nur öffentliche Auftraggeber, vgl. § 21 Abs. 4 VgV. Für Sektorenauftraggeber empfiehlt sich selbiges aus Gründen der Klarstellung.
407 *Ellenberger*, in: Grüneberg, BGB-Kurzkommentar, 84. Aufl. 2025, vor § 145 BGB, Rn. 23.
408 Vgl. § 158 Abs. 1 BGB.

Anders als bei einem Vorvertrag besteht kein Anspruch auf Abschluss des Vertrages, sondern lediglich die Möglichkeit. Der Unterschied zu einer Vertragsverlängerung besteht darin, dass sich dort der Vertrag automatisch verlängert, wenn nicht eine der beiden Vertragsparteien rechtzeitig der Verlängerung widerspricht.

Vergaberechtlich sind Optionen bei der Schätzung des Auftragswertes zu berücksichtigen. Sie sind dem Gesamtwert der vorgesehenen Leistung hinzuzurechnen.[409]

Einkäuferisch betrachtet sind Optionen Angebote des Auftragnehmers an den Auftraggeber zum Abschluss neuer Verträge. Diese kann der Auftraggeber einseitig auslösen und damit die Leistungspflicht des Auftragnehmers erneut bewirken.

Der Gestaltungsvorteil ist ähnlich wie bei einem Rahmenvertrag: Die Durchführung weiterer, neuer Vergabeverfahren wird entbehrlich. Stattdessen können neue Verträge auf der Grundlage des einmal erstellten Vergabedesigns abgeschlossen werden. Bei der Einleitung des ursprünglichen Vergabeverfahrens sind Optionen, wie dargelegt, lediglich bei der Schätzung des Auftragswertes zu berücksichtigen.

Wirtschaftlich bestehen nach Ausübung der Option die Konditionen des Ursprungsvertrages fort, sofern nichts Abweichendes geregelt ist. Der Auftraggeber hat damit die Möglichkeit, gute Konditionen in dem neuen Vertrag fortzuschreiben. Sofern eine Beibehaltung des kommerziellen Status quo nicht gewollt oder kommerziell nicht durchsetzbar ist, lässt sich dies über Anpassungs- oder Indexklauseln im Ursprungsvertrag gestalten.

Optionsrechte sind üblicherweise an Fristen gebunden. Zumindest muss deren Ausübung vor Ablauf der vereinbarten Vertragslaufzeit des Ursprungsvertrages erfolgen. Wird das Optionsrecht nicht oder verspätet ausgeübt, endet der Vertrag mit Ablauf der ursprünglichen Laufzeit.

c) Volumenvertrag

Ein weiterer Vertragstypus, der vergaberechtliche Gestaltungen ermöglicht, ist schließlich der **Volumenvertrag**. Hierbei handelt es sich um einen Vertrag, bei dem von Anfang festgelegt wird, wie viel während der Vertragslaufzeit ausgegeben werden darf. Das Einkaufsvolumen wird also vorab gefixt.[410]

Der Abruf der einzelnen Leistungen erfolgt ähnlich wie bei Rahmenverträgen. Der einkäuferische Ansatz ist jedoch um 360° verändert. Während bei Rahmenverträgen möglichst viel Flexibilität hinsichtlich des Mengenabrufs angestrebt wird, „garantiert" der Auftraggeber bei einem Volumenvertrag die Abrufmengen. Der Auftragnehmer seinerseits sichert entsprechende Kapazitäten zu. Dieses „Wechselspiel" wird im Volumenvertrag im Einzelnen vertraglich hinterlegt. Damit wird deutlich, dass Volumenverträge als neuerer Vertragstypus oftmals in großen Infrastrukturprojekten Anwendung finden. Das Projekt möchte hiermit seine Ausgaben deckeln und zugleich sichergestellt haben, dass das Infrastrukturprojekt nicht in zeitlichen Verzug gerät.

---

409 § 3 Abs. 1 VgV, § 2 Abs. 1 SektVO.

410 Juristisch handelt es sich bei Volumenverträgen um Kauf-, Werk- oder gemischttypische Verträge, mit den vertraglichen Besonderheiten der Volumenbeschaffung. Letztlich sind derartige Verträge Ausdruck der Vertragsfreiheit gemäß §§ 241, 311 BGB.

Bei der konkreten Gestaltung können **Volumenverträge mit mehreren Partnern** abgeschlossen werden. Vergaberechtlich wird dies üblicherweise durch losweise Vergaben bewirkt.[411] Jeder Vertragspartner ist für die Leistungserbringung in seinem Segment zuständig. Gleichzeitig steht darüber die Gesamtplanung des Projekts. Damit werden wirtschaftlich mehrere Generalunternehmer beauftragt, die eigenverantwortlich auf das Gesamtprojekt einzahlen. Dieses Konzept reduziert die Anzahl der Schnittstellen und bietet damit zugleich die Möglichkeit, übergreifende Plattformlösungen für das Gesamtprojekt zu entwickeln. Kommerziell stellen Volumenverträge eine Win-Win-Lösung für alle Beteiligten dar.

Für alle Vertragspartner liegt der Vorteil zunächst in einer Vereinfachung und Beschleunigung des Projektablaufs. Statt eine Vielzahl von Einzelverträgen für einzelne Leistungen bzw. Gewerke abzuschließen, ermöglicht ein Volumenvertrag eine einheitliche und effiziente Projektabwicklung. Damit bestehen in puncto Vertragsmanagement ähnliche Vorteile, wie sie oben bei Rahmenverträgen skizziert wurden.

Für den Anbietermarkt bietet das zugesagte Beschaffungsvolumen zudem Planungssicherheit. Der jeweilige Anbieter kann entsprechende Ressourcen aufbauen und vorhalten. Zugleich kann er seine Entwicklungs- und Einmalkosten besser umlegen, da seine Umsatzprognose während der gesamten Vertragslaufzeit abgesichert ist.

Der Auftraggeber seinerseits hat durch die Bündelung der Bedarfe die Chance, signifikante Preisverbesserungen zu erzielen. Zugleich tragen die Kapazitätszusagen dazu bei, die Versorgungssicherheit zu erhöhen und die zeitgerechte Leistungserbringung sicherzustellen.

V. Rechtsschutz im Vergabeverfahren

Neben Win-Win-Lösungen in Vergabeverfahren existieren jedoch auch Konstellationen, bei denen die Einhaltung der gesetzlichen Rahmenbedingungen in Frage steht. Öffentlicher Einkauf kann auch konfrontativ sein. Für derartige Fälle bietet das Vergaberecht eine eigene Rechtsschutz-Systematik.

1. Rüge

Bei den Vergabegrundsätzen wurde dargelegt, dass Unternehmen einen Anspruch darauf haben, dass die Rechtsvorschriften über das Vergabeverfahren eingehalten werden.[412] Konkret bedeutet das: Dieser Anspruch begründet einklagbare Rechte. Die Möglichkeit, Vergabeverstöße zu beanstanden, haben Unternehmen während des gesamten Vergabeverfahrens bis zur Zuschlagserteilung.

Dieses als **„Rüge"** bezeichnete Verfahrensrecht ist in § 160 Abs. 3 GWB geregelt. Mit der Rüge soll den am Verfahren beteiligten Unternehmen die Möglichkeit gegeben werden, Rechtsverstöße überprüfen zu lassen und nachfolgend eventuell ein gerichtliches Nachprüfungsverfahren einzuleiten. Daneben wird der Vergabestelle frühzeitig die Korrektur von Verfahrensverstößen ermöglicht.

411 Zu losweisen Vergaben als Vergabegrundsatz vgl. § 97 Abs. 4 GWB.
412 So ausdrücklich § 97 Abs. 6 GWB.

Damit ist das Rechtsinstitut der Rüge faktisch eine „vorprozessuale Abhilfemöglichkeit", die auch der Selbstkontrolle der Vergabestelle dient. Vom Ziel her ist sie teilweise vergleichbar mit einem Widerspruchsverfahren im Verwaltungsrecht, das ein Verfahren für die Selbstkontrolle der Verwaltung schafft. Das Einreichen einer Rüge hindert den Auftraggeber allerdings nicht, den Zuschlag zu erteilen. Im Unterschied zum Widerspruch in einem Verwaltungsverfahren hat eine Rüge damit keine aufschiebende Wirkung.[413] Der Verfahrensablauf einer Rüge im Einzelnen:

Für die Erhebung einer Rüge existieren keine Formvorschriften. Aus Gründen der Beweissicherung empfiehlt sich jedoch die Schriftform. Adressat der Rüge ist die Vergabestelle. Das Schreiben muss nicht explizit als Rüge bezeichnet werden. Es muss lediglich deutlich werden, dass ein Verstoß gegen Vergabevorschriften moniert wird.

Der Vergabeverstoß muss konkret benannt werden, und zwar nach positiver tatsächlicher Erkenntnis eines Verstoßes bzw. dessen Erkennbarkeit aufgrund der Bekanntmachung oder Vergabeunterlagen. Die Angabe der einschlägigen Rechtsnormen oder sonstige Ausführungen zur Rechtslage sind nicht erforderlich.

Unternehmen können nur diejenigen Verstöße monieren, die ihre eigenen Erfolgsaussichten und Chancen im Vergabeverfahren beeinträchtigen. Ein etwaiges vergaberechtswidriges Verhalten von Mitbewerbern eröffnet keine Rügemöglichkeit.

Inhaltlich ist die Vergabestelle zur Abhilfe aufzufordern. Diese hat die Rüge auf den geltend gemachten Vergabeverstoß hin zu prüfen. Sind die gerügten Vorwürfe zutreffend, ist der Rüge abzuhelfen. Die entsprechend korrigierten Vergabeunterlagen müssen aus Gründen der Gleichbehandlung allen Bietern übersandt werden. Wurde die geltend gemachten Vergabeverstöße zu Unrecht erhoben, ist der Rüge nicht abzuhelfen. Die Nichtabhilfe ist dem Rügenden mitzuteilen. Von diesem Tag an läuft eine 15-Tages-Frist, um einen Nachprüfungsantrag zu stellen.[414] Nach Ablauf dieser Frist wird der Antrag wegen Verfristung zurückgewiesen. Bei der Einreichung einer Rüge sind darüber hinaus weitere Fristen zu beachten:

Verstöße, die im Vergabeverfahren erkannt wurden, sind innerhalb einer Frist von 10 Kalendertagen zu rügen.[415] Diese Frist hat die größte praktische Relevanz. Bieter, die einen Vergabeverstoß erkannt haben, sollen diesen nicht „weiterlaufen lassen", sondern zur Überprüfung bringen. Erforderlich ist die positive Kenntnis von einem möglichen Rechtsverstoß. Bloße Vermutungen oder auch fahrlässige Unkenntnis reichen nicht aus, um den Fristlauf in Gang zu setzen. Ist Kenntnis von einem Vergabeverstoß zu verneinen, besteht keine Rügeverpflichtung. Die Feststellungs- bzw. Beweislast hierfür trägt der Auftraggeber.

Verstöße, die in der Bekanntmachung erkennbar sind, müssen im offenen Verfahren bis zum Ablauf der Angebotsfrist und im nicht offenen bzw. Verhandlungsverfahren bis zum Ablauf

413 Zur aufschiebenden Wirkung im Verwaltungsverfahren s. § 80 Abs. 1 VwGO, sogenannter Suspensiveffekt.

414 So ausdrücklich § 160 Abs. 3 Nr. 4 GWB.

415 Die 10-Tages-Frist des § 160 Abs. 3 Nr. 1 GWB ist mit dem Vergaberechtsmodernisierungsgesetz 2016 eingefügt worden. Zuvor waren erkannte Verstöße „unverzüglich" zu rügen. Damit ist eine maßgebliche Rechtsunsicherheit hinsichtlich der Rügefrist beseitigt worden.

der Bewerbungsfrist gerügt werden.[416] Verstöße, die erst in den Vergabeunterlagen erkennbar sind, sind bis zum Ablauf der Angebotsfrist zu monieren.[417]

Werden diese Fristen nicht eingehalten, kann der Verstoß später nicht noch einmal gerügt und diesbezüglich auch kein Nachprüfungsantrag gestellt werden. Das Verfahrensrecht eines Unternehmens, etwaige Verstöße in Vergabeverfahren zu rügen, ist somit nicht nur ein Recht des Betreffenden, es besteht zugleich eine **Rügeobliegenheit**.

In einem Nachprüfungsverfahren ist die vorprozessuale Erhebung einer Rüge zwingende Zulässigkeitsvoraussetzung. Nicht gerügte Beanstandungen in einem Vergabeverfahren sind in einem Nachprüfungsverfahren prozessual abgeschnitten (Präklusion). Diejenigen Verletzungen, die vorab nicht gerügt werden, können also später in einem Nachprüfungsverfahren auch nicht mehr gerichtlich überprüft werden.

2. Nachprüfungsverfahren

Die Einhaltung des Vergaberechts unterliegt bei Auftragsvergaben oberhalb der EU-Schwellenwerte der gerichtlichen Kontrolle. Auch Direktvergaben ohne vorherige EU-Ausschreibung sind überprüfbar, wenn eine Ausschreibungspflicht besteht.

Unternehmen, die Interesse an einem konkreten Auftrag haben, können auf Antrag eine Rechtsverletzung durch Nichtbeachtung von Vergabevorschriften geltend machen. Sie müssen dann darlegen, dass ihnen durch die behauptete Verletzung des Vergaberechts ein Schaden droht oder bereits entstanden ist.[418]

Dieser durch das **Nachprüfungsverfahren** der §§ 155 ff. GWB garantierte Rechtsschutz ist das zentrale Element des Vergaberechts in seiner europarechtlichen Ausgestaltung. Das nationale durch Haushaltsrecht geprägte Vergaberecht kennt diesen Rechtsschutz unterhalb der Schwellenwerte nicht.[419]

Das Nachprüfungsverfahren weist in juristischer Hinsicht einige Besonderheiten auf. In erster Instanz sind die Vergabekammern des Bundes oder der Länder zuständig.[420] Die Vergabekammern des Bundes sind zuständig für die dem Bund zuzurechnenden Aufträge.[421] Vergabekammern sind allerdings keine Gerichte, sondern Behörden. Ihre Entscheidungen stellen formal einen Verwaltungsakt dar.[422] Das Verfahren selbst ist mit einem gerichtlichen Verfahren vergleichbar.

Gegen die Entscheidung der Vergabekammer ist innerhalb einer Frist von zwei Wochen die **sofortige Beschwerde** statthaft.[423] Dieses Beschwerdeverfahren wird durch die Vergabesenate der Oberlandesgerichte und damit im Wege eines klassischen Gerichtsverfahrens

416 § 160 Abs. 3 Nr. 2 GWB.
417 § 160 Abs. 3 Nr. 3 GWB.
418 So ausdrücklich § 160 Abs. 2 GWB.
419 S. hierzu bereits die Ausführungen oben zur Verortung des Vergaberechts, B. I.
420 § 156 GWB.
421 Die Abgrenzung der Zuständigkeiten ergibt sich aus § 159 GWB. Die Vergabekammer des Bundes ist beispielsweise zuständig für Sektorenauftraggeber wie die Deutsche Bahn AG.
422 § 168 Abs. 3 S. 1 GWB.
423 § 172 Abs. 1 GWB.

durchgeführt.[424] Hält das Oberlandesgericht die Beschwerde für begründet, hebt es die Entscheidung der Vergabekammer auf. Etwaige Schadensersatzansprüche müssen dann vor den Zivilgerichten geltend gemacht werden.[425]

Der **Ablauf eines Nachprüfungsverfahrens**: Ein Nachprüfungsverfahren kann in jedem Verfahrensabschnitt bis zur Erteilung des Zuschlags eingeleitet werden.[426] Antragsbefugt ist jedes Unternehmen, das ein Interesse an dem Auftrag hat und eine Rechtsverletzung darlegen kann. Durch die Verletzung von Vergabevorschriften muss die Chance auf die Zuschlagserteilung verschlechtert worden sein.[427]

Wie oben dargelegt, ist die Beachtung der Rügeobliegenheit eine weitere Zulässigkeitsvoraussetzung. Die vorherige Rüge ist im Nachprüfungsverfahren für jeden geltend gemachten Vergaberechtsverstoß einzeln zu prüfen. Anderenfalls wird der Nachprüfungsantrag als unzulässig abgewiesen.

Der Antrag als solcher ist schriftlich bei der Vergabekammer einzureichen und die behauptete Rechtsverletzung mit Sachverhaltsdarstellung zu begründen.[428] Sofern der Antrag nicht offensichtlich unzulässig oder unbegründet ist, sendet die Vergabekammer eine Kopie an den Auftraggeber und fordert die Vergabeakte an.[429] Die Vergabekammer trifft sodann ihre Entscheidung nach mündlicher Verhandlung innerhalb einer Frist von 5 Wochen.[430] Zwischenzeitlich besteht ein Zuschlagsverbot. Unternehmen, deren Interessen durch die Entscheidung schwerwiegend berührt werden, z.B. der bisherige Bestbieter, können dem Verfahren beigeladen werden.[431] Die Vergabekammer entscheidet, ob der Antragsteller in seinen Rechten verletzt ist und trifft bejahendenfalls geeignete Maßnahmen, um diese Rechtsverletzung zu beseitigen.[432]

3. Rechtsschutz unterhalb der EU-Schwellenwerte

In Deutschland werden nahezu 90% aller öffentlichen Aufträge unterhalb der EU-Schwellenwerte vergeben. Gleichwohl existiert kein Bundesgesetz, das ein dem Nachprüfungsverfahren vergleichbares Rechtschutzinstrument beinhaltet.

Das Bundesverfassungsgericht hält diese „Zweiteilung" des Vergaberechtsschutzes für rechtmäßig und sieht darin auch keine Verletzung des Gleichheitssatzes nach Art. 3 Abs. 1 GG. Es liege im Ermessen des Gesetzgebers, Bieter bei unterschwelligen Vergabeverfahren auf die „allgemeinen" prozessualen Verfahren zu verweisen.[433]

424 Zum Verfahren der sofortigen Beschwerde vgl. § 171 GWB.
425 § 156 Abs. 3 GWB.
426 Ausnahmsweise ist auch nach Zuschlagserteilung ein Nachprüfungsverfahren möglich, wenn der Auftraggeber gegen die Informationspflicht nicht berücksichtigter Bieter nach § 134 GWB verstoßen hat oder wenn es sich um eine Direktvergabe handelt.
427 § 160 Abs. 2 GWB.
428 § 161 GWB.
429 § 163 Abs. 2 GWB.
430 §§ 166, 167 GWB.
431 § 162 GWB.
432 § 168 Abs. 1 GWB.
433 BVerfG, NVwZ 2006, S. 1396.

Fraglich ist, was diese allgemeinen Rechtsschutzmöglichkeiten sind. Soweit es nicht um die Geltendmachung von Schadensersatz geht, kommt hier letztlich nur das **Verfahren der einstweiligen Verfügung** nach §§ 935 ff. ZPO in Betracht.[434]

Das Zivilgericht kann dann das Vergabeverfahren einstweilen stoppen und den Zuschlag verhindern. Voraussetzung ist, dass der Verfügungskläger einen Verfügungsanspruch und Verfügungsgrund geltend machen kann. Der Verfügungsanspruch betrifft den Vergaberechtsverstoß; ein Verfügungsgrund ist nur bei besonderer Eilbedürftigkeit gegeben.

Die einstweilige Verfügung muss vom Gericht erlassen und dem Auftraggeber zugestellt worden sein, bevor dieser den Zuschlag erteilt hat. Da auch der Antrag auf Erlass einer einstweiligen Verfügung und das damit verbundene Verfahren Zeit in Anspruch nehmen, unterliegt diese Form des Rechtsschutzes unterhalb der EU-Schwellenwerte einem gewissen Zufallsmoment.

Vor diesem Hintergrund haben einige Bundesländer vergaberechtliche Nachprüfungsverfahren für den Unterschwellenbereich in ihren Landesvergabegesetzen etabliert.[435] Dieses eigene Rechtsschutzverfahren ähnelt vom Grundsatz und Ablauf her dem zuvor geschilderten Nachprüfungsverfahren nach GWB. Die Besonderheit des Verfahrens besteht allerdings darin, dass der Auftraggeber bei Nichtabhilfe einer Rüge seinerseits die Vergabekammer durch Übersenden der Vergabeakte informieren muss.[436]

VI. Vergabesperre

Das Vergaberecht eröffnet schließlich die Möglichkeit, die Lieferantenbeziehung zeitweilig zu beenden – und zwar im Wege einer Vergabesperre.[437] Vergabesperren sind das einschneidendste Instrument im Vergaberecht. Hiermit steht und fällt bis auf Weiteres die Lieferantenbeziehung. Für Lieferanten, deren Business Case maßgeblich durch öffentlichen Einkauf geprägt ist, z.B. im Baubereich, kann dies existenzielle Folgen haben.[438] Deshalb an dieser Stelle der *deep dive*:

Vergabesperren sind abzugrenzen vom Ausschluss aus einem Vergabeverfahren. Dieser bezieht sich auf ein aktuell laufendes Verfahren, während eine Vergabesperre auf die Zukunft gerichtet ist und den Ausschluss von künftigen Vergabeverfahren betrifft. Üblicherweise erfolgen Ausschluss und nachfolgendende Sperre in ein und demselben Prüfungsprocedere.

---

434 Einstweilige Verfügung in Form der Sicherungsverfügung. Zuständig sind die Zivilgerichte, § 13 GVG.

435 Vgl. Thüringer Vergabegesetz, § 19 Abs. 2 ThürVgG; Sächsisches Vergabegesetz, § 8 Abs. 2 SächsVgV; Landesvergabegesetz Sachsen-Anhalt, § 19 Abs. 2 LVG LSA. Das Hessische Vergabe- und Tariftreuegesetz enthält in § 20 HVTG eine Ermächtigung für die Einrichtung von Nachprüfungsstellen.

436 Vgl. die genannten Landesvergabegesetze, jeweils a.a.O.

437 Terminologisch wird z.T. auch der Begriff „Auftragssperre" verwendet, vgl. *Stolz*, in: Ziekow/Völlink, Vergaberecht, 5. Aufl. 2024, § 126 GWG, Rn. 1.

438 Z.B. Bauunternehmen für die öffentliche Infrastruktur.

Den zeitlichen Aspekt gibt § 126 GWB wieder, indem es den zulässigen Zeitraum für den **„Ausschluss für die Zukunft"** und damit die **„Sperre"** normiert. Damit bildet diese Vorschrift letztlich die vergaberechtsdogmatische Grundlage für den Ausspruch von Vergabesperren.[439]

Vertragsrechtlich betrachtet sind Vergabesperren zudem Ausdruck der allgemeinen Vertragsfreiheit. Auch öffentliche Auftraggeber sind nicht verpflichtet, Verträge mit Lieferanten abzuschließen, die nicht gesetzestreu sind.

Vergabesperren stellen einen rigiden Eingriff dar: Sie können nur dann verhängt werden, wenn das betroffene Unternehmen eine schwere Verfehlung zu verantworten hat. Der Name des gesperrten Unternehmens wird im **Wettbewerbsregister** des Bundeskartellamtes eingetragen.[440] Öffentliche Auftraggeber können dies einsehen, um zu prüfen, ob bei einem Unternehmen Ausschlussgründe vorliegen.

Schwere Verfehlungen sind katalogartig in den §§ 123 und 124 GWB aufgeführt.[441] § 123 GWB sieht **zwingende Ausschlussgründe** vor, die primär bestimmte Wirtschaftsstraftaten beinhalten, z.B. Geldwäsche, Betrug, Subventionsbetrug oder Bestechlichkeit.

Diese Verfehlungen sind nachweislich, wenn sie zu einer rechtskräftigen gerichtlichen Verurteilung oder rechtskräftig festgestellten Geldbuße geführt haben. Liegt keine derartige Entscheidung vor, müssen die Umstände der schweren Verfehlung auf gesicherten und nachweisbaren Erkenntnissen und Anhaltspunkten beruhen. In Betracht kommen hier Zeugen, Schriftstücke oder auch Ermittlungsunterlagen der Staatsanwaltschaft.[442]

§ 124 GB enthält **fakultative Ausschlussgründe**, welche vor allem die Zuverlässigkeit eines Lieferanten in Frage stellen, z.B. Verstoß gegen sozial- und arbeitsrechtliche Verpflichtungen oder Täuschungen im Hinblick auf die Erbringung von Eignungskriterien und -nachweisen.

Ein Unternehmen wird trotz Vorliegen eines Ausschlussgrundes nicht gesperrt, wenn es hinreichende Maßnahmen zur Wiederherstellung seiner Zuverlässigkeit getätigt hat. Diese **Selbstreinigung** nach § 125 GWB setzt Schadenswiedergutmachung, Mitwirkung an der Sachverhaltsaufklärung sowie konkrete Maßnahmen zur Vermeidung künftiger Verfehlungen voraus. Als konkrete Maßnahme kommt z.B. die Errichtung eines Compliance-Management-Systems in Betracht.[443]

Liegt ein Ausschlussgrund vor und hat das Unternehmen keine Selbstreinigungsmaßnahmen ergriffen, so spricht die Vergabestelle nach Anhörung des Unternehmens eine Vergabesperre aus. Der zulässige Zeitraum für eine Vergabesperre beträgt bei fakultativem Ausschluss bis zu drei und bei zwingendem Ausschluss bis zu fünf Jahre.[444] Bei der konkreten Festlegung

---

439 § 6 Abs. 5 Wettbewerbsregistergesetz (WRegG) beinhaltet ebenfalls eine Regelung zu Vergabesperren, verweist dabei aber auf das Vergaberecht: „Der Auftraggeber entscheidet nach Maßgabe der vergaberechtlichen Vorschriften in eigener Verantwortung über den Ausschluss eines Unternehmens von der Teilnahme an dem Vergabeverfahren."

440 Das Wettbewerbsregister wurde mit Verabschiedung des WRegG am 18.07.2017 eingeführt.

441 Bei Sektorenauftraggebern gelten die Vorschriften zur Vergabesperre über den Querverweis in § 142 GWB, sonstige anwendbare Vorschriften, entsprechend.

442 Die Vergabestelle hat die Möglichkeit, bei der StA Akteneinsicht zu beantragen.

443 So bereits die Gesetzesbegründung: BT-Drs. 18/6281, S. 109.

444 § 126 GWB.

der Sperrdauer sind die Höhe des Schadens, Umfang und Dauer der Verfehlung sowie eine etwaige Einbeziehung der Leitungsebene des Unternehmens zu berücksichtigen.

Im Hinblick auf den **Rechtsschutz bei Vergabesperren** gilt Folgendes: Sofern Unternehmen den Ausschluss in einem konkreten Vergabeverfahren monieren, können Sie hiergegen ein Nachprüfungsverfahren einleiten. Dies ist jedoch bei einer Vergabesperre nicht möglich, da diese für künftige Vergaben gilt.

De facto bleibt damit, wie bei Unterschwellenvergaben, nur der allgemeine Zivilrechtsschutz der **einstweiligen Verfügung** nach §§ 935 ff. ZPO. Dieses Rechtsinstitut wurde eben bereits beim Rechtsschutz unterhalb der EU-Schwellenwerte kurz skizziert.[445] Auch hier hat der Verfügungskläger einen Verfügungsanspruch und -grund darzulegen.

Beim Verfügungsanspruch muss bei summarischer Prüfung die Rechtswidrigkeit der Vergabesperre dargestellt werden. Ein Verfügungsgrund ist zu bejahen bei besonderer Dringlichkeit. Sofern der Verfügungskläger mit seinem Antrag länger als zwei Monate wartet, verneinen die Gerichte in der Regel den Verfügungsgrund.[446]

Praxistipp: Vergabesperre und einstweilige Verfügung

▶ *Sperrt ein öffentlicher Auftraggeber einen Lieferanten, bei dem eine schwere Verfehlung vorliegt, sieht er sich gegebenenfalls einem einstweiligen Rechtsschutzverfahren ausgesetzt. Hier empfiehlt sich ein Blick darauf, wie lange der Lieferant bereits zugewartet hat, bevor er ein gerichtliches Verfahren einleitet. Liegt der streitige Sachverhalt länger als zwei Monate zurück, hat die einstweilige Verfügung in der Regel keine Aussicht mehr auf Erfolg. Lieferanten ihrerseits sollten zeitnah gegen eine verhängte Vergabesperre vorgehen.*

Das Instrument der Vergabesperre beinhaltet weitere Facetten, die konkrete einkäuferische Maßnahmen nach sich ziehen: Diese betreffen das **Lieferantenmanagement**, die vertragliche Lieferantenbeziehung sowie die Steuerung der eigentlichen Sperrung eines Lieferanten.

Bestandteil des Lieferantenmanagements ist es, die Lieferantenbeziehung kontinuierlich zu monitoren. Sofern sich herausstellt, dass die Performance des Lieferanten nicht stimmt, z.B. weil strafrechtliches Verhalten wie Abrechnungsbetrug in Rede steht, ist ein Ausphasen des Lieferanten anzustoßen. Das Unternehmen muss als Kreditor gesperrt werden, damit keine weiteren Aufträge und auch keine weiteren unberechtigten Zahlungen an den Lieferanten erfolgen. Soweit der Lieferant in einem Präqualifikationssystem hinterlegt ist, ist die Präqualifizierung zu entziehen.

Vertraglich ist das Ausphasen in der Weise zu gestalten, dass die Beziehung juristisch beendet wird. Bei einem „normalen" Kaufvertrag endet diese Vertragsbeziehung bereits dann, wenn die Leistungspflichten ausgetauscht, d.h. das Produkt geliefert und bezahlt wurde. Bei Dauerschuldverhältnissen, insbesondere bei Rahmenverträgen, gibt es darüber hinaus weitere to do's. Hier ist das Vertragsverhältnis im Wege einer außerordentlichen Kündigung zu

445 S. oben B. V. 3.
446 Vgl. OLG Koblenz, Urt. v. 23.02.2011 – 9 W 698/10, OLG Köln, Beschl. v. 22.01.2010 – 6 W 149/09.

beenden. Außerordentliche Kündigungen sind berechtigt, wenn der Vertragspartner schwerwiegend gegen seine Pflichten verstößt, z.B. durch strafbares Verhalten.[447]

Der Ausschluss von Lieferanten kommt auch nach dem **Lieferkettensorgfaltspflichtengesetz** (LkSG) in Betracht, sodass das Einkaufsrecht insgesamt einer stärkeren Regulatorik unterliegt. Diese vergaberechtliche Verzahnung wird beim LkSG näher dargestellt.[448]

Die obigen Ausführungen haben deutlich gemacht, dass Vergabesperren ein komplexes Instrument im Rahmen der Beschaffung sind. Aus Sicht des Auftraggebers sollte eine **zentrale Steuerung** dieses Themas erfolgen. Die Steuerung sollte insbesondere folgende Themen umfassen:

Die Einleitung eines Sperrverfahrens erfordert eine entsprechende Sachverhaltsaufklärung hinsichtlich des Nachweises der schweren Verfehlung. Des Weiteren ist der Lieferant anzuhören und ihm ist Gelegenheit zur Stellungnahme zu geben. Sofern aufgrund der Verwirklichung von Straftaten ein Strafverfolgungsinteresse besteht, ist zudem die Staatsanwaltschaft als zuständige Strafverfolgungsbehörde einzuschalten.

Liegen alle Voraussetzungen einer Vergabesperre vor, so ist danach die Länge der Sperrfrist innerhalb des dafür vorgesehenen zeitlichen Rahmens des § 126 GWB festzulegen.[449] Zudem ist eine Entscheidung darüber zu treffen, ob die Vergabesperre auf verbundene Unternehmen auszuweiten ist. Sofern zu befürchten ist, dass eine Vergabesperre über gesellschaftsrechtliche Neugründungen oder faktische Einflussnahme auf die Geschäftsführung eines anderen Unternehmens „ins Leere geht", sind derartige Maßnahmen hinsichtlich verbundener Unternehmen zulässig. Sie dienen der Vermeidung der Umgehung von Vergabesperren.

Auf der anderen Seite ist auch die Beschränkung einer Vergabesperre auf bestimmte Unternehmensteile möglich. Ebenso kann ausnahmsweise auf die Verhängung einer Vergabesperre verzichtet werden, wenn dies aus zwingenden Gründen des öffentlichen Interesses, z.B. gravierendes öffentliches Versorgungsrisiko, geboten ist.[450]

Schließlich sind die oben skizzierten Maßnahmen im Rahmen des Lieferantenmanagements, einschließlich etwaiger Vertragskündigungen, zu initiieren. Das Monitoring der Maßnahmen erfolgt üblicherweise über eine **Sperrliste**.

Als weitergehende Steuerungsmaßnahme bietet sich darüber hinaus die frühzeitige Beobachtung auffällig gewordener Lieferanten an. Geschäftspartner, die bereits des Öfteren in ein Sperrverfahren verwickelt waren, können über eine **Watchlist** einem Monitoring unterzogen werden. Hier steht nicht die Vergabesperre in Rede, sondern ein engmaschige, kontinuierliche Überprüfung der Lieferantenbeziehung. Die Validierung der Watchlist hat in regelmäßigen Abständen zu erfolgen, damit dieses Instrument insgesamt als verhältnismäßig angesehen werden kann.

Nach Ablauf der Sperrfrist, oder bei einer umfassenden Selbstreinigung innerhalb dieser Frist, ist die Wiederzulassung des gesperrten Unternehmens einzuleiten.

---

447 Vgl. hierzu oben die Ausführungen zur Kündigung aus wichtigem Grund A. IV. 3. b).

448 Vgl. dazu D II 2.

449 Die angemessene Festlegung der Sperrfrist ist letztlich Ausdruck des Grundsatzes der Verhältnismäßigkeit, vgl. dazu *Stolz*, in: Ziekow/Völlink, Vergaberecht, 5. Aufl. 2024, § 126 GWG, Rn. 1.

450 So ausdrücklich § 123 Abs. 5 GWB.

Praxistipp: Umgang mit Vergabesperren

▶ *Als Vergabestelle sollte man das Thema „Vergabesperre“ ganzheitlich denken. Der vergaberechtliche Teil umfasst nur die Prüfung der §§ 123 ff. GWB. Darüber hinaus sind die Verträge mit gesperrten Lieferanten zu kündigen – „Vertragssperre“. Zudem sollte das Lieferantenmanagement ein zentrales Monitoring beinhalten.Auftragnehmer, die von einer Vergabesperre betroffen sind, sollten prüfen, ob ein Ausschluss berechtigt ist. Rechtsschutz bietet hier nicht das vergaberechtliche Nachprüfungsverfahren, sondern das allgemeine zivilrechtliche Instrument der einstweiligen Verfügung.*

VII. Vergaberecht und neue gesetzgeberische Aktivitäten

Das Vergaberecht steht seit längerem auf dem Prüfstand politischer und gesetzgeberischer Reformüberlegungen. Die Ampelkoalition hatte hierzu kurz vor ihrer Auflösung mit dem Vergaberechtstransformationsgesetz einen Gesetzentwurf eingebracht. Die neue Bundesregierung greift das Thema in ihrem Koalitionsvertrag ebenfalls auf. Und schließlich gibt es auch auf EU-Ebene Reformbestrebungen.

Klar ist, dass es sich bei der Thematik um ein politisch geprägtes „moving target“ handelt. Klar ist auch, dass Reformen erforderlich sind und wo konkreter Reformbedarf besteht.

Im Kern soll das Vergaberecht insgesamt vereinfacht und entbürokratisiert werden. Öffentliche Beschaffung soll einfacher, schneller, flexibler und digitaler werden. Und in Deutschland geht es darum, dem 500-Milliarden-Infrastrukturpaket der neuen Bundesregierung legislativen „Wumms“ zu verschaffen. Im Einzelnen:

1. Entwurf des Vergaberechtstransformationsgesetzes

Im September 2024 leitete das Bundesministerium für Wirtschaft und Klimaschutz (BMWK) mit dem Vergaberechtstransformationsgesetz eine Reform des Vergaberechts ein.[451] Am 20.12.2024 hat der Bundesrat seine Stellungnahme abgegeben.[452]

Derzeit ist das Gesetz politisch „on hold“. Die zu lösenden Probleme sind jedoch nach wie vor dieselben. Deshalb lohnt sich ein kurzer Blick auf die Reformüberlegungen:

Vergaberechtsvereinfachungen sollen insbesondere bei Nachweispflichten, dem Losgrundsatz und im Nachprüfungsverfahrens erzielt werden. Die Reform soll auch die nachhaltige Beschaffung stärken und vergaberechtliche Sicherheitsaspekte im Bereich der Infrastruktur, insbesondere Infrastruktur-Netze, rechtlich verbindlicher ausgestalten.

Das Gesetz sieht zunächst Erleichterungen bei der Eignungs- und Zuverlässigkeitsprüfung im Rahmen des § 122 GWB vor. Eignungsnachweise sollen künftig grundsätzlich durch Eigenerklärungen erfolgen. Weitere Unterlagen (Zertifikate, Bescheinigungen) sollen nur von aus-

451 Gesetzentwurf der Bundesregierung zum Vergabetransformationsgesetz – VergRTransfG., BT-Drs. 20/14344.

452 Stellungnahme des Bundesrates zum VergRTranfsG v. 20.12.2024, BR-Drs. 591/24. Hier geht es um Ergänzungen im Zusammenhang mit der Beschaffung von Leistungen der Cyber- und Informationssicherheit.

sichtsreichen Bietern verlangt werden. Insgesamt sollen diese Maßnahmen zu einer **Vereinfachung der Nachweispflichten führen**.[453]

Des Weiteren soll die **losweise Vergabe flexibilisiert** werden. Der Grundgedanke der Berücksichtigung mittelständischer Interessen durch Trennung der einzelnen Leistungen bleibt erhalten. Derzeit dürfen verschiedene Lose nur dann zusammen vergeben werden, wenn wirtschaftliche oder technische Gründe dies erfordern. Die Neufassung lässt jetzt jedoch auch zeitliche Gründe zu.[454] Damit sollen künftig insbesondere zeitkritische Großprojekte im Bereich der Infrastruktur schneller umgesetzt und Schnittstellen besser gemanagt werden.

Für **Nachprüfungsverfahren** soll eine Neuregelung eingeführt werden, die die Wirksamkeit von Verträgen betrifft. Bislang führten unzulässige Direktvergaben im Nachprüfungsverfahren zur Unwirksamkeit des Vertrages. Nunmehr ist bei derartigen Verstößen keine Unwirksamkeit des Vertrages mehr anzunehmen, wenn zwingende Gründe eines Allgemeininteresses dies rechtfertigen.[455] Gegen den Auftraggeber kann stattdessen eine Geldstrafe verhängt werden. Der Vertrag bleibt wirksam. Mit dieser Neuregelung bleibt die **Versorgungssicherheit** gewährleistet.

Die Vorschrift ist von erheblicher praktischer Relevanz. Oftmals sind derartige Fälle der Direktvergabe solche, bei denen die Vergabestelle ein Alleinstellungsmerkmal oder eine äußerste Dringlichkeit annimmt und deshalb auf ein Vergabeverfahren verzichtet. Diese Rechtsauffassung wird dann nachträglich in einem Nachprüfungsverfahren als rechtswidrig erachtet.

Das Vergaberechtstransformationsgesetz greift zwei weitere aktuelle Dinge auf: Nachhaltigkeit und Drittstaatenregelung bei kritischen Infrastrukturen.

Bislang steht die Berücksichtigung von **Nachhaltigkeitskriterien**, d.h. sozialer und umweltbezogener Aspekte, im freien Ermessen der Vergabestelle. Geplant ist, dass diese Kriterien zur Sollvorgabe werden, sei es in Ausführungsbedingungen, Eignungs- oder Zuschlagskriterien.[456]

Abschließend ist eine Neuregelung geplant, die die Möglichkeit schafft, **Bieter aus Drittstaaten** für Leistungen im Bereich der kritischen Infrastruktur – Telekommunikationsnetze, sonstige Netze – auszuschließen. Dies gilt für Unternehmen, mit denen die EU kein wechselseitiges Beschaffungsabkommen hat, z.B. China. Erfasst sind Aufträge im Zusammenhang mit kritischen Dienstleistungen des BSI-Gesetzes/ KRITIS-VO, sowie Verteidigungs- und sicherheitsspezifische Leistungen. Der Ausschluss erfordert einen sachlichen Grund. Diese auch als **„Lex Huawei"** bezeichnete Vorschrift wurde politisch oftmals verlangt, um den Sicherheitsinteressen Deutschlands Rechnung zu tragen.[457]

453 Gesetzestechnisch wäre § 122 GWB anzupassen, § 122 Abs. 3 S. 2 und Abs. 4 S. 3 GWB n.F.
454 Gesetzestechnisch wäre § 97 Abs. 4 GWB anzupassen, § 97 Abs. 4 GWB n.F.
455 Gesetzestechnisch wäre § 135 Abs. 4 GWB anzupassen, § 135 Abs. 4 GWB n.F.
456 Gesetzestechnisch wäre hierzu ein neuer § einzufügen, § 120a GWB n.F.
457 Gesetzestechnisch wären die Vergabegrundsätze in diesem Punkt anzupassen. Ursprünglich war geplant, hierzu einen eigenen § zu formulieren, § 112a GWB n.F.

2. Koalitionsvertrag und Vergabebeschleunigungsgesetz

Der am 05.05.2025 unterzeichnete **Koalitionsvertrag 2025** der jetzigen Bundesregierung gibt weitere Impulse im Hinblick auf vergaberechtlichen Handlungsbedarf. Ein wesentlicher Aspekt ist dabei die Verknüpfung des neuen Infrastrukturpaketes mit dem Vergaberecht.

Zunächst bleibt das Ziel der **Vereinfachung des Vergaberechts** klar im Blick. Bieter sollen ihre Eignung möglichst bürokratiearm, digital und mittelstandsfreundlich nachweisen können. Hierfür kommen geprüfte Systeme oder Eigenerklärungen in Betracht.[458]

Auch die **Erhöhung der Schwellenwerte** soll Vereinfachungen schaffen. Im nationalen Vergaberecht soll die Wertgrenze für Direktaufträge bei Liefer- und Dienstleistungen auf 50.000 Euro und für Direktvergaben an Startups mit innovativen Leistungen in den ersten vier Jahren auf 100.000 Euro erhöht werden. Im EU-Vergaberecht wird ebenfalls eine Anhebung der Schwellenwerte angestrebt.[459]

Mit Blick auf die **„Lex Huawei"** formuliert der Koalitionsvertrag unter der Rubrik „Digitales": *„Bei dem Aufbau dieser (digitalen) Strukturen prüfen wir, ob europäische Anbieter bereits entsprechende Lösungsmodelle entwickelt haben. Nicht vertrauenswürdige Anbieter schließen wir künftig rechtssicher aus."*[460] Das Thema bleibt damit im Blickpunkt.

Vereinfacht werden soll ferner die **bundeseigene Beschaffung**. Neben der Einführung eines strategische Beschaffungsmanagements und einer verbesserten, zentralen Steuerung der IT-Beschaffung soll die bestehende Bestellplattform des Bundes, das Kaufhaus des Bundes, gestärkt werden. Auch hier hat man das Gestaltungsinstrument des Rahmenvertrages entdeckt. Behörden sollen künftig auf Rahmenverträge andere Dienststellen zugreifen können.[461]

Geplant sind des Weiteren **sektorale Befreiungsmöglichkeiten vom Vergaberecht**, insbesondere bei Fragen der nationalen Sicherheit, d.h. bei der Bundeswehr.[462]

Zudem greift auch die neue Bundesregierung das **vergaberechtliche Nachprüfungsverfahren** auf. In der zweiten Instanz vor dem jeweiligen OLG soll hier die aufschiebende Wirkung des Rechtsmittels entfallen.[463] Damit könnte trotz eines laufenden Gerichtsverfahrens der Zuschlag erteilt werden.[464]

Beim Kernthema **„Infrastrukturpaket"** geht es ist schließlich um Folgendes: Am 18.03.2025 hatte der Bundestag mit Zweidrittelmehrheit ein „Sondervermögen Infrastruktur Bund/Län-

---

458 Tz. 2075 des Koalitionsvertrages.

459 Tz. 2068 des Koalitionsvertrages.

460 Tz. 2163 des Koalitionsvertrages.

461 Zum Ganzen Tz. 2075 des Koalitionsvertrages.

462 Tz. 2058 des Koalitionsvertrages. Beabsichtigt ist hier ein „Planungs- und Beschaffungsbeschleunigungsgesetz" sowie ein „Bundeswehrinfrastrukturbeschleunigungsgesetz" für die Bundeswehr, um Vergabeverfahren zu verkürzen. Ein Gesetzesentwurf der Bundesregierung zu erstgenanntem Gesetz wurde am 23.07.25 eingebracht.

463 Tz. 2085 des Koalitionsvertrages.

464 Juristisch müsste hierzu § 173 Abs. 1 S. 1 GWB aufgehoben werden, der die aufschiebende Wirkung der sofortigen Beschwerde normiert. Fragwürdig, wenn das OLG später zu dem Ergebnis gelangt, dass der Zuschlag an den falschen Bieter erteilt wurde. Die Zuschlagserteilung kann der Auftraggeber auch bislang bereits in einem Zwischenschritt beantragen.

der/Kommunen" mit einem Volumen von 500 Mrd. Euro beschlossen.[465] Dieses Finanzierungspaket für Infrastrukturmaßnahmen hat eine Laufzeit von zwölf Jahren. Hiervon gehen 100 Mrd. Euro direkt an die Länder und Kommunen, weitere 100 Mrd. Euro sind für den Klimaschutz vorgesehen und sollen in den Klima- und Transformationsfonds (KTF) fließen.[466] Rein rechnerisch verbleiben damit 300 Mrd. Euro, also 25 Mrd. Euro p.a., für den Bund. Dieser hat bislang ein Einkaufsvolumen von ca. 50 Mrd. Euro jährlich, sodass sich das Volumen insgesamt um 50% erhöht.

Hinsichtlich der konkreten Umsetzung des Infrastrukturpaketes wurden im Koalitionsvertrag diese **Leitplanken** formuliert: Zunächst sollen die Möglichkeiten zur Beschleunigung von Planung und Genehmigung sowie Beschaffung und Vergabe ausgeschöpft werden. Zudem werden Projekte aus dem Sondervermögen Infrastruktur mit einem „überragenden öffentlichen Interesse" ausgestattet. Ihre Vergabe und Abwicklung erfolgt priorisiert. Für die weitere Beschleunigung von Vorhaben sollen Sonderregeln gelten, so wie dies z.T. auch beim Ausbau erneuerbarer Energien gehandhabt wird.[467]

Perspektivisch können auch große Infrastrukturvorhaben außerhalb des Sondervermögens mit einem überragenden öffentlichen Interesse ausgestattet werden.[468] Die legislative Umsetzung dieser Maßnahmen soll durch ein „Infrastruktur-Zukunftsgesetz" erfolgen.[469]

Mit der legislativen Umsetzung der allgemeinen vergaberechtlichen Maßnahmen hat die Koalition mittlerweile begonnen. Am 06.08.2025 hat die Bundesregierung den Gesetzesentwurf für ein **Vergabebeschleunigungsgesetz** eingebracht. Er enthält zentrale Elemente aus dem Koalitionsvertrag sowie dem Entwurf des Vergaberechtstransformationsgesetzes: Flexibilisierung der losweisen Vergabe, Drittstaatenregelung/„Lex Huawei", stärkere Berücksichtigung von Nachhaltigkeitskriterien, Vereinfachung der Nachweispflichten, Modifikationen im Rechtsschutz. Es bleibt abzuwarten, ob dieses Gesetz die Zielgerade erreicht.

3. Initiative auf europäischer Ebene

Handlungsbedarf für eine Novellierung des EU-Vergaberechts sieht schließlich auch die Europäische Union. Am 13.12.2024 hat die EU-Kommission eine öffentliche Konsultation zur Überarbeitung der Vergaberichtlinien eingeleitet. Bis zum 07.03.2025 bestand die Möglichkeit für betroffene Stakeholder, ihre Einschätzung einzubringen. Die eigentliche Novellierung ist für 2026 geplant.

465 Zeitgleich erfolgte eine **Reform der Schuldenbremse**. Danach sind insbesondere Kreditaufnahmen für Verteidigungsausgaben und Zivilschutz sowie Auslandshilfen für völkerrechtswidrig angegriffene Staaten von der Schuldenbremse ausgenommen. Dieses Finanzierungspaket wird mit einem Volumen von weiteren 500 Mrd. Euro taxiert.

466 Gesetzestechnisch wird das Sondervermögen Infrastruktur durch Schaffung eines neuen Art. 143 h GG ins Grundgesetz aufgenommen.

467 Vgl. zum Ganzem Tz. 1929 ff. des Koalitionsvertrages.

468 Tz. 1940 des Koalitionsvertrages.

469 Tz. 1935 des Koalitionsvertrages.

Konkret geht es um die Richtlinien über die Konzessionsvergabe[470], die öffentliche Auftragsvergabe[471] und Vergaben im Bereich Wasser-, Energie- und Verkehrsversorgung sowie Postdienste.[472]

Die **EU-Kommission** selbst hat folgende **Zielrichtungen** genannt: Zunächst soll die Vergabe öffentlicher Aufträge modernisiert, effektiver und vereinfacht werden. Des Weiteren ist eine Steigerung des Wettbewerbsniveaus im Binnenmarkt beabsichtigt. Kleine und mittlere Unternehmen (KMU) sollen sich stärker an Vergabeverfahren beteiligen. Innovationen müssen gefördert werden, u.a. durch die vermehrte Berücksichtigung von Start-ups. Zudem sollen umweltfreundliche und soziale Aspekte stärker berücksichtigt werden. Und schließlich soll es bei der Auftragsvergabe in bestimmten strategischen Sektoren künftig möglich sein, europäischen Produkten den Vorzug zu geben.[473]

Hinsichtlich der **Vereinfachung** von EU-Vergabeverfahren wird zunächst eine **Erhöhung der Schwellenwerte** diskutiert. Die Logik dahinter: Eine Vielzahl kleinvolumiger Vergabeverfahren bedeutet einen erhöhten administrativen Aufwand. Dies gilt sowohl für die Vergabestelle als auch für die beteiligten Bieter. Ein Positionspapier kommunaler Spitzenverbände und des Verbandes kommunaler Unternehmen schlägt für öffentliche Bauvergaben eine Erhöhung des Schwellenwertes von derzeit 5,538 Mio. Euro auf 10 Mio. Euro vor. Für Liefer- und Dienstleistungen soll der Schwellenwert von derzeit 221.000 Euro auf „mindestens" 750.000 Euro angehoben werden. Bei Bauleistungen wird ergänzend darauf hingewiesen, dass dies auch dem steigenden Investitionsbedarf in die öffentliche Infrastruktur Rechnung trägt.[474]

Neben einer Anpassung der Schwellenwerte wird auch empfohlen, das Instrument **„wettbewerblicher Dialog"** auszuweiten. Derzeit kann dieses Vergabeverfahren nur durchgeführt werden, wenn es gesetzlich zugelassen ist.[475] Vorhaben, die keine Standardleistungen, sondern einen hohen individuellen Planungsanteil beinhalten, könnten hiermit einfacher vergeben werden.[476]

In diesem Zusammenhang wird darauf hingewiesen, dass beim Wettbewerbsniveau neben KMU und Start-ups auch „Mikrounternehmen" zu berücksichtigen seien. Damit sind Selbstständige und Handwerksbetriebe gemeint, die steuerlich nicht in der Form von Kapital- oder Personengesellschaften agieren, sondern oftmals als Einzelunternehmen. Eine Erhöhung der Schwellenwerte verbunden mit dem Bekenntnis zur Vergabe in Teil- und Fachlosen soll hier den Wettbewerb fördern und diesen Unternehmen Chancengleichheit gewähren.[477]

470 Richtlinie 2014/23/EU.

471 Richtlinie 2014/24/EU.

472 Richtlinie 2014/25/EU.

473 Vgl. zum Ganzen die Pressemittelung der Europäischen Kommission vom 13.12.2024: „Ihre Meinung ist gefragt: Wie funktionieren die Vorgaben zur Vergabe öffentlicher Aufträge in Europa?"

474 Positionspapier „Zur Reform des Vergaberechts" der kommunalen Spitzenverbände aus Deutschland und Österreich, März 2025, S. 5.

475 Vgl. § 119 Abs. 2. S. 2 GWB.

476 Vgl. dazu die Stellungnahme der Bundesarchitektenkammer BAK vom 24.02.2025, S.1.

477 Stellungnahme der Bundesarchitektenkammer, a.a.O., S. 2.

In der Diskussion sind auch **weitere sektorale Befreiungsmöglichkeiten**. So könnten z.B. Vorhaben zur Erfüllung der staatlichen Daseinsvorsorge, wie Feuerwehr, Kindergarten, Schule etc. von der europaweiten Ausschreibungspflicht ausgenommen werden.[478]

Neben sektoralen Befreiungen hat die EU-Kommission selbst den Schutz „strategischer Sektoren" aufgenommen. In sicherheitsrelevanten Bereichen sowie kritischen Infrastrukturen ist damit auch auf europäischer Ebene ein Ausschluss von Bietern aus Drittstaaten in der Diskussion. Das Thema ist auch bei den bereits dargestellten Reformbestrebungen auf der Agenda und als **„Lex Huawei"** bekannt.

Die Berücksichtigung von **Nachhaltigkeitskriterien** in Vergabeverfahren erscheint unstreitig. Inhaltlich geht es hier um die Frage, ob sie als Kann-, Soll- oder Musskriterien einzubeziehen sind. Die kommunalen Spitzenverbände plädieren hier für weitgehenden Entscheidungsspielraum der Vergabestelle.[479]

Damit sind auch mit der EU-Initiative weitgehend diejenigen Themen umrissen, die zuvor beim nationalen Vergaberecht dargestellt wurden: Entbürokratisierung, Vereinfachung, Wettbewerbsfreundlichkeit, sektorale Ausnahmen einschließlich Schutz kritischer Sektoren sowie Nachhaltigkeit.

VIII. Zusammenfassung

Der Staat ist ein wesentlicher Wirtschaftsfaktor und bedeutsamer Nachfrager in der Deutschland AG. Dies gilt insbesondere bei Investitionen in die Infrastruktur. Um fairen Wettbewerb sicherzustellen, unterliegt der Einkauf in diesem Markt eigenen Regeln, dem Vergaberecht.

Drei Auftraggeber-Typen sowie sechs Vergabeverfahren, eingebettet in spezifische Vergabegrundsätze, bilden den rechtlichen Rahmen für diesen Wirtschaftszweig. Unterhalb der EU-Schwellenwerte gelten Besonderheiten.

Der vergaberechtliche Rahmen ist nicht starr, er eröffnet vielfältige Gestaltungsmöglichkeiten. Wettbewerblicher Dialog, Innovationspartnerschaften und Konzessionsvergaben bieten der öffentlichen Hand zunehmende Flexibilität.

Erweitert man den Blick auf die Wechselwirkungen zwischen Vergabe- und Vertragsrecht, so kommen weitere Gestaltungsinstrumente in Betracht. So sind beispielsweise Rahmenverträge, Optionen und Volumenverträge zivilrechtliche Konstrukte, die Verfahrensökonomie und kommerzielle Hebel in Vergabeverfahren bieten.[480]

Traditionell wurde Vergaberecht als Teil des Haushaltsrechts betrachtet. Es war lediglich „Innenrecht" des Staates. Dies führte dazu, dass Unternehmen bei Vergabeverstößen keine spezifischen einklagbaren Rechte hatten. Danach hat sich der Wettbewerbsgedanke im Vergaberecht etabliert. Bieter haben spezifische Rechtsschutzmöglichkeiten, um Wettbewerb auch juristisch durchzusetzen.

478 Positionspapier der kommunalen Spitzenverbände, a.a.O., S. 3.
479 Positionspapier der kommunalen Spitzenverbände, a.a.O., S. 7.
480 Zu den Gestaltungsmöglichkeiten vgl. oben B. IV. 2.

Nationale Gesetzgebung und die EU beabsichtigen perspektivisch eine Reform des Vergaberechts. Und auch der aktuelle **Koalitionsvertrag 2025** geht mit seinen neuen Impulsen zum Vergaberecht in diese Richtung. Vergaberecht soll einfacher, schneller und digitaler werden. Das Sondervermögen Infrastruktur liefert hier für ein wesentliches Marktsegment den Finanzierungsrahmen.

Mehr Geld im System allein ist aber nicht ausreichend, um die Wettbewerbsfähigkeit des Standortes Deutschland zu verbessern. Die Neuerungen im Vergaberecht müssen auch angewendet werden und zu einem höheren Beschaffungsvolumen führen. Anderenfalls wird aus dem Investitions-Turbo ein Schulden-Turbo.

C. Einkauf und Governance

I. Governance – der Ordnungsrahmen der Beschaffung

Wirtschaft ist ein dynamisches System, das stark durch Volatilität geprägt ist. Börsen messen diese Volatilität für ihre Prognostik. Der Gradmesser in Unternehmen sind vor allem Kennzahlen in den Bereichen Einkauf und Vertrieb. Unternehmen, die Waren günstig einkaufen und ihre eigenen Produkte gut am Markt verkaufen, sind die Blue Chips.

Gleichzeitig geht der Trend dorthin, neue Gesetze, Richtlinien und Standards zu normieren, die Stabilität schaffen sollen. Stabilität als Ausgleich für Volatilität. Dieser rechtliche Ordnungsrahmen wird allgemein mit **„Governance"** umschrieben. Er umfasst zunehmend den Einkauf als einen der wesentlichen Erfolgsindikatoren in Unternehmen. In einigen Industriezweigen hat das Beschaffungsvolumen mittlerweile mehr als 60% des Umsatzes des jeweiligen Unternehmens erreicht.

Im Idealbild bietet Governance somit die Balance zwischen unternehmerischem Handeln einerseits und Gesetzesbefolgung sowie Abwehr von Risiken andererseits.

Governance im Einkauf erfasst insbesondere die Bereiche **Compliance** und **Risikomanagement**.[481] Mit diesem Rahmen wird zunächst die effektive und effiziente Erfüllung verbindlicher Regeln und Vorgaben sichergestellt. Des Weiteren soll ein strukturierter Prozess im Umgang mit Risiken gewährleistet sein.

Damit soll Governance vor allem Vertrauen, Transparenz und Sicherheit in der Einkaufsorganisation generieren. Ihr Anspruch ist weit mehr als die Pflichtaufgabe, gesetzliche Vorgaben und interne Regeln zu erfüllen. Ziel ist es stattdessen, unternehmerische Risiken systematisch zu erkennen und steuern. Governance im Einkauf sichert damit operative Tätigkeiten ab und hilft, strategische Potentiale zu heben. Insofern optimiert sie den Einkaufsprozess, gibt den Mitarbeitenden Sicherheit bei der Beschaffung, unterstützt die Einhaltung der Regeln und trägt so zur Risikominimierung bei.

Anders gewendet: Die Ausblendung oder Verlagerung von Risiken trägt nicht dazu bei, die Wertschöpfung im Bereich der Beschaffung zu erhöhen. Dies gilt ebenso für die Ausblendung gesetzlicher Vorgaben. Stattdessen ist ein risikobasierter Ansatz zielführend. Die schwerwiegendsten und wahrscheinlichsten Risiken sind zu identifizieren und priorisieren. Üblicherweise sind dies Wirtschaftskriminalität im weitesten Sinne und Beschaffungsrisiken entlang der Supply Chain. Diese Risiken werden vertieft darstellt.

In jüngster Zeit ist zudem ein starker Trend zur Regulatorik zu verzeichnen, der zunehmend weite Bereiche erfasst. Hinzu kommt der „Game Changer" künstliche Intelligenz, der neue Standards erfordert.

Kurzum: Die Governance der Zukunft ist vor allem auch regulatorisch und datengetrieben.

---

481 So bereits *Goll/Haupt*, Corporate Governance, Risk- and Compliance Management in der Beschaffung, in: BME, Best Practice in Einkauf und Logistik, S. 149 f., 161; *Goll/Haupt* nennen dies „GRC-Management" – Corporate Governance, Risiko und Compliance Management.

Die nachfolgenden Kapitel beleuchten diese Themenkomplexe. Dabei werden zunächst die „klassischen" Governance-Bereiche Compliance und Risikomanagement dargestellt. Den Themen „neue Regulatorik" und „künstliche Intelligenz" wird jeweils ein eigenes Kapitel gewidmet, da die Rechtsfragen hier über den traditionellen Governance-Rahmen hinausgehen und auch starke **vergaberechtliche Implikationen** aufweisen.

II. Compliance

1. Compliance – Regeleinhaltung als Unternehmenswert

Compliance bedeutet die Einhaltung von Regeln innerhalb des eben genannten Ordnungsrahmens.[482] Dabei umfasst Regelkonformität sowohl die Einhaltung geltender Gesetze als auch unternehmensinterner Vorgaben und Standards.

Skandale in der Wirtschaft haben die Geschäftswelt zunehmend für Compliance Themen sensibilisiert.[483] Damit sind die Anforderungen an Unternehmen, sich auf allen Ebenen „compliant" zu verhalten, in den letzten Jahren erheblich gestiegen. Alle Stakeholder, von Kunden und Lieferanten über Banken bis hin zu Behörden, erwarten Regelkonformität entlang der gesamten Wertschöpfungskette. Damit schafft Compliance bereits für sich gesehen zusätzliche Werte im Unternehmen.

Nahezu die Hälfte aller strafbaren Handlungen in der Wirtschaft entfällt auf Vorgänge im Einkaufsbereich. Die Bandbreite der Wirtschaftskriminalität reicht dort von der Annahme von Geschenken bis hin zu illegalen Preisabsprachen.

Compliance im Einkauf zielt insoweit ab auf stabile Geschäftsverhältnisse mit integren Lieferanten. Dabei ist das Thema „Wirtschaftskriminalität" umfassend zu betrachten. Verstöße werden idealerweise bereits im Vorfeld erkannt und verhindert. Compliance ist insoweit nicht reaktiv, sondern präventiv ausgerichtet. Der Fokus liegt auf der Prävention von Wirtschaftskriminalität.

Compliance hat zudem **Wechselwirkungen zum Vergaberecht**. Unternehmen, die eindeutige Compliance-Guidelines aufweisen, erhöhen bei öffentlichen Vergabeverfahren die Chance auf den Zuschlag. Denn öffentliche Auftraggeber fordern grundsätzlich die Einhaltung von Compliance-Vorgaben. Damit bietet eine ordnungsgemäße Compliance zugleich einen Wettbewerbsvorteil im Vergaberecht. Auch dies ist ein wertbildender Faktor.

Nähert man sich dem Thema juristisch – und nicht mit dem Blickwinkel eines Unternehmensberaters – so wird man hier **drei wesentliche Themenkomplexe** abschichten können: Geschäftsverhältnisse beruhen auf vertraglichen Grundlagen. Im Bereich der Compliance stehen hier Regeln im Vordergrund, die wirtschaftskonformes Verhalten absichern. Gemeint sind spezifische **Compliance-Vorgaben**, die es einzuhalten gilt. Allgemeine vertragliche Anforderungen – vom Vertragsschluss über Leistungsstörungen bis hin zur Vertragsabwick-

482 Zu dieser Definition, s. IDW PS 980 Tz. 13a.

483 Im Bereich der Wirtschaft wurde der Begriff „Compliance" zunächst in den 80er Jahren in den USA geprägt – und zwar im Bereich der Finanzwirtschaft. Er umfasste damals Konzepte, mit denen z.B. Insiderhandel und Geldwäsche verhindert werden sollten.

lung – wurden bereits vorher dargestellt. Besondere regulatorische Anforderungen werden nachfolgend in einem separaten Kapitel behandelt.

Zweitens geht es um die Thematik, wie Verstöße gegen Compliance-Vorgaben zu sanktionieren sind. Bei **Compliance-Sanktionen** ist der Blick sowohl nach außen in Richtung Geschäftspartner als auch nach innen in die Einkaufsorganisation zu richten.

Der dritte Punkt betrifft die Umsetzung und das Monitoring der Regeln. Dieses **Compliance-Management** funktioniert nur durch lückenlose Umsetzung in den Geschäftsprozessen. Hier kommen üblicherweise Compliance Management Systeme (CMS) ins Spiel, die mit den Einkaufsprozessen verzahnt werden.[484]

2. Compliance-Vorgaben

Bei der Formulierung von Compliance-Vorgaben für den Einkauf steht die Lieferantenbeziehung im Vordergrund. Geschäftspartnerbezogene Sorgfaltspflichten werden üblicherweise in einem Code of Conduct sowie Integritätsklauseln formuliert.

a) Code of Conduct (CoC)

Die Grundlagen einer integren Unternehmensführung bestimmt der **Code of Conduct**. Er ist ein Verhaltenskodex zwischen Geschäftspartnern, der Anforderungen und Prinzipien der Zusammenarbeit beschreibt. Insoweit spiegelt ein Code of Conduct den Anspruch eines Unternehmens an seine Geschäftspartner wider. Er definiert Standards und Erwartungen an die Geschäftsbeziehung und wird deshalb auch oft als „Business Partner Code of Conduct" bezeichnet.

Ihren Ursprung haben Code of Conducts im sogenannten **„UN Global Compact"**. Dieser beschreibt einen weltweiten „Pakt" zwischen der UN und Unternehmen, um Wirtschaft sozialer und ökologischer zu gestalten. Am 31.01.1999 wurde der Pakt vom damaligen UN-Generalsekretär Kofi Annan ins Leben gerufen.[485] Bis 2018 verpflichteten sich über 10.000 Unternehmen zu dessen Einhaltung.[486]

Der Global Compact umfasst zehn Prinzipien, die im Wesentlichen Folgendes beinhalten: Einhaltung der Menschenrechte, Ausschluss von Zwangs- und Kinderarbeit, Sicherung der Rechte von Beschäftigten und Verbot der beruflichen Diskriminierung, Förderung von Umweltbewusstsein, Vermeidung von Umweltgefährdungen und Verbreitung umweltfreundlicher Technologien. Nachträglich aufgenommen wurde die Korruptionsbekämpfung.

Mit heutigem Blickwinkel setzen diese Prinzipien ihren Schwerpunkt auf Sozialstandards und Nachhaltigkeit. Sie haben einen starken Vorgriff auf ESG-Kriterien (Environmental, Social, Governance) sowie das Lieferkettensorgfaltspflichtengesetz (LkSG).

„Neue" Code of Conducts haben diese Werte aufgenommen und um weitere aktuelle Themen wie Mindestlohn, Förderung von Vielfalt/ Diversity, Gesundheitsschutz am Arbeitsplatz, Vertraulichkeit und Datenschutz ergänzt. Um die Wirksamkeit zu erhöhen, enthalten sie zudem die Möglichkeit, Verstöße gegen den Verhaltenskodex zu melden. Hinweisgeber werden vor

484 Zu Compliance Management Systemen, s. IDW PS 980, Tz. 13b.
485 Anlass war das damalige Weltwirtschaftsforum in Davos.
486 Der DB-Konzern hat seinen Code of Conduct mit Vorstandsbeschluss vom 10.07.2012 eingeführt.

Repressalien geschützt. Das LkSG sowie Hinweisgeberschutz werden später noch eingehend beleuchtet.[487]

Speziell für den Einkauf existiert das Muster eines Verhaltenskodex auf Verbandsebene – der **Code of Conduct des BME**.[488] Der Bundesverband Materialwirtschaft, Einkauf und Logistik ist mit rund 10.000 Mitgliedern einer der größten Einkaufsverbände in Europa. Sein Code of Conduct beinhaltet einen internationalen und branchenübergreifenden Standard.

Inhaltlich referenziert auch die BME-Verhaltensrichtlinie auf den United Nations Global Compact. Er erweitert dessen zehn Grundsätze unter anderem um Regelungen zu Geldwäsche, Lobbyismus, Produktsicherheit, Exportkontrolle und der Wahrung von Geschäftsgeheimnissen. Verstöße können auch hier auf der Grundlage eines Hinweisgeber-Systems gemeldet werden.

In Praxi haben Geschäftspartner oftmals ein **Wahlrecht**, einen Code of Conduct ihres Vertragspartners, den eines Verbandes, beispielsweise des BME, oder einen anderen, gleichwertigen Code of Conduct zu akzeptieren. Hintergrund für dieses Wahlrecht ist die vergleichbare Basis der Regelwerke, der UN Global Compact.

Die Akzeptanz eines Code of Conduct ist vertraglich zu vereinbaren.[489] Für die **vertragliche Einbeziehung** gilt: Sofern ein Einkaufsvertrag individuell verhandelt wird, kann hier jede Form eines Code of Conduct integriert werden.

In Allgemeinen Geschäftsbedingungen hingegen kann das vorbezeichnete Wahlrecht in dieser Form nicht abgebildet werden. Bereits faktisch ist die Ausübung des Wahlrechts („Ankreuzen") in AGB nicht möglich. Rechtlich liegt zudem ein Verstoß gegen das Bestimmtheitsgebot des § 307 Abs. 1 S. 2 BGB vor. Danach müssen die tatbestandlichen Voraussetzungen und Rechtsfolgen von AGB so genau beschrieben werden, dass für den Verwender keine ungerechtfertigten Beurteilungsspielräume entstehen können.[490] Die Ausübung von Wahlrechten ist damit nicht AGB-konform.

Praxistipp: Vereinbarung eines Code of Conduct

Die Vereinbarung „eines" Code of Conduct kann individualvertraglich und auch in AGB ohne weiteres erfolgen. Viele Unternehmen wollen ihren Geschäftspartnern jedoch die Auswahl mehrerer gleichwertiger CoC zur Verfügung stellen. Damit soll das Spektrum bei Vertragsverhandlungen erweitert werden. Soweit eine Auswahl zwischen mehreren gleichwertigen Verhaltenskodizes erfolgen soll, ist dies standardisiert über Allgemeine Geschäftsbedingungen nicht möglich.

Hier eröffnet das Lieferantenmanagement eine Lösung. Auswahl und Akzeptanz des CoC ist dann IT-technisch im Rahmen der jeweiligen Lieferantenqualifizierung zu hinterlegen und danach vertraglich abzubilden.

487 S. unten die Ausführungen zur Regulatorik D. II. und D. III.
488 Stand dieses CoC ist der 07.12.2023.
489 Auch der „Beitritt" zu einem Verbands-CoC ist letztlich eine Form vertraglicher Bindung.
490 Vgl. zum Bestimmtheitsgebot in AGB: BGH NJW-RR 2016, S. 842.

b) Integritätsklausel

In einer Integritätsklausel verpflichtet sich der Geschäftspartner, im Zusammenhang mit der Erbringung der vertraglich vereinbarten Leistung keine gesetzeswidrigen oder unlauteren Verhaltensweisen anzuwenden. Ferner erklärt er, dass er dies auch von seinen Zulieferern In der Supply Chain verlangt.

Wirtschaftskonformes Verhalten konzentriert sich dabei im Wesentlichen auf folgende Bereiche:

Besonderes Augenmerk liegt auf der **Vermeidung von Korruption und Kartellabsprachen**. Ferner sind Straftaten erfasst, die im Geschäftsverkehr begangen werden. Zu derartigen **Wirtschaftsstraftaten** zählen insbesondere Vermögensdelikte, die den Geschäftspartner schädigen, z.B. Betrug, Untreue, Unterschlagung oder Urkundenfälschung. Die unzulässige Verwertung von Geschäfts- und Betriebsgeheimnissen, Geldwäsche sowie Verstöße gegen Sanktionsmaßnahmen und Embargo- oder Außenwirtschaftsvorschriften sind ein weiterer Bestandteil von Integritätsklauseln.

Verstöße gegen Integritätsklauseln sind üblicherweise mit einer **Vertragsstrafe** pönalisiert. Zeitlich erfasst sind Verstöße vom vorvertraglichen Bereich bis hin zu Verfehlungen nach Vertragsschluss.

Neben der Geltendmachung von Vertragsstrafen besteht das Recht, Verträge mit dem Auftragnehmer fristlos zu kündigen und weitergehenden Schadensersatz geltend zu machen.[491] Bei öffentlichen Auftraggebern kommt zudem das Verhängen der bereits dargestellten **Vergabesperre** in Betracht.[492]

Weitere Details werden unten im Abschnitt „Compliance-Sanktionen" behandelt.

c) Sonstige Compliance-Vorgaben

Integritätsklausel und Code of Conduct postulieren wirtschaftskonformes Verhalten in verallgemeinerter Form. So gesehen ist dies der **„Allgemeine Teil"** der Compliance-Vorgaben. Beide Regelwerke zeigen zudem ein gewisses Maß an Redundanz. Damit stellt sich die Frage der **Abgrenzung zwischen Code of Conduct und Integritätsklausel**.

Integritätsklauseln haben ihren Ursprung und ihren Fokus in der Vermeidung von Korruption und Kartellabsprachen. Sie werden zum Teil auch als „Antikorruptionsklauseln" bezeichnet, die wettbewerbsgerechtes, faires Verhalten bei der Beschaffung und insbesondere bei öffentlichen Ausschreibungen sicherstellen sollen.

Demgegenüber ist ein Code of Conduct weiter gefasst. Er fokussiert auf nachhaltige, soziale und ökologische Verantwortung zwischen Geschäftspartnern. Zudem postuliert er eine werteorientierte Unternehmensführung und beinhaltet auch allgemeine Verhaltensregeln und Commitments der Geschäftsleitung. Insoweit hat ein Code of Conduct auch eine Blickrichtung nach innen.

491 Schwerwiegende Gesetzesverstöße des Vertragspartners stellen einen außerordentlichen Kündigungsgrund dar.

492 Vgl. hierzu auch die Ausführungen oben zur Vergabesperre, B VI.

Darüber hinaus existieren besondere Compliance-Vorgaben, die in den beiden Regelwerken ebenfalls Erwähnung finden. Diese sonstigen Vorgaben betreffen, wie oben dargelegt, z.B. die Einhaltung von Umwelt- und Menschenrechten, Sozialstandards und arbeitsrechtlichen Vorgaben, den Schutz personenbezogener Daten oder Embargovorschriften. Insoweit kann dies als der **„Besondere Teil"** der Compliance-Vorgaben qualifiziert werden.

Die Anforderungen sind folgerichtig Bestandteil anderer Normengefüge – Arbeitsrecht, Datenschutzrecht oder Außenwirtschaftsrecht. Darüber hinaus existieren im Steuerrecht und im Bereich der Finanzwirtschaft spezifische Anforderungen an Regelkonformität. Diese unterschiedlichen Arten von Compliance werden mittlerweile auch sprachlich separat erfasst als ESG-Compliance, HR-Compliance, IT-, bzw. Data-Compliance und schließlich Tax- und Financial-Compliance.

Zunehmend werden diese spezifischen Compliance-Vorgaben auch in eigens geschaffenen regulatorischen Gesetzen normiert. Das Lieferkettensorgfaltspflichtengesetz (LkSG) ist ein Musterbeispiel hierfür. Die Einhaltung von Menschenrechten und Umweltvorgaben wird in ein eigenes Gesetzeswerk gegossen. Ihm folgt das Hinweisgeberschutzgesetz (HinSchG). Whistleblowing enthält einen eigenen gesetzlichen Rahmen, nachdem es zuvor allenfalls in konzerninternen Regelwerken abgebildet war.

Dogmatisch sind all diese regulatorischen Normengefüge dem Bereich Governance als rechtlicher Ordnungsrahmen zuzuordnen. Sie werden später im Abschnitt „Regulatorik" detailliert inhaltlich dargestellt.[493] An dieser Stelle ist es jedoch wichtig, den inneren Zusammenhang zwischen „klassischer" Compliance und „neuer" Regulatorik im weit gefassten Bereich der Governance aufzuzeigen.

3. Compliance-Sanktionen

Richtet man den Blick auf **Compliance-Sanktionen**, so lassen sich mehrere Arten von Sanktionen herausarbeiten. Diese haben unterschiedliche Tragweiten.

a) „Weiche" Sanktionen

„Weiche" Sanktionen zielen darauf ab, das allgemeine partnerschaftliche Zusammenwirken der Geschäftspartner abzusichern. Dies ist üblicherweise in einem Code of Conduct geregelt.

Ein **Code of Conduct**, also „Verhaltenskodex", ist bereits begrifflich eine Aufzählung von Verhaltensweisen. Im Unterschied zu einer „Regelung" zielt er nicht zwingend auf deren Einhaltung ab. Er ist vielmehr auch eine Selbstverpflichtung für nachhaltiges und verantwortungsvolles Wirtschaften – nach innen und außen. Unter Berücksichtigung dessen fokussiert ein Code of Conduct nicht primär auf „harte" Rechtsfolgen, wie sie ansonsten zwischen Geschäftspartnern möglich wären.

Die partnerschaftliche Zusammenarbeit soll abgesichert werden durch Maßnahmen des **Monitoring**, die die Zusammenarbeit evaluieren. In diesem Zusammenhang sind auch **Audits** beim Geschäftspartner möglich. Dieser hat seinerseits in seinem eigenen Geschäftsbereich **Schulungen** durchzuführen, die die Einhaltung des Code of Conduct sicherstellen sollen.

493 S. unten D.

Werden Verstöße aufgedeckt, so ist dem Vertragspartner die Gelegenheit zu **Abhilfemaßnahmen** einzuräumen.

Schließlich besteht die Möglichkeit, Verstöße gegen einen Code of Conduct zu melden. Soweit entsprechende **Hinweise** substantiiert ist, kommen Sanktionen in Betracht.

Da ein Code of Conduct auch nach innen gerichtet ist, sind im eigenen Geschäftsbereich zudem organisatorische Vorkehrungen zu treffen, damit die eigenen Mitarbeitenden selbst den Code of Conduct einhalten.

Die zuvor dargestellten Compliance-Sanktionen sind in dieser Form auch im Muster-Code of Conduct des Einkaufsverbands „Bundesverband Materialwirtschaft, Einkauf und Logistik" (BME) hinterlegt.[494]

b) „Harte" Sanktionen

Schwerwiegende Compliance-Verstöße, insbesondere die Verwirklichung von Straftaten, sollen nicht ohne **„harte" Sanktionen** bleiben. Derartige Verstöße werden flankierend im Code of Conduct und primär in Integritätsklauseln erfasst.

Ein **Code of Conduct** sieht bei schweren Verstößen die außerordentliche Kündigung eines Vertrages vor, da dann ein Festhalten am Vertrag nicht mehr zumutbar ist. Ebenso kommt die Geltendmachung von Schadensersatzansprüchen in Betracht. Dies können sowohl vertragliche als auch deliktische Schadensansprüche sein.[495]

Eine **Integritätsklausel** ist nach dem Prinzip Tatbestand – Rechtsfolge aufgebaut. Deshalb sind Verstöße auch „härter" sanktioniert als bei einem Code of Conduct.

Integritätsklauseln enthalten üblicherweise einen Katalog „schwerer Verfehlungen", der schwerpunktmäßig eine Vielzahl von Wirtschaftsstraftaten umfasst. Die Verwirklichung derartiger Straftaten zieht – wie oben bereits skizziert[496] – als Rechtsfolge Vertragsstrafen, außerordentliche Kündigungen sowie Schadensersatzansprüche nach sich. Bei öffentlichen Auftraggebern besteht zudem die Möglichkeit, eine Vergabesperre gegen den Auftragnehmer zu verhängen.[497]

Die **Vertragsstrafe** ist die in der Praxis am häufigsten genutzte Compliance-Sanktion in Integritätsklauseln.

Üblicherweise sind derartige Strafen gestaffelt. Die Staffelung richtet sich danach, auf welcher Hierarchiestufe der Geschäftspartner einen Verstoß begangen hat. Auf Geschäftsführungs- bzw. Vorstandsebene fällt die maximale Vertragsstrafe an, während bei Mitarbeitenden geringere Strafen zugrunde gelegt werden.

---

494 Vgl. beim Code of Conduct des BME dessen Ziffer V.

495 Bei deliktischen Schadensersatzansprüchen kommt ein Anspruch aus § 823 Abs. 2 BGB in Verbindung mit einem Schutzgesetz in Betracht.

496 S. oben C. II. 2. b).

497 S. oben B. VI.

Bei der Höhe von Vertragsstrafen ist Folgendes zu beachten:

Vertragsstrafen werden üblicherweise vereinbart, um die bestehende vertragliche Hauptverbindlichkeit abzusichern und damit eine Druckfunktion auszuüben.[498] Vertragsstrafen in Integritätsklauseln sollen demgegenüber Gesetzesverstöße sanktionieren. Ihnen liegt keine Hauptverbindlichkeit zugrunde.[499]

Die Zulässigkeit derartiger Strafen richtet sich nach § 315 BGB – Bestimmung der Leistung durch eine Partei.[500] Die Höhe der Vertragsstrafe ist hier nach billigem Ermessen festzusetzen. Sie muss in einem angemessenen Verhältnis zum Gewicht des Verstoßes und zu dessen Folgen für den Vertragspartner stehen.

Zudem gilt: Soweit Verstöße bereits durch öffentliche Strafe oder Bußgeld sanktioniert sind, sind darüber hinausgehende Vertragsstrafen restriktiv anzuwenden. Ansonsten würden angemessene öffentlich-rechtliche Sanktionen mit den Mitteln des Privatrechts verschärft und es stellt sich das Problem der „Doppelbestrafung".

Vertragsstrafen in Integritätsklauseln pönalisieren schwerwiegende Wirtschaftsstraftaten. Allein die Höhe der Bußgelder bei Kartellabsprachen macht deutlich, dass es sich hierbei um Taten von erheblichem Gewicht handelt. Zudem zielen derartige Vertragsstrafen darauf ab, den Vertragspartner möglichst früh mit einer Strafe abzuschrecken, damit es gar nicht erst zu schweren Verfehlungen kommt.[501] Vertragsstrafen in Bagatellhöhe sind damit nicht geeignet, den Zweck derartiger Sanktionen durchzusetzen.

Praxistipp: Vertragsstrafe als Compliance-Sanktion

▶ *Vertragsstrafen sollten als Compliance-Sanktion gestaffelt erfolgen. Eine Strafe bis maximal 10% des Nettoauftragswertes kann als zulässig angesehen werden. Eine Staffelung differenziert zudem die Schwere der Verfehlung. Fehlverhalten auf Ebene der Geschäftsleitung sind schwerer zu ahnden als auf Mitarbeitenden-Ebene.*

c) Unternehmensinterne Compliance-Sanktionen

Die zuvor dargestellten Compliance Sanktionen zielen primär auf die jeweiligen Geschäftspartner ab. Da werteorientierte Unternehmensführung auch nach innen wirkt, ist dieser Blickwinkel ebenfalls zu betrachten. Regelkonformes Verhalten betrifft alle am Beschaffungsprozess Beteiligten: Kunden, Lieferanten und auch die Mitarbeitenden im eigenen Unternehmen.[502]

Im Innenverhältnis werden Mitarbeitende insoweit verpflichtet, Geschenke und Einladungen von Lieferanten nur restriktiv anzunehmen.[503] Soweit diese geeignet sind, die Geschäftsbe-

498 Diese sogenannten „unselbständigen Vertragsstrafenversprechen" sind nach den §§ 339 ff. BGB zu bewerten.
499 Hierbei handelt es sich um sogenannte „selbständige Vertragsstrafenversprechen", § 315 BGB.
500 *Grüneberg*, in: Grüneberg, BGB-Kurzkommentar, 84. Aufl. 2025, § 315 BGB, Rn. 9.
501 Vgl. zum gesamten Themenkomplex der Vertragsstrafen bereits BGH, NJW 1988, S. 2356.
502 So auch der BME-Code of Conduct bereits in seiner Präambel – Ziffer I.
503 Die Einhaltung dieser Compliance-Vorgaben zum „dining and wining" wird üblicherweise über niedrigschwellige monetäre Wertgrenzen sichergestellt.

ziehung zu beeinflussen oder die professionelle Arbeit des Einkäufers zu beeinflussen, sind derartige „Incentives“ unzulässig. Ferner sind Interessenskonflikte zwischen privater und beruflicher Sphäre zu vermeiden.

Korruption und Wirtschaftskriminalität setzen oftmals kollusives Zusammenwirken zwischen Lieferanten und Mitarbeitenden im Einkauf voraus. Es bedarf hier keiner weiteren Erörterungen, dass derartiges Verhalten die „rote Linie“ überschreitet, da es strafbar ist.

Unternehmensintern sollten Compliance-Sanktionen ebenfalls in einem Spektrum zwischen „weich“ und „hart“ etabliert werden. Zunächst sind organisatorische und prozessuale Vorkehrungen zu treffen, damit Mitarbeitende im eigenen Geschäftsbereich sich „compliant“ verhalten. Derartige Maßnahmen dienen der Prävention. Sie können z.B. durch Monitoring, Plausibilitätsprüfungen, Vier-Augen-Prinzip oder Schulungen erfolgen.

Bei kleineren Compliance-Verstößen kommen künftige Präventiv- oder Kontrollmaßnahmen in Betracht. Soweit möglich, wird den Betroffenen Gelegenheit zur Abhilfe gegeben. Gravierendere Verstöße können mit der Geltendmachung von Regressansprüchen sanktioniert werden. Zudem sind arbeitsrechtliche Maßnahmen nicht auszuschließen. Ultima Ratio ist die Einschaltung der Strafverfolgungsbehörden.

Interne Compliance-Sanktionen werden üblicherweise über ein eigenes Gremium gesteuert.[504] Dieses Vorgehen gewährleistet einen einheitlichen, transparenten Umgang mit Compliance-Fällen. Liegen dokumentierte Anhaltspunkte für einen schwerwiegenden Verstoß vor, der über bloße Behauptungen hinausgeht, können Sachverhaltsaufklärungen zu deren Aufdeckung angestoßen werden. Sofern die internen Ermittlungen eine Erkenntnislage liefern, nach der ein Verstoß gegeben ist, werden die vorbezeichneten Sanktionen ausgesprochen. Die Umsetzung obliegt dem jeweils zuständigen Unternehmensbereich.

4. Compliance-Management

Compliance-Management umfasst die Gesamtheit der Maßnahmen, um unternehmerische Regelkonformität sicherzustellen. Ein Compliance Management System (CMS) bildet die Klammerfunktion hinsichtlich der Umsetzung und Einhaltung der oben genannten Compliance-Regelungen.

Allgemeine Grundlagen eines effektiven Compliance Managements ergeben sich aus der **ISO-Norm ISO 37301** aus dem Jahr 2021.[505] Deren Elemente sind: Tone from the top, d.h. Unterstützung und klares Commitment durch die Unternehmensleitung, Transparenz über die eigene Organisationsstruktur, klare Zuweisung von Rollen und Zuständigkeiten für Compliance, Etablierung einer Compliance-Kultur sowie Implementierung von Compliance-Richtlinien und -Programmen.[506]

Wie ist Compliance Management im Einkauf nun konkret umzusetzen?

504 Dies gilt insbesondere in Matrixorganisationen, in denen Compliance nicht über eine zentrale Compliance-Abteilung gesteuert wird.

505 Die ISO 37301 ist zertifizierbar, d.h. mit der Zertifizierung durch eine akkreditierte Stelle können Unternehmen dokumentieren, dass sie ein entsprechendes CMS aufweisen.

506 Der Aufbau der ISO 37301 entspricht der in den ISO-Direktiven geregelten Struktur für zertifizierbare Managementsysteme.

Der Code of Conduct enthält, wie oben dargelegt[507], **allgemeine Elemente**, um rechtsverbindliches Handeln abzusichern. Da er auf „gute Unternehmensführung" abzielt, ist er geeignet, diese allgemeinen Unternehmenspflichten durchzusetzen. Erfasst sind hier auch die „ESG-Vorgaben" – Environmental, Social und Governance.

Zudem ist die Schaffung einer Compliance Struktur im Einkauf erforderlich. Sie umfasst dabei die notwendigen organisatorischen Maßnahmen, die Etablierung von Richtlinien sowie Kontrollmechanismen und die entsprechende Qualifizierung der Einkaufsmitarbeitenden in diesem Regelkreis.

Compliance-Management in der Beschaffung beinhaltet darüber hinaus weitere, **spezielle Elemente**.

Zusätzlich zu einer guten Unternehmensführung stehen vor allem integre Lieferantenbeziehungen im Mittelpunkt des Einkaufs. Entsprechende Integritätsklauseln sollen Wirtschaftskriminalität vermeiden. Im Hinblick auf Compliance-Management ist zunächst die enge Verzahnung von Compliance und **Einkaufsprozess** hilfreich:

Das Vier-Augen-Prinzip ist ein wesentlicher Faktor für Prozess-Stabilität. Bestellungen sollten immer von zwei Personen ausgelöst werden. So besteht eine zusätzliche Kontrollinstanz. Auch die Rechnungstellung und -prüfung sollte nicht von ein und derselben Person erledigt werden. Dies hilft, unlautere Zahlungsabflüsse zu vermeiden.

Personelle Wechsel in der Lieferantenbetreuung beziehungsweise im Projektgeschäft tragen ebenfalls dazu bei, kollusives Verhalten zwischen Einkäufer und Lieferant zu verhindern. Das Risiko von Bestechung und illegalen Preisabsprachen erhöht sich, wenn über Jahre hinweg ein personeller „closed shop" in einzelnen Warengruppen existiert.

Compliance im Einkaufsprozess bedeutet des Weiteren, **IT-Systeme** zu nutzen, die Transparenz schaffen. Auf diese Weise kann insbesondere **„Maverick Buying"**, d.h. Einkauf ohne den Einkauf, verhindert werden.[508] Die eigenmächtige Beschaffung von Waren und Dienstleistungen außerhalb des standardisierten Beschaffungsprozesses ist vielfach ein Prüfungsschwerpunkt in internen Revisionen, da hier oftmals auch Compliance-Regeln ignoriert werden.

Auch jenseits des Maverick Buying verbessern elektronische Beschaffungslösungen die Compliance-Standards. Sie tragen dazu bei, Prozesse, Verträge und Stammdaten zentralisiert und standardisiert zu monitoren.

Neben operativer Prozessoptimierung ist das **Lieferantenmanagement** ein weiterer Schlüssel zum Erfolg. Die systematische Steuerung der Lieferantenbeziehung bietet signifikante Einflussmöglichkeiten im Hinblick auf regelkonformes Verhalten der Geschäftspartner.

Im Rahmen der Lieferantenqualifizierung können die Vertragspartner auf Compliance-Vorgaben wie den Code of Conduct oder die Integritätsklausel verpflichtet werden. Die Einhaltung von ESG-Kriterien und LkSG-Sorgfaltspflichten kann an dieser Stelle ebenfalls gefordert werden.

Bei der Lieferantenbewertung ist auf die Einhaltung dieser Kriterien Wert zu legen.

---

507 S. oben C. II. 2. a).
508 Zum Maverick Buying vgl. *Wannenwetsch*, Erfolgreiche Verhandlungsführung in Einkauf und Logistik, 3. Aufl. 2008, S. 68.

Ein wesentlicher Hebel besteht schließlich im Rahmen der Lieferantenentwicklung. Hier existiert die Möglichkeit, Compliance-Reviews durchzuführen. Code of Conduct und Integritätsklausel sowie sonstige vertragliche Klauseln eröffnen die Möglichkeit derartiger Audits beim Lieferanten. Hiermit kann die Einhaltung von Compliance-Prinzipien kontrolliert werden. Dies schließt auch Vor-Ort-Prüfungen in Betriebsstätten ein.

Warengruppenstrategien sind ein weiteres Medium, um Compliance-Management zu etablieren und durchzusetzen. Das Management des gesamten Beschaffungsbedarfs sowie einzelner Warengruppen hat einen starken Bezugspunkt zum jeweiligen Lieferantenportfolio.

Compliance-Anforderungen lassen sich hier integrieren im „Vergabedesign" für die jeweilige Beschaffung, die konkrete Lieferantenauswahl sowie die Weiterentwicklung von Sourcing-Strategien. Dies umfasst Sorgfaltspflichten entlang der Lieferkette, Nachhaltigkeitskriterien und allgemeine Anforderungen hinsichtlich einer integren, fairen Lieferantenbeziehung.

Compliance Management hat schließlich auch **rechtliche Auswirkungen**. Hierbei geht es primär um **Haftungsfragen der Geschäftsleitung**.

Für Geschäftsführer einer GmbH konkretisiert § 43 Abs. 2 GmbHG diese Haftungsfragen. Danach haften Geschäftsführer, welche ihre Obliegenheit zur sorgfältigen Geschäftsführung verletzen. Zur Sorgfalt der Geschäftsführung gehört es, eine interne Organisationsstruktur zu schaffen, die die Rechtmäßigkeit des Handelns der Gesellschaft gewährleistet. Aus dieser Sorgfaltspflicht leitet die Rechtsprechung die Verpflichtung der Geschäftsführung zur Errichtung eines Compliance Management ab.[509]

Der Vorstand einer Aktiengesellschaft haftet nach § 91 AktG für deren Organisation. Er hat unter anderem ein Überwachungssystem einzurichten, damit den Fortbestand der Gesellschaft gefährdende Entwicklungen früh erkannt werden.[510] Gefährdende Entwicklungen sind insbesondere Verstöße gegen gesetzliche Vorschriften. Damit wird die Errichtung eines Compliance-Managements zur organisatorischen Aufgabe des Vorstandes.[511]

Alles in allem tragen diese Pflichten der Geschäftsleitung dazu bei, Compliance Management mit entsprechender „Schlagkraft" umzusetzen. Der „tone from the top" rundet den Governance-Rahmen bei Compliance ab. Ihm folgt der zweite Teil in Sachen Governance – das Risikomanagement.

III. Risikomanagement

1. Risikomanagement – weil Risiken beherrschbar sein müssen

Unternehmerische Tätigkeit ist ohne Risiko nicht möglich, weil wirtschaftliche Entwicklungen nicht exakt prognostizierbar sind.

In diesem Kontext bedeutet **Risikomanagement** die systematische Identifizierung, Evaluierung und Kontrolle von Risiken für den Geschäftsbetrieb eines Unternehmens. Diese können finanzieller, rechtlicher, strategischer oder sicherheitsrelevanter Natur sein. Der wirtschaftli-

509 Vgl. OLG Nürnberg, Urt. v. 30.03.2022 – Az. 12 U 1520/19.
510 § 91 Abs. 2 AktG.
511 Vorstandsmitglieder, die ihre Pflichten verletzen, haften hierfür nach § 93 Abs. 2 AktG.

che Mehrwert des Risikomanagements ist damit die Beherrschbarkeit existenzbedrohender Faktoren.

Juristisch hat Risikomanagement Eingang in die deutsche Unternehmenslandschaft gefunden durch das Gesetz zur Kontrolle und Transparenz im Unternehmensbereich (**KonTraG**) von 1998.[512] Danach haben Unternehmen ein Risikomanagement einzuführen und im Lagebericht hierüber zu berichten.[513] Diese Anforderung ist juristisch abgesichert über die HGB-Vorschriften für Einzel- und Konzernabschluss.[514] Der IDW Prüfungsstandard IDW PS 340 flankiert diese Anforderung.[515]

Risikomanagement im Einkauf hat zur Aufgabe, die mit der Beschaffung von Wirtschaftsgütern verbundenen Risiken zu beherrschen. Damit wird zugleich die Leistungsfähigkeit des Unternehmens als solche abgesichert.

Dem liegt folgende Veränderung des Business zugrunde: Zunehmender Wettbewerb und Innovationsdruck haben zu einem Abbau der Fertigungstiefe geführt.[516] Unternehmen fertigen nicht mehr „alles aus einer Hand", sondern versuchen „lean" zu produzieren.[517] Hiermit einher geht eine Veränderung der Wertschöpfungskette, des Lieferantenportfolios, der einzelnen Warengruppen und der Preisgestaltung. Die Anzahl der unbekannten Variablen erhöht sich und damit wird das gesamte Geschäft zugleich anfälliger für unterschiedlichste Risiken.

Die Risikofaktoren sind im Einzelnen zahlreich und vielfältig. Für eine strukturierte Aufbereitung des Themenkomplexes empfiehlt es sich, die einzelnen Risiken entlang des Einkaufsprozesses zu analysieren und sodann Instrumente des Risikomanagements zu entwickeln.

2. Beschaffungsrisiken entlang der Supply Chain

Einkauf, betrachtet als Prozess, umfasst den gesamten Ablauf der Beschaffung von der Bestellung einer Ware bzw. Dienstleistung bis zu deren Lieferung und Bezahlung. Diese **Supply Chain** wurde bei der Vertragsgestaltung bereits als Maßstab für die Erstellung von Verträgen zugrunde gelegt:

- Angebotsphase,
- Verhandlungsphase,
- Herstellungsphase und
- Auslieferungsphase.

512 Das KonTraG trat am 01.01.1998 in Kraft und war ein Meilenstein für die Corporate Governance in deutschen Unternehmen. Ihm folgte nach der **Philipp-Holzmann-Pleite** die Entwicklung des Deutschen Corporate Governance Kodex (DCGK). Die Erstveröffentlichung des DCGK erfolgte am 30.08.2002.

513 § 91 Abs 2 AktG statuiert diese Forderung für Aktiengesellschaften. Über die Rechnungslegungsvorschriften des HGB ist der Anwendungsbereich ausgeweitet worden.

514 § 289 Abs. 2 Nr. 1a) HGB für den Einzelabschluss und § 315 Abs. 2 Nr. 1 a) HGB für den Konzernabschluss.

515 Durch den IDW-Prüfungsstandard IDW PS 340 wird eine Mindestausgestaltung von Risikofrüherkennungssystemen definiert.

516 Vgl. dazu auch *Bohnstedt*, Vertragsrecht im Einkauf, 4. Aufl. 2022, S. 10.

517 In der Automobilbranche betrug der Anteil der fremdbezogenen Wertschöpfung im Jahr 1990 bei 54%. 2005 lag er bereits bei ca. 70%.

Die ersten beiden Phasen enden mit dem Vertragsschluss. Bei öffentlichen Vergaben erfolgt hier zugleich die Zuschlagserteilung. Je nach Vergabeart sind Verhandlungen oder Dialoge im Hinblick auf den Beschaffungsgegenstand möglich.[518]

In der Supply Chain schließen sich nunmehr die Herstellungs- und Auslieferungsphase an. In diesen zwei Phasen ist der Abschluss von Change Requests, d.h. Nachträgen, sowie Vertragsänderungen denkbar. Bei Beschaffungen, die in einem Vergabeverfahren durchgeführt wurden, sind Auftragsänderungen möglich, wenn sich der Gesamtcharakter des Auftrags dadurch nicht ändert.[519]

Die einzelnen Phasen entlang der Supply Chain sind potenziell mit Risikofaktoren verbunden.

In der Angebots- und Verhandlungsphase ist zunächst ein etwaiger Wegfall der Angebotsseite zu managen. Einkaufsorganisationen stehen kontinuierlich vor der Herausforderung, die Verfügbarkeit von Waren und Dienstleistungen sicherzustellen. Eine der Kernaufgaben des Einkaufs ist es somit, das **Versorgungsrisiko** abzusichern. Dies betrifft nicht nur die Verfügbarkeit kritischer Güter.

Die Corona-Pandemie hat eindrücklich gezeigt, wie fragil Lieferketten sind und wie schnell Produktionsausfälle und Lieferengpässe auch ganz „normale" Wirtschaftsgüter erfassen können.[520]

Versorgungsengpässe betreffen allerdings nicht nur die Verfügbarkeit des Produkts als solches. Der Lieferant selbst kann zahlungsunfähig und schließlich insolvent werden. Damit ist neben dem Versorgungsrisiko auch zugleich das **Lieferantenausfallrisiko** umschrieben.

Nach Vertragsschluss sind weitere Besonderheiten zu berücksichtigen:

In der Herstellungsphase werden oftmals bereits Zahlungen geleistet. Dies können sowohl Anzahlungen als auch komplette Vorauszahlungen sein. Derartige Zahlungen gilt es abzusichern. Anderenfalls werden im worst case Zahlungen für die Herstellung gekaufter Produkte geleistet, die niemals ausgeliefert werden. Das **Zahlungsrisiko** verbleibt dann auf Seiten des Einkaufs.

Soweit Vertragsänderungen oder Nachträge abgeschlossen werden, sind solche Vereinbarungen auch unter preislichen Aspekten zu betrachten. Derartige Preisänderungen sind relevant, wenn sich die Vertragsabwicklung über einen längeren Zeitraum erstreckt, z.B. weil er sich um ein Großprojekt handelt. Seit Corona und der darauf folgenden Energiekrise sind Preisanstiege sogar bis zur Auslieferung der Ware, auch bedingt durch Ressourcenknappheit, hinzugekommen. Dieses **Preisrisiko** ist zu berücksichtigen.

In der Auslieferungsphase schließlich ist entscheidend, dass das eingekaufte Produkt ohne Leistungsstörungen geliefert wird. Die Auslieferung hat innerhalb des Liefertermins und frei von Mängeln zu erfolgen. Damit sind auch vertragsrechtliche Fragen im Hinblick auf Verzug

518 Zu den einzelnen Vergabeverfahren s. bereits oben B. III.

519 Im EU-Vergaberecht sind Auftragsänderungen nach § 132 Abs. 3 GWB möglich, sofern die Änderung nicht mehr als 10% bzw. 15% bei Bauaufträgen im Hinblick auf den ursprünglichen Auftragswert beträgt. Unterhalb der EU-Schwellenwerte gilt eine Grenze von 20%, § 47 Abs. 2 UVgO.

520 S. oben A. IV. 1. g).

und Gewährleistung angesprochen.[521] Unter Risikoaspekten betrifft dies die Themen **Lieferterminrisiko** und **Qualitätsrisiko**.

Praxistipp: Risikofaktoren in der Supply Chain

Zusammenfassend lassen sich im Rahmen des Beschaffungsprozesses verschiedene Risikofaktoren entlang der Supply Chain identifizieren. Im Einzelnen sind dies:

- *Versorgungsrisiko*
- *Lieferantenausfallrisiko*
- *Zahlungsrisiko*
- *Preisrisiko*
- *Lieferterminrisiko*
- *Qualitätsrisiko*

Einkaufsorganisationen sollten hierfür ein entsprechendes Risikomanagement etablieren.

3. Instrumente des Risikomanagements

Für jeden der eben genannten sechs Risikofaktoren existieren jeweils besondere Möglichkeiten, dieses Risiko zu managen. Diese beinhalten neben allgemeinen Einkaufsmethoden auch spezifische juristische Gestaltungen. Um eine bestmögliche Effektivität zu erzielen, sollten die einzelnen Instrumente miteinander verbunden werden.

a) Lieferantenmanagement

Lieferantenmanagement ist ein wesentlicher Aspekt des Risikomanagements in der Beschaffung. Es umfasst die Gestaltung, Lenkung und Entwicklung der Lieferantenbeziehungen eines Unternehmens. Dabei handelt es sich um einen kontinuierlichen Prozess, der die Lieferfähigkeit und Performance der Vertragspartner durch Lieferantenqualifizierung, -bewertung und -entwicklung einem Monitoring unterzieht.

Bereits das **Versorgungsrisiko** wird primär über Lieferantenmanagement abgedeckt. Die Absicherung des Erstbedarfs und der Aufbau eines Lieferantenpools für eine Warengruppe erfolgen zunächst über die Lieferantenqualifizierung. Hierbei werden potenzielle Lieferanten auf ihre Fähigkeit hin geprüft, die Anforderungen eines Unternehmens zu erfüllen und konsistente Produkte und Dienstleistungen bereitzustellen.

Die Identifikation von Lieferanten geschieht zunehmend mittels IT-Unterstützung. Durch Einbeziehung und Analyse externer Datenquellen können schnell und gezielt Lieferanten ermittelt werden, die dem Anforderungsprofil der jeweiligen Warengruppe entsprechen.

Das Versorgungsrisiko ist zudem eng mit der Lieferkette verknüpft. Die Verbesserung der Transparenz und Durchleuchtung der Zulieferer in der Lieferkette von Tier 1 (Vertragspartner) bis Tier n (Vielzahl der Sublieferanten) erfolgt ebenfalls IT-basiert.

521 Allgemein zu Leistungsstörungen s. bereits oben A. IV. 1.

Bestandteil des Lieferantenmanagements ist auch die Identifikation alternativer Bezugsquellen. Der Aufbau potenzieller Ersatzlieferanten trägt dazu bei, auf Lieferengpässe kurzfristig reagieren zu können. Dieses Multiple Sourcing, d.h. die Zusammenarbeit mit mehreren Lieferanten, schafft insgesamt größere Flexibilität und reduziert neben dem Versorgungsrisiko zudem das **Lieferantenausfallrisiko**.

Versorgungssicherheit und ein stabiler Lieferantenpool tragen auch dazu bei, das **Preisrisiko** abzufedern. Sofern der Einkauf über mehrere Bezugsquellen verfügt, Produkte und Lieferanten notfalls auch substituieren kann, werden Abhängigkeiten reduziert. Diversifizierung trägt dazu bei, etwaige Preisschwankungen besser auszugleichen. Flankierend hierzu kommen Preisgleitklauseln in Betracht, die im Rahmen des Vertragsmanagements noch ausführlich dargestellt werden.

Im Hinblick auf das Lieferantenausfallrisiko bieten zudem Wirtschaftsauskunfteien einen Mehrwert. Unternehmen wie Euler Hermes/ Allianz Trade[522], Creditreform oder Dun & Bradstreet[523] verfügen über eine Vielzahl von Lieferantendaten. Diese liefern neben der produktbezogenen Eignung des Suppliers auch Kennziffern hinsichtlich der Unternehmensstruktur des Lieferanten.

Eine beliebte Gestaltung ist es beispielsweise, auf Lieferantenseite eigene Vertriebsgesellschaften zu etablieren, über die dann der Verkauf läuft. Damit haftet im Falle eines Schadens nicht das kapitalstarke Mutterunternehmen, sondern eine kleine Vertriebs-GmbH, die oftmals nur das Mindeststammkapital von 25.000 Euro aufweist.[524] Das Ausfallrisiko des Lieferanten durch eine Insolvenz erhöht sich hierdurch signifikant.

In großen Beschaffungsprojekten werden zudem oftmals eigene Gesellschaften gegründet, deren Zweck nur die Abwicklung dieses Projektes ist. Derartige Special Purpose Companies (SPC) unterliegen einem ähnlichen Ausfallrisiko, wie die zuvor geschilderten Vertriebsgesellschaften.[525] Denn Ziel dieser Zweckgesellschaft ist es, etwaige aus der Beschaffung resultierende Haftungsrisiken vom Mutterunternehmen des Lieferanten fernzuhalten.

Ein gut strukturiertes Lieferantenmanagement ist in der Lage, derartige Lieferantenausfallrisiken mit entsprechender IT-Unterstützung zu identifizieren. Im Abschnitt „Insolvenzprävention" wird dieses Thema später vertieft.

Das **Lieferterminrisiko** und das **Qualitätsrisiko** sind von Relevanz, wenn es um die ordnungsgemäße Erfüllung des Einkaufsvertrages geht. Hier kommt eine entsprechende „Erfüllungsüberwachung" bzw. ein „Erfüllungsmonitoring" durch den Einkauf in Betracht. Im Grunde geht es dabei um die einkäuferische Überprüfung der Einhaltung der vereinbarten Vertragsinhalte. Zum einen ist die fristgerechte Lieferung einem Monitoring zu unterziehen. Zum anderen ist die ordnungsgemäße Qualität der Leistung zu überprüfen. Beides kann beispielsweise im Rahmen der Wareneingangsprüfung erfolgen.

522 Euler Hermes ist Tochtergesellschaft der Allianz SE. Seit 2022 agiert Euler Hermes unter dem Markennamen Allianz Trade.

523 Die Zuordnung der unternehmensbezogenen Informationen erfolgt bei D&B über die sogenannte D-U-N-S-Nummer.

524 Zum Mindeststammkapital von 25.000 Euro s. § 5 Abs. 1 GmbHG.

525 Terminologisch werden derartige Zweckgesellschaften auch als Special Purpose Vehicle (SPV) oder Special Purpose Entity (SPE) bezeichnet.

Schließlich lassen sich mit den zuvor genannten Instrumenten turnusmäßige Auswertungen durchführen. Dies betrifft sowohl die Versorgungssicherheit, die Bonität von Lieferanten, als auch etwaige Leistungsstörungen – von Verzug bis Schlechtleistung. Im Rahmen des Lieferantenmanagements bieten sich hierfür Lieferantenbewertungen für die jeweilige Leistung und deren anschließende Auswertung an. Die Ergebnisse der Auswertungen können in die Lieferantenentwicklung einbezogen werden. „Lessons Learned" via Lieferantenmanagement.

Die zuvor genannten Themen sind stark datengetrieben. Datenanalyse und Datenmanagement ergänzen insoweit das „klassische" Lieferantenmanagement. Hierzu bieten sich perspektivisch moderne IT-Produkte in Form von KI-Lösungen an. Weitere Details hierzu werden im Kapitel „KI im Einkauf" und dort beim Lieferantenmanagement dargestellt.[526]

b) Bürgschaftsmanagement

Im weiteren Verlauf der Supply Chain sind Vorauszahlung und sonstige Zahlungen ein Risikofaktor für den Auftraggeber.

Der Business-Blick auf das Thema ist folgender:

Während der gesamten Herstellungsphase geht der Lieferant oftmals vollständig in die Vorfinanzierung. Bei Großprojekten oder entsprechend teuren Wirtschaftsgütern sind hier erhebliche Beträge vorzufinanzieren, die den Cashflow des Lieferanten beeinflussen. Aus diesem Grund fordert er oftmals Anzahlungen. Damit derartige Zahlungen nicht ungesichert erfolgen, sollte der Lieferant Sicherheiten erbringen. Derartige Sicherheiten sollten stets gefordert werden, unabhängig vom Worst Case Szenario der Lieferanteninsolvenz.

Das **Zahlungsrisiko**, d.h. Zahlungen für Leistungen, die später nicht erbracht werden, lässt sich durch ein entsprechendes **Bürgschaftsmanagement** weitestgehend ausschließen.

Zum besseren Verständnis wird vorab das Sicherungsinstrument **„Bürgschaft"** skizziert.

Bürgschaften sind ein anerkanntes Instrument im Bereich des Risikomanagements. Sie sind ein einseitig verpflichtender Vertrag nach §§ 765 ff. BGB, mit dem der Bürge für die Verbindlichkeiten des Lieferanten einsteht. Der Einkauf sichert sich hiermit entsprechend ab. Sicherungsgeber sind üblicherweise Banken und sonstige Kreditinstitute, die hierfür Avalprovisionen erheben.

Vertraglich entsteht hierdurch ein Drei-Parteien-Verhältnis.[527] Neben dem eigentlichen Beschaffungsvertrag schließt der Einkauf noch einen weiteren Vertrag mit dem Bürgen ab. Hieraus verpflichtet sich der Bürge, für die Verbindlichkeiten des Lieferanten einzustehen.[528] Es entsteht also nur eine Verpflichtung für den Bürgen, nicht für den Einkauf. Wird der Bürge aus der Bürgschaft in Anspruch genommen, hat er einen Ersatzanspruch gegenüber dem Liefe-

526 Vgl. E. IV.
527 Auftraggeber und Lieferant sind „Gläubiger" und „Hauptschuldner". Hinzu kommt der „Bürge" als weiterer Schuldner des Auftraggebers.
528 Vgl. § 765 Abs. 1 BGB.

ranten.[529] Bürgschaftsverträge sollten aus Gründen der Beweissicherung schriftlich abgeschlossen werden, auch wenn dies unter Kaufleuten formal nicht erforderlich ist.[530]

Es existieren drei verschiedene Formen von Bürgschaften, die für den Einkauf relevant sind, Anzahlungs-, Erfüllungs- und Gewährleistungsbürgschaften. Für alle drei Bürgschaftstypen gelten bestimmte Grundregeln, deshalb werden sie vorab „vor die Klammer" gezogen:

Der Abschluss eines Bürgschaftsvertrages hat primär zwei Konsequenzen für den Einkäufer. Der Bürge haftet, wenn der Lieferant seinen Verbindlichkeiten nicht nachkommt. Gleichzeitig hat der Bürge alle Rechte des Lieferanten aus dem Beschaffungsvertrag, für den er bürgt. Ihm stehen insoweit alle Einreden aus dem Beschaffungsvertrag zu.[531]

Diese Konsequenzen bedeuten, dass die Inanspruchnahme des Bürgen aus der Bürgschaft nur eingeschränkt erfolgen kann. Deshalb bieten sich Vertragsgestaltungen an, die die Bürgschaft insgesamt zu einem „schärferen Schwert" machen. Die Vertragsfreiheit lässt dies prinzipiell zu und führt hier dazu, das Risikomanagement effektiver zu gestalten.

Sofern das „Ziehen" einer Bürgschaft erst dann möglich ist, wenn der Lieferanten selbst seinen Verpflichtungen nicht nachkommt, ist der Zugriff auf den Bürgen erst in zweiter Linie möglich.[532] Deshalb ist es empfehlenswert, eine sogenannte **selbstschuldnerische Bürgschaft** zu verwenden.[533]

Hiermit muss der Einkäufer nicht im Voraus gerichtliche Maßnahmen bis hin zur Zwangsvollstreckung gegen den Lieferanten ergreifen.[534] Er kann sich gleich direkt an den Bürgen wenden.[535] Kurz gefasst: Sobald der Lieferant seinen Verpflichtungen nicht nachkommt, ist der Bürge in der Pflicht. Er wird „selbst Schuldner". Bei Handelsgeschäften ist dies bereits kraft Gesetzes vorgegeben.[536] Gleichwohl empfiehlt es sich auch hier, dies aus Gründen der Klarstellung in einer schriftlichen Bürgschaftsurkunde festzuhalten.

Wenn dem Bürgen zudem alle Einreden aus dem Beschaffungsvertrag zustehen, verhindert auch dies den direkten Zugriff auf ihn. Deshalb empfehlen sich Bürgschaftsgestaltungen, bei denen der Bürge z.T. auf diese Widerspruchsmöglichkeiten verzichtet.

Ein vollumfänglicher Verzicht auf Einreden ist juristisch nicht durchsetzbar. Insbesondere in formularmäßigen Bürgschaftsmustern, die als allgemeine Geschäftsbedingungen zu werten sind, ist dies unzulässig. Insoweit ist z.B. der umfassende Verzicht auf Mängeleinreden und Verjährungseinreden aus dem Beschaffungsvertrag nicht möglich.[537]

Zulässig ist aber der **Verzicht auf die Einreden der Anfechtbarkeit und der Aufrechenbarkeit**. Dies kann auch in formularmäßigen Bürgschaften erfolgen.[538] Der Bürge kann dann

529 § 774 BGB.
530 § 766 S. 1 BGB regelt allgemein das Schriftformerfordernis. § 350 HGB macht hiervon bei Handelsgeschäften eine Ausnahme.
531 Vgl. § 768 BGB.
532 Diese sogenannte Ausfallbürgschaft ist als der Normalfall im BGB festgelegt.
533 § 773 Abs. 1 Nr. 1 BGB.
534 Sogenannte „Einrede der Vorausklage", § 771 BGB.
535 Ein erfolgloser Vollstreckungsversuch, wie § 771 S. 1 BGB es fordert, ist dann entbehrlich.
536 § 349 HGB.
537 Zum Ganzen *Grüneberg*, in: Grüneberg, BGB-Kurzkommentar, 84. Aufl. 2025, § 768 BGB, Rn. 6-8.
538 § 770 BGB. Zur Zulässigkeit in formularmäßigen Bürgschaftsmustern, d.h. in AGBs, vgl. *Grüneberg*, in: Grüneberg, BGB-Kurzkommentar, 84. Aufl. 2025, § 307 BGB, Rn. 79.

nicht vorbringen, dass der Lieferant den Beschaffungsvertrag anfechten kann. Ebenso wenig kann er sich darauf berufen, dass der Lieferant mit einer eigenen Forderung aufrechnen kann.[539]

Praxistipp: Inhalt von Bürgschaften

▶ *Bürgschaften sollten als selbstschuldnerische Bürgschaft formuliert werden, die zugleich den Verzicht auf die Einreden der Anfechtbarkeit und Aufrechenbarkeit beinhalten.*

Eine noch weitergehende Gestaltung ist die **Bürgschaft auf erstes Anfordern**. Bei dieser Form der Bürgschaft muss der Bürge sofort zahlen, sobald der Gläubiger ihn in Anspruch nimmt. Dieser muss nur eine formell ordnungsgemäße Bürgschaftsurkunde auf erstes Anfordern vorlegen.[540] Ob die Inanspruchnahme des Bürgen materiell berechtigt ist, ist unerheblich. Der Bürge muss zunächst zahlen. Bei unberechtigter Zahlung kann er die Zahlung in einem späteren Rückforderungsprozess wieder zurückverlangen.[541]

Die Bürgschaft auf erstes Anfordern ist für den Einkäufer besonders charmant – und für den Bürgen besonders riskant. Er hat kaum Möglichkeiten sich gegen eine Inanspruchnahme zu wenden. Die Rechtsprechung setzt ihr deshalb enge Grenzen. Dies gilt insbesondere für formularmäßige Bürgschaften, die einer AGB-Kontrolle unterliegen.

Sie sind nur zulässig, wenn es sich bei den Bürgen um Banken oder Kreditinstitute handelt, zu deren Geschäftsbereich derartige Instrumente gehören. Darüber hinaus wird der Sicherungszweck stark eingeschränkt. Die Absicherung unzureichender und mangelhafter Vertragserfüllung wird als unangemessene Benachteiligung und damit AGB-widrig angesehen.[542] Denn der Bürge hat keine Chance, seine ordnungsgemäße Leistung darzulegen, wenn er auf erstes Anfordern in Anspruch genommen wird.[543]

Wann ist die „perfekte" Bürgschaft auf erstes Anfordern nun im Einkauf einsetzbar?

Als Anwendungsfall einer Bürgschaft auf erstes Anfordern bleibt die Absicherung von Zahlungen – und damit die Anzahlungsbürgschaft. Damit wird mit dieser Bürgschaftsform das wesentliche kommerzielles Risiko des Zahlungsausfalls optimal abgesichert. Abgesichert werden können insbesondere Anzahlungen, Vorauszahlungen und Abschlagszahlungen.

Damit schließt sich der Kreis zum **Zahlungsrisiko**, d.h. das Risiko für Zahlungen auf Leistungen, die der Lieferant später nicht erbringt. Dieses Risiko wird mit der **Anzahlungsbürgschaft auf erstes Anfordern** abgesichert.

539 Es geht dabei nicht um eigene Anfechtungs- und Aufrechnungsmöglichkeiten des Bürgen. Solange der Lieferant diese hat, steht dem Bürgen aber grundsätzlich eine Einrede zu, so § 770 BGB.

540 Üblicherweise wird eine Bürgschaft auf erstes Anfordern zugleich selbstschuldnerisch und unter Verzicht auf die Einreden der Anfechtbarkeit und Aufrechenbarkeit vereinbart.

541 Rechtsgrundlage für den Rückforderungsprozess ist § 812 BGB – Einrede ungerechtfertigter Bereicherung.

542 Der BGH hat die Unzulässigkeit einer Bürgschaft auf erstes Anfordern erstmalig am 18.04.2002 formuliert, BGH VII ZR 192/01, insb. S. 6 u. 7 der Urteilsbegründung. Dort ging es um eine Erfüllungsbürgschaft.

543 Hierin liegt ein Verstoß gegen § 307 Abs. 2 Nr. 1 BGB.

Gesichert werden die Zahlungen, die der Einkauf in der Herstellungsphase vor vollständiger Erbringung der Leistung tätigt. Damit werden bei Scheitern der Vertragsdurchführung bereits getätigte Zahlungen vom Bürgen zurückerstattet. Die Höhe der Bürgschaft richtet sich nach der jeweils geleisteten Anzahlung. Mit Auslieferung der Ware bzw. mit Erbringung der sonstigen Leistung ist die Bürgschaftsurkunde zurückzugeben. Damit ist das Bürgschaftsverhältnis erloschen.

Bürgschaftsmanagement ist ebenfalls ein valides Risikoinstrument in der Auslieferungsphase.

Zunächst geht es darum, das **Lieferterminrisiko** abzudecken. Der Einkauf hat ein Interesse an fristgerechter Vertragserfüllung. Als Bürgschaftsform kommt hier die **Erfüllungsbürgschaft** in Betracht. Die verzögerte Leistungserbringung soll sanktioniert werden. Juristisch handelt es sich dabei insbesondere um Verzugsschäden, Vertragsstrafen oder Schadensersatz wegen Nichterfüllung. Die Erstattung derartiger Schäden kann über Erfüllungsbürgschaften geltend gemacht werden.

Die Höhe der Bürgschaftssumme muss derartige Schäden wiederspielen. Üblicherweise werden bis zu 10% des Beschaffungsvolumens des zugrunde liegenden Vertrages angesetzt.[544] Die Erfüllungsbürgschaft ist mit Erbringung der Leistung zurückzugeben. Bei Kaufverträgen ist dies die Auslieferung der Sache, bei Werkverträgen die Abnahme des Werkes.

Neben verzögerten Lieferungen können auch mangelhafte Lieferungen abgesichert werden. Damit ist das **Qualitätsrisiko** umgeschrieben. Im Rahmen der Gewährleistung kommt als Bürgschaftstypus die **Gewährleistungsbürgschaft** in Betracht. Sie sorgt dafür, dass die Kosten der Beseitigung von Mängeln innerhalb der Gewährleistungsfrist abgesichert werden.[545]

Bei der Gewährleistungsbürgschaft stellt sich ebenfalls die Frage nach der Höhe der Bürgschaftssumme. Hier sind 5 bis 10% des zugrunde liegenden Vertragsvolumens üblich. Bei Bauverträgen ist die Höhe der Sicherheit eher bei 5% festzulegen. Lediglich bei besonders schadensträchtigen Bauteilen sind Bürgschaften bis zu 10% anerkannt.[546] Gewährleistungsbürgschaften sind nach Ablauf der Gewährleistungsfrist zurückzugeben.

Als Alternative zu einer Bürgschaft kommt auch ein **Sicherheitseinbehalt** in Betracht. Dies gilt insbesondere bei Gewährleistungsbürgschaften. Wirtschaftlich wird dann der Kaufpreis bzw. Abschlagszahlungen im Vertrag um diesen Betrag reduziert. Die Höhe des Einbehalts entspricht der Höhe der Sicherheit bei einer Bürgschaft. Der als Sicherheit einbehaltene Betrag ist auf ein Sonderkonto des Auftraggebers einzuzahlen.

Im Zusammenhang mit Bürgschaften wird oftmals das Thema **„Umsatzsteuer"** diskutiert. Dieser steuerliche Aspekt funktioniert wie folgt:

Auf die Bürgschaftssumme als solche fällt keine zusätzliche Umsatzsteuer an. Die Übernahme von Bürgschaften ist umsatzsteuerbefreit.[547] Davon zu unterscheiden ist der Siche-

544 Vgl. BGH, Urt. v. 07.04.2016, VII ZR 56/15, dort S. 27.

545 *Sprau*, in: Grüneberg, BGB-Kurzkommentar, 84. Aufl. 2025, vor § 765 BGB, Rn. 13.

546 Vgl. zum Ganzen BGH, Urt. v. 22.01.2015, VII ZR 120/14, BauR 2015, S. 832. f., ebenso BGH, Urt. v. 07.04.2016, VII ZR 56/15.

547 Dies ist ausdrücklich in § 4 Nr. 8 g) UStG geregelt. § 4 UStG normiert enumerativ, welche Umsätze steuerfrei sind.

rungszweck, den die Bürgschaft absichert. So ist beispielsweise die Kaufpreiszahlung oder die Errichtung des Bauwerkes umsatzsteuerpflichtig. Der durch eine Erfüllungsbürgschaft ebenfalls abgesicherte Schadensersatz aufgrund von Vertragsstrafen oder Verzugszinsen ist demgegenüber mangels Leistungsaustausch umsatzsteuerfrei.[548]

Praxistipp: Bürgschaften und Umsatzsteuer

All diese Konstellationen können im Detail nicht in Bürgschaftsmustern abgebildet werden. Deshalb empfiehlt sich hinsichtlich der Höhe des Bürgschaftssumme die Formulierung „...bis zu einer Gesamthöhe von ... einschließlich etwaiger Umsatzsteuer“.[549] Damit ist zugleich den Anforderungen an die Festlegung eines Höchstbetrages in Bürgschaften Rechnung getragen.[550]

Besonderheiten existieren, soweit **Bürgschaften im Baubereich** abgeschlossen werden. Hier haben die Vertragspartner das Recht, die Anwendbarkeit der VOB/B in ihren Bauverträgen zu vereinbaren. Bei der öffentlichen Vergabe von Bauaufträgen unterhalb der EU-Schwellenwerte ist deren Anwendbarkeit vorgeschrieben.[551]

Wie oben im Vertragsrecht dargelegt, handelt es sich bei der VOB/B um Allgemeine Geschäftsbedingungen.[552] Die VOB/B enthält in § 17 VOB/B eine eigene Regelung für Bürgschaften. Diese sind mit folgendem Inhalt abzuschließen: Die Bürgschaft muss eine schriftliche, selbstschuldnerische und unbefristete Bürgschaft sein.[553] Ferner darf keine Bürgschaft auf erstes Anfordern vereinbart werden.[554]

Abschließend stellt sich in der Praxis die Frage nach der **Befristung von Bürgschaften**. Hintergrund sind zumeist buchhalterische Erwägungen. Befristete Bürgschaften werden automatisch nach Fristablauf ausgebucht.[555] Unbefristete Bürgschaften sind zulässig. Dies ergibt sich im Umkehrschluss aus § 777 BGB. Danach sind Bürgschaften auf Zeit nur zulässig, wenn sie ausdrücklich vereinbart werden.

c) Insolvenzmanagement

Das **Lieferantenausfallrisiko** ist eng verknüpft mit dem Insolvenzrecht und damit Bestandteil des **Insolvenzmanagements**. Innerhalb der Supply Chain ist dieses Risiko insbesondere in der Phase zwischen Vertragsschluss und Auslieferung der Ware von Relevanz.

548 So ausdrücklich Abschnitt 1.3 Umsatzsteuer-Anwendungserlass (UStAE).

549 Insoweit sollte die Höhe der zu verbürgenden (Netto)-Bürgschaftssumme mit dem Faktor 1,2 multipliziert werden.

550 Höchstbetragsbürgschaften enthalten eine Obergrenze, bis zu der der Bürge maximal haftet. Der BGH fordert dies seit dem Jahr 2002 bei betragsmäßig begrenzten Bürgschaften. Hierunter fallen insbesondere Erfüllungs- und Gewährleistungsbürgschaften, die auf bis zu 10% des Beschaffungsvolumens begrenzt sind. Davor wurden Bürgschaften oftmals durch Erweiterungsklauseln ausgeweitet. Der BGH sah hierin ein unkalkulierbares Risiko des Bürgen, vgl. BGH, WM 2002, 1836.

551 § 8a Abs. 1 VOB/A. Für öffentliche Vergaben im Unterschwellenbereich nach der VOB/A enthält § 9c VOB/A zudem Sonderregeln für Bürgschaften.

552 Vgl. A. V 2.

553 § 17 Abs. 4 S. 2 VOB/B.

554 § 17 Abs. 4. S. 3 VOB/B.

555 Bürgschaften sind grundsätzlich als „Haftungsverhältnis“ unter der Bilanz anzugeben, § 251 HGB.

Insolvenz bedeutet die „Zahlungsunfähigkeit" eines Unternehmens. In einem Insolvenzverfahren wird geprüft, ob die Zahlungsfähigkeit des Unternehmens wieder hergestellt werden kann oder ob es abzuwickeln ist. Im Falle einer Lieferanteninsolvenz hat jedes der beiden Szenarien Auswirkungen auf die bestehende Beschaffungssituation.

Zur Darstellung eines entsprechenden Insolvenzmanagements ist zunächst der **Ablauf eines Insolvenzverfahrens** kurz zu skizzieren:

Ein Insolvenzverfahren wird nur auf Antrag eröffnet. Der Antrag ist beim Insolvenzgericht zu stellen, d.h. dem Amtsgericht, in dessen Bezirk das Unternehmen seinen Geschäftssitz hat.[556] Antragsberechtigt ist das Unternehmen selbst und dessen Gläubiger.[557] Insolvenzgründe sind Zahlungsunfähigkeit[558], drohende Zahlungsunfähigkeit[559] oder Überschuldung[560].

Kommt das Insolvenzgericht zu dem Ergebnis, dass ein Insolvenzgrund und eine zur Deckung der Verfahrenskosten ausreichende Insolvenzmasse vorliegen, eröffnet es das Insolvenzverfahren und ernennt einen Insolvenzverwalter.[561] Der Eröffnungsbeschluss wird öffentlich bekannt gemacht.[562] Die Gläubiger werden aufgefordert, ihre Forderungen beim Insolvenzverwalter anzumelden.[563] Mit der Verfahrenseröffnung verliert das Unternehmen das Recht, selbständig zu agieren.[564] Das gesamte Verfahren zielt nunmehr darauf ab, eine möglichst „faire" und gleichmäßige Befriedigung aller Gläubiger zu erreichen.[565]

Der Insolvenzverwalter übernimmt das Vermögen des Schuldners.[566] Bei laufenden Verträgen entscheidet er, ob diese erfüllt werden oder nicht.[567] Aus dieser Insolvenzmasse erfolgt

556 Zum Antragserfordernis vgl. § 13 InsO, zur Zuständigkeit des Insolvenzgerichts, §§ 2 und 3 InsO.

557 Sofern das Unternehmen eine juristische Person, GmbH bzw. AG, oder GmbH & Co ist, besteht eine Antragspflicht, wenn das Unternehmen zahlungsunfähig oder überschuldet wird. Der Antrag ist spätestens drei Wochen nach Eintritt der Zahlungsunfähigkeit bzw. sechs Wochen nach Eintritt der Überschuldung zu stellen, § 15a InsO.

558 Zahlungsunfähigkeit ist der „klassische" Insolvenzgrund. Sie bedeutet, dass das Unternehmen die fälligen Zahlungspflichten nicht mehr erfüllen kann. Dies ist grundsätzlich der Fall, wenn die Zahlungen eingestellt wurden, § 17 InsO.

559 Beantragt der Schuldner selbst die Eröffnung des Insolvenzverfahrens, so ist auch die drohende Zahlungsunfähigkeit ein Eröffnungsgrund. Das bedeutet, dass die in den nächsten 24 Monaten fälligen Zahlungspflichten nicht mehr erfüllt werden können, § 18 InsO.

560 Die Überschuldung kommt als Insolvenzgrund nur bei juristischen Personen, GmbH́s und AǴs, sowie GmbH & Co KǴs in Betracht. Sie liegt vor, wenn das Vermögen die Verbindlichkeiten nicht mehr deckt und das Unternehmen in den nächsten 12 Monaten wahrscheinlich nicht zahlungsfähig wird (Fortführungsprognose), § 19 InsO.

561 § 27 InsO.

562 § 30 InsO, folgende Homepage hilft hier weiter: www.insolvenzbekanntmachungen.de.

563 § 28 InsO. Die Anmeldung zur Insolvenztabelle erfolgt nach den §§ 87, 174 Abs. 1 S.1 InsO.

564 So genanntes Verwaltungs- und Verfügungsrecht, § 80 InsO. Eine Ausnahme hiervon bildet die Eigenverwaltung nach §§ 270 ff. InsO. Hier behält das insolvente Unternehmen unter der Aufsicht eines Sachwalters und mit Zustimmung der Gläubiger seine Rechte. Ziel der Eigenverwaltung ist die Sanierung des Unternehmens. Für die Vorbereitung der Sanierung steht als Sonderfall der Eigenverwaltung das Schutzschirmverfahren zur Verfügung. Solange noch keine Zahlungsunfähigkeit eingetreten ist, bestimmt das insolvente Unternehmen hier seinen Sachwalter selbst, § 270 d InsO (bekanntester Fall: *Galeria Karstadt Kaufhof*).

565 Vgl. dazu auch § 1 InsO: Ziele des Insolvenzverfahrens.

566 § 148 InsO.

567 Dieses Wahlrecht des Insolvenzverwalters ist in § 103 InsO geregelt.

sodann die Verwertung insbesondere durch Verkauf oder Versteigerung.[568] Zuvor ist jedoch eine Bereinigung der Masse erforderlich. So sind z.B. Gegenstände, die nicht zur Insolvenzmasse gehören, im Wege der Aussonderung herauszugeben.[569]

Die Verteilung der Insolvenzmasse geschieht nach einem vorgegebenen Rangverhältnis. Zunächst erfolgt ein Abzug der Kosten des Insolvenzverfahrens.[570] Danach können Gegenstände von einzelnen Gläubigern verwertet werden, an denen diese bestimmte Rechte haben, sogenannte Absonderung.[571] Die eigentlichen Gläubiger werden sodann gemäß ihrer angemeldeten und festgestellten Forderungen mit einer Quote befriedigt.[572]

Der Ablauf eines Insolvenzverfahrens bildet die Grundlage für ein entsprechendes Insolvenzmanagement. Dieses zielt darauf ab, Gestaltungsmöglichkeiten unter den Rahmenbedingungen des streng formalisierten Insolvenzrechts zu nutzen.

Praxistipp: Zielrichtung des Insolvenzmanagements

▶ *Beim Insolvenzmanagement geht es darum, seine Rechte außerhalb des eigentlichen Insolvenzverfahrens geltend zu machen. Die Zielrichtung sind insolvenzfeste Sicherheiten außerhalb der allgemeinen, quotalen Insolvenzverteilung.*

Der Blick sollte zunächst auf eigene „Sonderrechte" wie Aussonderung und Absonderung gerichtet sein. Bestehende Eigentumsrechte sollten frühzeitig gegenüber dem Lieferanten geltend gemacht werden.

Ist der Kaufgegenstand bereits bezahlt, aber noch beim Lieferanten eingelagert ist, kann im Wege der **Aussonderung** die Herausnahme dieses Gegenstandes aus der Insolvenzmasse verlangt werden.[573] Der Insolvenzverwalter hat den Gegenstand herauszugeben.[574] Verweigert er die Herausgabe, so ist der Anspruch im Wege der einstweiligen Verfügung durchzusetzen.[575]

Sofern Eigentum in Form des bereits dargestellten Sicherungseigentums[576] besteht, gehört der Gegenstand zwar zur Insolvenzmasse. Er kann jedoch abgesondert verwertet werden und wird damit der Gläubigergesamtheit entzogen.[577] Die **Absonderung** führt zu einer vorzugsweisen Befriedigung aus der Verwertung dieses Gegenstandes.[578] Praktische Relevanz

---

568 Vgl. § 159 BGB. Im Falle einer Sanierung werden die Gläubiger aus künftigen Gewinnen befriedigt.

569 Zur Aussonderung s. § 47 InsO.

570 § 53 ff. InsO, neben Gerichtskosten und der Vergütung des Insolvenzverwalters gehören hierzu auch sogenannte Masseverbindlichkeiten, die erst durch das Insolvenzverfahren entstehen.

571 §§ 49 ff. InsO.

572 § 195 InsO.

573 Zur Aussonderung § 47 InsO.

574 Allgemeine zivilrechtliche Anspruchsgrundlage ist der Herausgabeanspruch nach § 985 BGB.

575 Wurde der aussonderungsberechtigte Gegenstand bereits unberechtigt vom Insolvenzverwalter veräußert, so zielt der Anspruch auf Herausgabe der Gegenleistung, sogenannte Ersatzaussonderung, § 48 InsO.

576 Vgl. dazu oben die Ausführungen zu Vertragsrecht und Steuerliche Besonderheiten, A. VIII.

577 Zur Absonderung §§ 49 ff. InsO, bzgl. des Sicherungseigentums gilt § 51 Nr. 1 InsO.

578 Neben Sicherungseigentum begründen u.a. auch Grundpfandrechte an Immobilien, Pfandrechte und Zurückbehaltungsrechte ein Absonderungsrecht, vgl. im Einzelnen §§ 49 – 51 InsO. Der verlängerte Eigentumsvorbehalt fällt ebenfalls unter das Absonderungsrecht. Der allgemeine Eigentumsvorbehalt begründet demgegenüber ein Aussonderungsrecht.

bekommt diese Fallkonstellation u.a., wenn Fertigungswerkzeuge oder Maschinen an Lieferanten weitergegeben werden und man sich das Sicherungseigentum hieran vorbehält.

In einem weiteren Schritt ist die Abwicklung schwebender, noch nicht erfüllter Verträge zu klären. Bei Insolvenzeröffnung steht der Lieferant üblicherweise in vertraglichen Beziehungen zu seinen Partnern. Wie eingangs skizziert, besteht hier ein **Wahlrecht des Insolvenzverwalters** hinsichtlich der Abwicklung derartiger schwebender Geschäfte.[579]

Wählt der Insolvenzverwalter Erfüllung, so ist der Vertrag zu vollziehen. Im Einkauf bedeutet dies, dass die Ware noch ausgeliefert wird. Die Kaufpreisforderung wird zur Masseforderung und damit quasi auf die Vielzahl der Gläubiger „sozialisiert".[580] Lehnt der Verwalter die Vertragserfüllung ab, so kann Schadensersatz wegen Nichterfüllung, z.B. auf entgangenen Gewinn, verlangt werden. Dieser kann jedoch lediglich als allgemeine Insolvenzforderung angemeldet werden.[581]

Weitere Maßnahme im Rahmen des Insolvenzmanagements sind Gestaltungen, die auf sonstige Befriedigung außerhalb des Insolvenzverfahrens abzielen.

Die **Aufrechnung** mit bestehenden Forderungen ist hier ein erfolgreiches Mittel. Denn die Berechtigung zur Aufrechnung wird durch das Insolvenzverfahren nicht berührt.[582]

Dazu müssen die Voraussetzungen einer Aufrechnung nach §§ 387 ff. BGB. vorliegen. Die erforderliche Aufrechnungslage ist gegeben, wenn die Forderungen gegenseitig und gleichartig sind und die eigene Forderung fällig ist.[583] Besteht die Aufrechnungslage bereits vor Eröffnung des Insolvenzverfahrens, kann die Aufrechnung auch in der Insolvenz erklärt werden. Denn: Es soll keine Schlechterstellung durch die Insolvenz erfolgen.

Eine Besonderheit besteht bei der Aufrechnung bestehender, aber später fälliger Forderungen. Dies ist nur zulässig, wenn die Forderung des Insolvenzschuldners zuletzt fällig wird.[584] Hintergrund ist die Sicherung der Insolvenzmasse.

Liegen die Voraussetzungen einer Aufrechnung vor, können unterschiedlichste Forderungen gegenüber dem Lieferanten mit dem zu zahlenden Kaufpreis bzw. Forderungen aus Change Requests verrechnet werden. Hier runter fallen z.B. Pönalen, Verzugs-, Schadensersatz- und Gewährleistungsansprüche. Eine smarte Gestaltung. Die Forderungen sind allerdings detailliert zu beziffern.

Einen Sonderfall bildet die **Konzernaufrechnung**. Konzernverrechnungsklauseln haben den Inhalt, dass alle Konzernunternehmen mit dem jeweiligen Lieferanten aufrechnen dürfen. In Allgemeinen Geschäftsbedingungen sind derartige Klauseln unzulässig.[585] In Individualver-

579 § 103 InsO.
580 § 55 Abs. 1 Nr. 2 InsO.
581 § 103 Abs. 2 S. 1 InsO.
582 So ausdrücklich § 94 InsO.
583 Auch unter AGB-Aspekten ist dies zumindest bei unbestrittenen oder rechtskräftig festgestellten Forderungen unproblematisch, vgl. § 309 Nr. 3 BGB.
584 Vgl. dazu § 95 Abs. 1 InsO, der dies allerdings sehr verklausuliert regelt.
585 Konzernaufrechnungen in AGB scheitern an § 307 Abs. 2 Nr. 1 BGB. Sie sind mit wesentlichen Grundgedanken der gesetzlichen Regelungen des BGB nicht vereinbar. Gesetzlich gewollt ist eine Aufrechnung grundsätzlich nur bei „gegenseitigen" Rechtsverhältnissen der Vertragspartner, nicht mit einem gesamten Konzernverbund.

trägen, z.B. bei Großprojekten, wird eine derartige Gestaltung allerdings noch als zulässig erachtet.

In der Insolvenz ist bei der Konzernaufrechnung Folgendes zu berücksichtigen: Die Aufrechnung muss vor Eröffnung des Insolvenzverfahrens erklärt werden. Das Insolvenzrecht erachtet Aufrechnungen als unzulässig, wenn die Forderung erst nach Eröffnung des Verfahrens von einem anderen (Konzern-)Gläubiger erworben wurde.[586]

In praxi sind Unternehmen mit ihren Lieferantenmärkten gut vernetzt. Sobald konkrete Anhaltspunkte für eine Lieferanteninsolvenz bestehen, sollte eine Konzernaufrechnung durchgeführt werden, und zwar noch vor Eröffnung des Insolvenzverfahrens.

Schließlich sind auch **Bürgschaften** ein „insolvenzfestes" Instrument des Risikomanagements.

Ein Bürgschaftsgläubiger, dem mehrere Personen für dieselbe Leistung haften, kann in einem Insolvenzverfahren gegen jeden Beteiligten den ganzen Betrag geltend machen.[587] Damit sichern Bürgschaften dem Einkauf zu, im Falle einer Lieferanteninsolvenz vollumfänglich Zahlungen vom Bürgen zu erlangen. Die verbürgenden Kreditinstitute bleiben damit in der Haftung.

Wenn der Lieferant als Hauptschuldner insolvent wird, ist sogar die oben beschriebene Einrede der Vorausklage des Bürgen ausgeschlossen, sofern eine selbstschuldnerische Bürgschaft erteilt wurde.[588]

Erfolgt nur eine teilweise Befriedigung durch den Bürgen, z.B. weil die Forderung höher ist als die Bürgschaftssumme, kann der Restbetrag bei der allgemeinen Verteilung im Insolvenzverfahren berücksichtigt werden. Sofern der Bürge leistet, geht der Regressanspruch auf ihn über. Er kann ihn dann seinerseits im Rahmen des Insolvenzverfahrens gegen den Lieferanten geltend machen.[589]

Merke:

Das zuvor dargestellte Bürgschaftsmanagement kann also vollumfänglich auch in einem Insolvenzverfahren zur Anwendung kommen. Anzahlungs-, Erfüllungs- und Gewährleistungsbürgschaften sichern dann den Einkauf ab. Es erfolgt keine quotale Befriedigung durch den Lieferanten, sondern ein umfänglicher Ausgleich durch den Bürgen.

d) Insolvenzprävention als Frühwarnsystem

Insolvenzmanagement wurde bislang im Hinblick auf den konkreten Lieferanten und dessen Beschaffungsvorgang betrachtet. Damit handelt es sich primär um eine Stichtagsbetrachtung im Rahmen der konkreten Auftragsvergabe. Im Vordergrund steht die bestmögliche Si-

586 § 96 Abs. 1 Nr. 2 InsO.
587 So ausdrücklich § 43 InsO.
588 § 773 Abs. 1 Nr. 3 BGB. Lediglich eine reine Ausfallbürgschaft würde den unmittelbaren Zugriff auf den Bürgen verhindern.
589 Vgl. dazu § 44 InsO.

cherung von Rechten, sofern ein Insolvenzverfahren eintritt. Der Schwerpunkt liegt in der Vertragsabwicklung.

Daneben empfiehlt es sich, Insolvenzmanagement zusätzlich unter dem Aspekt der **Insolvenzprävention** zu betrachten. Hierzu kann ein entsprechendes Frühwarnsystem etabliert werden, das auf ein permanentes Monitoring des Lieferantenpools abzielt. Im Fokus steht dabei die Verbesserung der Risikoeinschätzung bei Lieferanten. IT-Tools können dieses Monitoring flankieren. Um im Bild zu bleiben: Neben die Stichtagsinventur tritt dann die permanente Inventur.

Grundlage für eine derartige Form der Insolvenzprävention sind die jeweiligen Warengruppen der Beschaffungsorganisation. Bei mittelständischen Unternehmen, d.h. im KMU-Bereich, könnten bei entsprechend überschaubarer Lieferantenstruktur sämtliche Warengruppen einem Monitoring unterzogen werden.

In Konzernen sollten Warengruppen mit hohem „Crash-Faktor" identifiziert und permanent überprüft werden. Insolvenzmanagement wird damit zum Bestandteil der **Warengruppenstrategie**. Als Auswahlkriterien kommen hier z.B. in Betracht: Top Lieferanten und systemrelevante Lieferanten, hohes Einkaufsvolumen, Warengruppen mit kritischer Versorgungssicherheit, Großprojekte sowie große Volumina in kleinen, oligopolen Märkten.

Konzerne weisen üblicherweise eine stärker diversifizierte Warengruppenstruktur auf als KMU. Gleichwohl ist auch hier eine überschaubare Anzahl von Lieferanten für einen Großteil des Einkaufsvolumens verantwortlich. Üblicherweise greift auch hier die oft zitierte 80/20 Regel.[590] In dem Fall machen 20% der Lieferanten ca. 80% des EKV aus. Damit würde allein schon ein Screening der Top-Lieferanten einen signifikanten Mehrwert bringen.

Mit Hilfe von IT-Tools können die so ermittelten Warengruppen und Lieferanten mit hoher Kritikalität sodann einem kontinuierlichen Monitoring im Hinblick auf ihre Bonität unterzogen werden. Unterjährige Bonitätsveränderungen werden schnell transparent gemacht. Verschlechterungen der Bonität werden sichtbar, bevor der worst case des Insolvenzfalles eintritt.

An dieser Stelle schließt sich der Kreis zum oben skizzierten **Lieferantenmanagement** und den genannten Wirtschaftsauskunfteien und Kreditversicherern.[591] Die dort beispielhaft beim Aufbau des Lieferantenpools genannten Firmen Euler Hermes/ Allianz Trade, Creditreform und Dun& Bradstreet bieten allesamt auch IT-Lösungen zur Bonitätsüberwachung von Kreditoren an.

Im Rahmen des „klassischen" Lieferantenmanagements kann dabei zunächst die Bonität eines Lieferanten bei Qualifizierung und Entwicklung stärker berücksichtigt werden. Hier bieten sich Eigenerklärungen zu Bonität und Finanzkennzahlen an. Beim turnusmäßigen Lieferantendialog können sodann diese Themen mit erörtert werden.

590 Das „Pareto-Prinzip": Ein kleiner Teil der Ursachen ist für einen großen Teil der Ergebnisse verantwortlich.

591 S. oben C. III. 3. a).

Auf Lieferantenebene kann des Weiteren dessen gesamtes beauftragtes Einkaufsvolumen sichtbar gemacht werden. Ziel sollte es sein, das „Exposure"[592] des Kreditors transparent zu machen: Wieviel Geschäft wird aktuell mit diesem Lieferanten gemacht? Wie hoch sind die aktuellen (An-)Zahlungen und der aktuelle Cash Out? Die Transparenz über das Exposure der einzelnen Kreditoren führt dazu, dass etwaige Klumpenrisiken identifiziert werden. Hiermit kann das Lieferantenportfolio insgesamt stabilisiert werden.

Darüber hinaus liefern Wirtschaftsauskunfteien branchenübergreifende, systematisch aufbereitete Firmendaten zu fast allen Kreditoren. Die jeweiligen Serviceleistungen sind vergleichbar: Vollauskünfte bieten detaillierte Hintergrundinformationen, finanzielle Ausfallrisiken werden transparent gemacht. Die IT-Lösungen zeichnen sich durch eine leichte Handhabbarkeit aus. Eine mehrstufige Bonitätsskala bewertet die Fähigkeit, wirtschaftlichen Verpflichtungen nachzukommen. Die einzelnen Bewertungsstufen repräsentieren eine prognostizierte Insolvenzwahrscheinlichkeit. Für den jeweiligen Kreditor wird eine konsolidierte Ratingnote geliefert.

Das Ratingergebnis löst Maßnahmen aus nach einer Ampel-Logik. Die Maßnahmen reichen vom ad hoc Lieferantendialog bis hin zur Verhängung einer Auftragssperre für künftige Verträge. Signifikante Bonitätsverschlechterungen sollten eine umgehende Ansprache des Lieferanten nach sich ziehen. In diesem Zusammenhang sind auch vertragliche Nachbesicherungen, u.a. eine Ausweitung der Bürgschaften bei Kreditinstituten, zu prüfen. Bei drohender Insolvenz erfolgt keine weitere Auftragsvergabe.

Praxistipp: Instrumente des Insolvenzmanagements

Zusammenfassend lassen sich folgende Instrumente des Insolvenzmanagements identifizieren:

1. *Eigentumsrechte sichern – Aussonderung und Absonderung,*
2. *Schicksal offener Verträge klären – Wahlrecht des Insolvenzverwalters,*
3. *Befriedigung außerhalb des Verfahrens – Aufrechnung erklären, Bürgschaften ziehen,*
4. *Sonstige, verbleibende Forderungen – zur Tabelle anmelden,*
5. *Frühwarnsystem zur Insolvenzprävention etablieren.*

e) Vertragsmanagement

Neben den zuvor genannten Maßnahmen zur Risikominimierung in der Supply Chain existieren juristische Instrumente, die das **Vertragsmanagement** betreffen.

Die wichtigste Erkenntnis vorab: Mit einem gut etablierten Vertragsmanagement lassen sich alle sechs Risikofaktoren reduzieren! Die Gestaltungen funktionieren wie folgt:

Bereits das **Versorgungsrisiko** lässt sich durch vertragliche Gestaltungen abmildern. Der Fokus bei derartigen Gestaltungen liegt darauf, innerhalb der Lieferkette „Zugriff" auf weitere

592 „Exposure" meint das „Engagement" des Unternehmens in den jeweiligen Lieferanten. Damit ist zugleich das Ausfallrisiko im Falle einer Insolvenz umschrieben.

Supplier zu bekommen. Hiermit steigt die Unabhängigkeit vom eigentlichen Vertragspartner. Hierzu zwei Beispiele:

Durch entsprechende Vertragsgestaltung lässt sich die Vertragsübernahme von Sublieferanten vereinbaren. So kann man in deren Verträge „einsteigen" und die Versorgung absichern, falls der Hauptlieferant ausfällt. Zudem lassen sich spezifische Kündigungsklauseln formulieren, die einen Deckungskauf bei einem Ersatzlieferanten zulassen, sofern der eigentliche Vertragspartner auszufallen droht. Der Rückgriff auf Tier-n- Zulieferer' in der Lieferkette[593] beziehungsweise auf Second Sources verbessert insoweit die Versorgungssicherheit.

Das **Lieferantenausfallrisiko** kann durch entsprechende „vertragliche Nachbesicherung" abgemildert werden. Sofern das rechtlich zulässige Bürgschaftskontingent[594] noch nicht ausgeschöpft ist, kommen hier weitere Bankbürgschaften in Betracht. Bei Vertragspartnern eines Konzerns bieten sich ergänzend Konzernbürgschaften an. Diese sichern einen Haftungsdurchgriff zur Muttergesellschaft ab. Juristisch wäre bei Lieferanten in Konzernstrukturen auch eine Fertigungsabsicherung durch Schuldbeitritt eines anderen Tochterunternehmens möglich.

Das **Zahlungsrisiko** kann vergleichsweise einfach gemanagt werden. Der Grundsatz sollte lauten: Keine Anzahlungen leisten. Bei Großprojekten ist dies schwer durchsetzbar. Bei Bauprojekten kommen hier die oben skizzierten Regularien der VOB/B hinzu.[595]

Soweit im Baubereich Zahlungen nach Baufortschritt erfolgen, sollten diese über Bürgschaften abgesichert werden. Großprojekte werden oftmals über spezifische Finanzierungsmodelle finanziert. Unabhängig von der Art des Finanzierungsmodells sollte jede Zahlungs-Tranche mit Bürgschaften unterlegt sein. Kurzum: Soweit Anzahlungen erfolgen, sind diese mittels Anzahlungsbürgschaften abzusichern. Hierbei sollte jeweils der gesamte Anzahlungsbetrag verbürgt werden.

Beim **Preisrisiko** geht es oftmals darum, einen gut verhandelten Status Quo so lange wie möglich aufrecht zu erhalten. Dies kann durch Festpreisvereinbarungen, entsprechend lange Vertragslaufzeiten oder zusätzliche Optionsrechte erreicht werden.

Denkbar ist auch, dass der Ursprungsvertrag aufgrund eines Versorgungsengpasses – Corona, Energiekrise – zu hohen Konditionen abgeschlossen wurde. Später geht die Preisprognose nach unten. Bei diesem Szenario sollten kurze Vertragslaufzeiten gewählt und kurzfristige Kündigungsklauseln aufgenommen werden.

Zudem bieten sich **Preisgleitklauseln** an, um das Preisrisiko abzudecken. Derartige Klauseln sind „en vogue", seitdem Corona und die Russland-/ Energiekrise das Gleichgewicht von Verträgen beeinflusst haben. Mit dem Aufkommen der Diskussion um Strafzölle werden Preisgleitklausel in der Praxis weiter zunehmen.

Der rechtliche Gestaltungsspielraum für derartige Klauseln wird maßgeblich durch das Preisklauselgesetz (PrKlG) beeinflusst. Danach sind Klauseln grundsätzlich unzulässig, die den Preis von Gütern durch den Preis von anderen Gütern bestimmen, die miteinander nicht ver-

593 Vgl. dazu bereits C. III. 3. a).
594 S. dazu die Ausführungen zum Bürgschaftsmanagement, oben C. III. 3. b).
595 Zu Abschlagszahlungen und Vorauszahlungen vgl. § 16 VOB/B.

gleichbar sind.[596] Damit soll ausgeschlossen werden, dass Preisgleitklauseln zu Inflationstreibern werden. Bestimmte Klauseltypen sind gleichwohl zulässig, nämlich Spannungsklauseln, Kostenelementeklauseln und Leistungsvorbehaltsklauseln.[597] Vor diesem Hintergrund werden in Einkaufsverträgen üblicherweise diese Klauseltypen verwendet:

Bei **Spannungsklauseln** wird die Preisentwicklung zweier vergleichbarer oder gleichartiger Güter miteinander verknüpft. Praktisch bedeutet dies, dass der Preis mit dem jeweiligen Marktpreis in Übereinstimmung zu bringen ist. Dies setzt voraus, dass ein entsprechender Referenzindex existiert.[598] Bei **Kostenelementeklauseln** führt die Veränderung bestimmter, vorab vertraglich festgelegter Kostenelemente des betreffenden Wirtschaftsgutes zu einer proportionalen Preisanpassung. Praktisch sind hier jeweils die Selbstkosten des Wirtschaftsgutes zu ermitteln.[599]

Leistungsvorbehaltsklauseln sind zulässig, wenn sie hinsichtlich des Ausmaßes der Preisänderung einen Ermessensspielraum zulassen. Dieser muss es ermöglichen, den neuen Preis nach Billigkeitsgrundsätzen festzulegen.[600] Aus Praktikersicht handelt es sich hierbei um diejenige Klausel, die am ehesten rechtskonform in Verträgen umgesetzt werden kann.

In der aktuellen **Diskussion um Strafzölle** wäre zu überlegen, ob man hier Preisanpassungen nach Billigkeitsgrundsätzen vereinbart. Bei der Darstellung der allgemeinen Leistungsstörungen wurde ja bereits dargelegt, dass das Thema „Strafzölle" allein mit den gesetzlichen Möglichkeiten, insbesondere einer Störung der Geschäftsgrundlage, nicht greifbar ist.[601]

Zurück zu den zwei verbleibenden Risiken entlang der Supply Chain, die mit Vertragsmanagement abgedeckt werden können:

Das **Lieferterminrisiko** kann durch allgemeine Verzugsklauseln sowie besondere Pönale-Regeln gesichert werden. Besondere Vertragsstrafen wegen Verzugs zielen kommerziell darauf ab, Druck auf den Lieferanten zur termingerechten Leistungserbringung auszuüben. Juristisch wird hiermit ein Mindestschaden abgesichert, ohne dass ein verschuldensabhängiger Schadensnachweis zu erbringen ist.

Im AGB-Teil wurde dargelegt, dass derartige Verzugspönalen im B2B-Bereich zulässig sind, wenn sie angemessene Höchstgrenzen festlegen. Bei Bauverträgen werden bis zu 5% und bei allgemeinen Kaufverträgen bis zu 10% der Vertragssumme akzeptiert.[602] Die Erstattung derartiger Schäden sollte mit den zuvor skizzierten Erfüllungsbürgschaften abgesichert werden.[603]

Das **Qualitätsrisiko** betrifft die mangelfreie Erbringung der Leistung. Hier muss der eigene Qualitätsanspruch gegenüber dem Lieferanten abgesichert werden. Vertraglich geschieht dies in der Weise, dass Entwicklungsergebnisse und Schutzrechte übertragen werden. Des

596 § 1 Abs. 1 PrKlG.
597 § 1 Abs. 2 PrKlG.
598 Das AGB-Recht fordert dies, da anderenfalls von einer unangemessenen Benachteiligung i.S.v. § 307 Abs. 1 BGB ausgegangen wird.
599 So auch § 1 Abs. 2 Nr. 3 PrKlG.
600 § 1 Abs. 2 Nr. 1 PrKlG.
601 S. oben A. IV. 1. i).
602 Vgl. dazu oben A. V. 3. b).
603 S. oben C. III. 3. b).

Weiteren ist der Eigentumserwerb an der Dokumentation zu vereinbaren. Da moderne Beschaffung zudem stark IT-getrieben ist, ist zudem die Sicherung von Software-Quellcodes anzustreben. Schließlich sichern Gewährleistungsbürgschaften bzw. vertraglich zu vereinbarende Einbehalte etwaige Claim-Forderungen ab.

Für alle zuvor genannten Vertragsgestaltungen gilt:

Die Vereinbarungen sollten, soweit möglich, frühzeitig getroffen werden. Das nachträgliche Hineinverhandeln derartiger Sonderrechte gestaltet sich oftmals schwierig. Zudem zeigt die Praxis, dass das spätere Verhandeln derartiger Nachträge oftmals teurer ist als ein „Gesamtpaket" bei Vertragsunterzeichnung. Denn kommerziell ist eines zu berücksichtigen: Risikomanagement kostet Geld.

Praxistipp: Instrumente des Risikomanagements

Risikofaktoren in der Supply Chain lassen sich mit folgenden Maßnahmen des Risikomanagements abmildern:

1. *Versorgungsrisiko → Lieferantenmanagement*
2. *Lieferantenausfallrisiko → Insolvenzmanagement*
3. *Zahlungsrisiko → Bürgschaftsmanagement, Anzahlungsbürgschaft*
4. *Preisrisiko → Lieferantenmanagement*
5. *Lieferterminrisiko → Bürgschaftsmanagement, Erfüllungsbürgschaft*
6. *Qualitätsrisiko → Bürgschaftsmanagement, Gewährleistungsbürgschaft*

Deutlich wird: Die Kombination von Instrumenten aus den Bereichen Einkauf und Recht bringt den größten Effekt. Umfassendes Bürgschaftsmanagement sichert drei der sechs Risikofaktoren ab. Hohe Kritikalität haben Versorgungssicherheit und das Risiko eines Lieferantenausfalls. Dies lässt sich am besten über die Einkaufstools des Lieferanten- und Insolvenzmanagements absichern. Ergänzend hierzu kann jeder der einzelnen Risikofaktoren über spezifische Vertragsklauseln abgemildert werden. Vertragsmanagement trägt damit ebenfalls zur Risikominimierung bei.

IV. Zusammenfassung

Governance mit seinen spezifischen Ausprägungen Compliance und Risikomanagement liefert einen signifikanten Wertbeitrag zur Stabilität von Unternehmen und damit letztlich zum Unternehmenserfolg selbst.[604]

Grenzt man die einzelnen Begriffe inhaltlich voneinander, so bildet „Governance" den rechtlichen Ordnungsrahmen, „Compliance" fokussiert auf die Befolgung von Regeln und „Risikomanagement" bedeutet die Identifizierung und Beherrschung von Risiken.

604 Zur unternehmensweiten Ausrichtung auf die drei Elemente Governance, Compliance und Risikomanagement, vgl. abermals *Goll/Haupt*, Corporate Governance, Risk- and Compliance Management in der Beschaffung, in: BME, Best Practice in Einkauf und Logistik, S. 149 f., 161; *Goll/Haupt* heben hier insbesondere den Integrationsfaktor hervor. S. auch bereits oben C. I.

Im Hinblick auf Compliance sind deren Vorgaben üblicherweise in einem Code of Conduct sowie Integritätsklauseln verankert. Beide Regelwerke beinhalten sowohl harte als auch weiche Sanktionen. Die Umsetzung von Compliance erfolgt über ein Compliance Management System, das gegenüber Geschäftspartnern, aber auch nach innen wirkt.

Unternehmen sollten die Einhaltung von Regeln nicht als Pflichtaufgabe ansehen. Die Geschäftsleitung eines Unternehmens hat allein schon aus Haftungsgründen ein ureigenes Interesse, normgerechtes Verhalten sicherzustellen. Gravierende Rechtsverstöße kosten Unternehmen nicht nur Reputation, sondern auch viel Geld. Eine gut funktionierende Compliance im Einkauf leistet somit auch einen Beitrag zum betriebswirtschaftlichen Erfolg.

Risikomanagement betrifft Herausforderungen entlang der Supply Chain, die den Ablauf der Beschaffung von der Angebots- bis zur Auslieferungsphase umfassen. Hierbei handelt es sich um Versorgungs- und Lieferantenausfallrisiken, Zahlungs- und Preisrisiken bis hin zu Liefertermin- und Qualitätsrisiken.

Diese sechs Risikofaktoren werden über spezifische Instrumente des Risikomanagements in der Beschaffung abgedeckt. Lieferantenmanagement, Bürgschaftsmanagement, Insolvenzmanagement und Vertragsmanagement bilden hier die Eckpfeiler. Wirtschaftliche Krisen rufen zudem nach Prävention. Deshalb kann flankierend auch ein Frühwarnsystem zur Insolvenzprävention integriert werden.

In jüngerer Zeit sind neue Herausforderungen hinzugekommen, die die Themen Nachhaltigkeit, Resilienz von Lieferketten und deren Transparenz in den Vordergrund stellen. Lieferketten neu gedacht. Diese Themen werden üblicherweise nicht zwischen den Vertragsparteien frei vereinbart, sondern durch gesetzliche Regulierung vorgegeben.

Das Procurement Operating Model verändert sich durch neue Regulatorik rasant. Für den 360 Grad-Blick werden diese Themen im nachfolgenden Kapitel näher beleuchtet.

D. Einkauf und neue Regulatorik

I. Regulatorik – ein neuer Trend in wirtschaftlich unsicheren Zeiten

Regulatorik ist schließlich ein weiteres Instrument, um Governance und Stabilität in wirtschaftlich unsicheren Zeiten zu gewährleisten.

Regulatorik bedeutet: Der Staat greift regelnd in die Wirtschaftsordnung ein und legt dabei dem Handeln der Marktteilnehmer Beschränkungen auf.[605] In der Regel erfolgt dies durch neue Gesetze, Richtlinien und Standards. Regulatorik setzt damit dem Idealbild der Marktfreiheit Grenzen, nämlich dass Angebot und Nachfrage über den Preis den Markt regeln.[606] Juristisch werden damit zugleich die zu Beginn skizzierten Leitplanken des Vertragsrechts, nämlich Vertragsfreiheit und Privatautonomie, eingeschränkt.[607]

Dem stehen tiefgreifende Veränderungen der Märkte gegenüber. Die Anfälligkeit nationaler und globaler Lieferketten hat Corona gezeigt. Soziale Themen, Umweltstandards, Nachhaltigkeit, Markteingriffe von Staaten außerhalb der EU, Digitalisierung und Künstliche Intelligenz sind weitere Themen, die sich schwer allein über Angebot und Nachfrage regeln lassen. Das bedeutet auch, dass die Umsetzung regulatorischer Vorgaben kein „nice to have" ist, sondern verpflichtend.[608]

Die Skepsis des Gesetzgebers gegenüber dem „freien Spiel der Kräfte" zeigt zudem die Entdeckung eines neuen Instruments – Whistleblowing. Unternehmen, die die vorgenannten Themen nicht von sich aus proaktiv angehen, müssen damit rechnen, dass Hinweisgeber die Dinge transparent machen.

All diese Themen rücken zunehmend auch in den Fokus der Beschaffungsorganisationen.

Neue Gesetze mit regulatorischem Fokus beinhalten zudem spezifische Berichtspflichten. Neue „Reporting Standards" dienen insbesondere dazu, Transparenz für andere Lieferanten und Marktteilnehmer zu schaffen.

Die Gesetze haben zumeist einen europarechtlichen Hintergrund und befinden sich aktuell in der nationalen Umsetzungsphase. Die neue Europäische Kommission hat für ihre fünfjährige Amtszeit von 2024 bis 2029 das Thema „Regulatorik" auf die Agenda genommen. Schwerpunkte bilden die oben skizzierten Bereiche einschließlich der künstlichen Intelligenz. Der **Koalitionsvertrag 2025** der neuen Bundesregierung hat viele dieser Themen ebenfalls aufgenommen.

---

605 Zur Regulatorik vgl. bereits *Picot*, Theorien der Regulierung und ihre Bedeutung für den Regulierungsprozess, 2008, S. 9.

606 Dass der Staat nicht in die Märkte eingreifen soll, forderte bereits *Smith*, in: Recktenwald, Der Wohlstand der Nationen, 1776/2003, S. 452.

607 S. dazu oben A. I.

608 Auf die Gefahr der Überregulierung weist *Walthes* hin. Danach sind die regulatorisch bedingten Personal- und Sachkosten in den letzten 20 Jahren von 3% auf 7% gestiegen. *Walthes*, Grenzen und Chancen der Regulatorik für Versicherungsunternehmen, Handelsblatt Live. 12.12.2023.

Das dynamische regulatorische Umfeld verlangt von Unternehmen und deren Einkaufsabteilungen eine kontinuierliche Überprüfung der gesetzgeberischen Aktivitäten. Im Folgenden werden die hier relevanten Gesetze dargestellt. Im Wesentlichen handelt es sich um **fünf regulatorische Gesetze mit Einkaufsbezug**. Sie umfassen die Bereiche Lieferketten, Nachhaltigkeit, Whistleblowing sowie Marktverfälschungen aus Drittländern.

Der Blickwinkel liegt insbesondere auf deren einkaufs- und vergaberechtlichen Besonderheiten. Dabei wird herausgearbeitet, dass zwischen **Vergaberecht und neuer Regulatorik** Wechselwirkungen bestehen. Dies ist nicht nur für öffentliche Auftraggeber von Relevanz, sondern auch für all diejenigen Lieferanten, die Vertragsbeziehungen mit der öffentlichen Hand haben.

Dem Bereich der künstlichen Intelligenz wird ein eigenes Kapitel gewidmet.

II. Lieferketten und Nachhaltigkeit

1. Lieferkettensorgfaltspflichtengesetz – LkSG

Internationale Entwicklungen, geopolitische Spannungen, Naturkatastrophen und letztlich auch Corona haben die Fragilität von Lieferketten offenbart. Zur frühzeitigen Erkennung von Risiken ist es wichtig, das Unternehmen Transparenz über die Ebenen ihrer Lieferkette erreichen.

Dem soll das nationale Lieferkettensorgfaltspflichtengesetz Rechnung tragen. Es ist am 01.01.2023 in Kraft getreten und gilt für Unternehmen mit mehr als 1.000 inländischen Mitarbeitenden.[609] Das Gesetz schafft **Regulatorik in den Lieferketten**. Unternehmen müssen dafür sorgen, dass in ihren Lieferketten Menschenrechte und Umweltstandards eingehalten werden. Der **Koalitionsvertrag 2025** hat das LkSG aufgegriffen, postuliert Vereinfachungen und beabsichtigt ab 2028 gesetzgeberische Neuerungen, auf die später noch eingegangen wird.

Die Verletzung menschenrechtsbezogener Pflichten ist weit gefasst. Sie reicht von Zwangs- und Kinderarbeit bis zu Verstößen gegen den Mindestlohn.[610] Ebenso weitreichend sind umweltbezogene Pflichten, die sowohl das Verbot der Verwendung von Schwermetallen als auch die umweltgerechte Entsorgung von Abfällen umfassen.[611]

Die **Sorgfaltspflichten** im Einzelnen sind abgestuft vom eigenen Geschäftsbereich über den unmittelbaren Zulieferer bis hin zum mittelbaren Zulieferer.

Eigener Geschäftsbereich ist die Tätigkeit des Unternehmens selbst und der mit ihr verbundenen Tochterunternehmen.[612] In diesem Bereich hat das Unternehmen zur Einhaltung der eben skizzierten Pflichten insbesondere ein Risikomanagementsystem einzurichten, regelmäßige Risikoanalysen durchzuführen, Präventionsmaßnahmen zu verankern und ein Be-

609 Siehe § 1 Abs. 1 LkSG. Diese Grenze gilt seit dem 01.01.2024. Beim Inkrafttreten lag die Grenze noch bei 3.000 Mitarbeitenden.

610 § 2 Abs. 2 LkSG, zum MiLoG-Verstoß s. § 2 Abs. 2 Nr. 8 LkSG.

611 § 2 Abs. 3 LkSG.

612 § 2 Abs. 6 LkSG.

schwerdesystem einzurichten, bei dem Verstöße gemeldet werden können.[613] Schließlich ist als „Reporting Standard" derzeit jährlich ein LKSG-Bericht über die Erfüllung der Sorgfaltspflichten für das Bundesamt für Wirtschaft und Ausfuhrkontrolle (BAFA) zu erstellen.[614]

Unmittelbare und mittelbare Lieferanten haben dieselben Verpflichtungen für ihren Geschäftsbereich, sofern sie ihrerseits dem LkSG unterliegen.

Unmittelbare Zulieferer sind die direkten Vertragspartner.[615] Der Fokus der Sorgfaltspflichten für den eigenen Geschäftsbereich liegt darauf, im Vorhinein Präventionsmaßnahmen zu verankern, nach Feststellung von Verstößen sofortige Abhilfemaßnahmen zu initiieren und als ultima ratio eine Vertragskündigung beim unmittelbaren Zulieferer herbeizuführen.

Mit Blick auf den **Einkauf** können Präventionsmaßnahmen zum Beispiel bei Warengruppenstrategien oder Lieferantenmanagement verankert werden.[616] Menschenrechts- und umweltbezogene Erwartungen können bei der Auswahl des Lieferanten und auch bei Nachhaltigkeitskriterien im Vergabeverfahren hinterlegt werden („CSR-Kriterien").[617] Zudem kommen vertragliche Zusicherungen in Betracht, die die Einhaltung der LkSG-Anforderungen beim Lieferanten einfordern.

Mittelbare Zulieferer sind die Nachunternehmer und Sublieferanten.[618] Da die Einflussmöglichkeiten hier geringer sind als beim direkten Vertragspartner, ist das Risikomanagement abgeschwächt. So erfolgt beispielsweise keine Betrachtung der mittelbaren Zulieferer im Rahmen der Risikoanalyse. Konkrete Maßnahmen sind nur bei tatsächlichen Anhaltspunkten und substantiierter Kenntnis zu ergreifen.[619]

Alles in allem beinhaltet das LkSG in seiner jetzigen gesetzlichen Ausprägung eine abgestufte Regulatorik. Die Verpflichtungen gegenüber dem unmittelbaren Vertragspartner waren z.T. bereits vorher juristisch abgebildet – und zwar im zuvor dargestellten Code of Conduct.[620] Seit dem Inkrafttreten des LkSG finden sich im CoC „weiche" Formulierungen, die auf die Einhaltung der LkSG-Vorgaben hinweisen.[621] Der Einkaufsverband BME geht diesen Weg ebenfalls.

613 Bei den Pflichten im eigenen Geschäftsbereich handelt es sich um sogenannte Erfolgspflichten. Demgegenüber sind die Maßnahmen gegenüber unmittelbaren und mittelbaren Zulieferern lediglich Bemühenspflichten.

614 Zu den Inhalten des umfassenden LkSG-Berichts vgl. § 10 Abs. 2 LkSG.

615 § 2 Abs. 7 LkSG.

616 Vgl. dazu auch § 6 Abs. 3 Nr. 2 LkSG. Hier wird terminologisch von „Beschaffungsstrategien" und „Einkaufspraktiken" gesprochen.

617 Corporate Social Responsibility.

618 § 2 Abs. 8 LkSG.

619 Vgl. hierzu § 9 Abs. 3 LkSG.

620 Vgl. hierzu auch die Ausführungen oben im Compliance-Abschnitt C. II. 2. a).

621 Das BAFA vertritt die Auffassung, dass „hart" formulierte AGB-Klauseln, die Lieferanten pauschal auf die Einhaltung des LkSG verpflichten, unzulässig sind. Vgl. dazu die BAFA-Info „Handreichung zur Zusammenarbeit in der Lieferkette zwischen verpflichteten Unternehmen und ihren Zulieferern", S. 8.

2. LkSG und Vergaberecht – Beschwerdeverfahren und Vergabesperre durch Ausschluss von Lieferanten

Mit dem LkSG wurde des Weiteren ein eigenes **Beschwerdeverfahren** eingerichtet. Es schafft die Möglichkeit, auf Pflichtverletzungen im eigenen Geschäftsbereich oder dem eines Zulieferers hinzuweisen. Das Verfahren, Hinweiseingang, Hinweisbearbeitung, Dokumentation etc., ist in § 8 LkSG ausführlich beschrieben. Unternehmen, die kein Beschwerdeverfahren einrichten, handeln ordnungswidrig und können mit einer Geldbuße bis zu 8 Mio. Euro sanktioniert werden.[622]

Damit hat das Gesetz ein eigenes **Hinweisgeber-System** eingeführt, das wenige Monate später mit dem Hinweisgeberschutzgesetz (HinSchG) für sonstige, allgemeine Verstöße kodifiziert wurde.[623] Auf die Wechselwirkung dieser beiden Gesetze wird später noch eingegangen.

Aufgrund von Hinweisen im Beschwerdeverfahren können Lieferanten künftig von der Vergabe ausgeschlossen werden. Das LkSG hat einen eigenen Abschnitt über öffentliche Beschaffung. Der „Ausschluss von der Vergabe öffentlicher Aufträge" ist in § 22 LkSG geregelt. Damit hat das LkSG das Rechtsinstitut der **Vergabesperre** spezialgesetzlich implementiert.

Eine Vergabesperre nach LkSG kommt in Betracht, sofern **formelle Verstöße** gegen LkSG-Pflichten vorliegen.[624] Demgegenüber werden **materielle Verstöße**, insbesondere gegen Menschenrechte, mit einer Vergabesperre nach den allgemeinen Regeln des GWB sanktioniert.[625]

3. Der Koalitionsvertrag – „gute Gesetzgebung" zwischen LkSG, CSDDD und CSRD

Der **Koalitionsvertrag 2025** der neuen Bundesregierung hat nunmehr die LkSG-Thematik unter der Überschrift „Gute Gesetzgebung" und „Bürokratierückbau" aufgenommen.[626] Die Kernaussagen sind Folgende:

Der regulatorische Rahmen des Gesetzes bleibt bis zum 26.07.2028 in Kraft.[627] Zu diesem Zeitpunkt wird das nationale LkSG mit dem nachfolgend dargestellten EU-LkSG (CSDDD) „verschmolzen" zu einem neuen „Gesetz über die internationale Unternehmensverantwortung.[628] Damit wird zugleich den Anforderungen genüge getan, das CSDDD in deutsches Recht umzusetzen.

622 § 24 Abs. 1 Nr 8, 24 Abs. 2 Nr 1a LkSG i.V.m. § 30 Abs. 2 S. 3 OwiG.
623 Inkrafttreten HinSchG: 02.07.2023.
624 Eine Vergabesperre wegen formeller LkSG-Verstöße setzt einen rechtskräftig festgestellten, mit einer Geldbuße durch das BAFA sanktionierten Verstoß voraus, §§ 22 Abs. 2, 24 LkSG.
625 §§ 123 und 124 GWB. Zum Verstoß gegen Menschenrechte vgl. § 123 Abs. 1 Nr. 10 GWB, insbesondere Menschenhandel, Zwangsarbeit, Ausbeutung.
626 Vgl. dazu Tz. 1865 und 1903 des Koalitionsvertrages.
627 Die Aussage im Koalitionsvertrag „Darüber hinaus schaffen wir das nationale Lieferkettensorgfaltspflichtengesetz (LkSG) ab" (Tz. 1909), ist insoweit als ein politisches Statement auszulegen.
628 Tz. 1910 des Koalitionsvertrages.

Bis dahin soll das LkSG insgesamt anwenderfreundlicher werden. Die Berichtspflicht, der BAFA-Bericht, soll mit sofortiger Wirkung entfallen.[629] Zudem werden Verletzungen von Sorgfaltspflichten nur noch sanktioniert, wenn es sich um massive Menschenrechtsverletzungen handelt.[630] Für den Gesetzesanwender, z.B. Einkaufsabteilungen, bedeutet dies, dass das LkSG im Übrigen die nächsten drei Jahre bis 2028 weiterhin in Kraft bleibt.

Insgesamt will der Koalitionsvertrag die Berichtspflichten reduzieren. Überbordende und wirkungslose Berichtspflichten sollen gestrichen und wiederkehrende Berichte konsolidiert werden.[631] Das dürfte für viele Unternehmen eine Entlastung bei den neuen regulatorischen Berichtsvorgaben geben. Diese Reporting Standards sind von der Wirtschaft vielfach als zu bürokratisch kritisiert worden.

Von der Entlastung erfasst werden soll auch die Nachhaltigkeitsberichterstattung. Damit sind unmittelbar auch Berichtspflichten des ebenfalls noch darzustellenden CSRD angesprochen.[632] Diskutiert wird auch, ob anstelle mehrerer Einzelberichte mit Bezugspunkten zur Nachhaltigkeit nur noch ein konsolidierter Bericht vorzulegen ist.

4. Das künftige EU-Lieferkettensorgfaltspflichtengesetz – CSDDD

Am 26.07.2024 ist das sogenannte **EU-Lieferkettensorgfaltspflichtengesetz** nach langen Diskussionen von der EU verabschiedet worden. Die EU-Richtlinie trägt den Namen „Corporate Sustainability Due Diligence Directive" (CSDDD).[633] Sie war ursprünglich innerhalb von zwei Jahren, d.h. bis zum 26.07.2026, in nationales Recht umzusetzen. Mittlerweile hat die EU im April 2025 mit dem sogenannten „Omnibus-Paket" die Umsetzungsfrist um ein Jahr auf den 26.07.2027 und den Anwendungsbeginn auf 26.07.2028 verschoben.[634] Zugleich wurden inhaltliche Vereinfachungen vorgeschlagen, über die die EU bis zur Umsetzung noch entscheiden will.[635]

In Deutschland sollte die nationale Umsetzung ursprünglich durch Anpassung des LkSG vollzogen werden. Wie eben bei der Darstellung des Koalitionsvertrages aufgezeigt, soll die Umsetzung nunmehr durch ein neues „Gesetz über die internationale Unternehmensverantwortung" erfolgen.

Die CSDDD gilt für Unternehmen, die mehr als 1.000 Beschäftigte und einen jährlichen Umsatz von mehr als 450 Mio. Euro haben. Ursprünglich lagen die Grenzen bei 500 Beschäftigten und 150 Mio. Umsatz. Dies war innerhalb der EU allerdings nicht mehrheitsfähig.

Das EU-Lieferkettensorgfaltspflichtengesetz weitet den Anwendungsbereich gegenüber dem nationalen LkSG aus. Dies ist ein wesentlicher Streitpunkt innerhalb der politischen Diskus-

629 Tz. 1912 des Koalitionsvertrages.

630 Tz. 1914 des Koalitionsvertrages.

631 Tz. 1876 des Koalitionsvertrages.

632 Tz. 2006 des Koalitionsvertrages.

633 Amtlicher Titel: Richtlinie (EU) 2024/1760.

634 Die Verschiebung erfolgt im Rahmen eines sogenannten „Omnibus-Verfahrens", bei dem in einem Gesetzespaket mehrere Initiativen vereint werden. Bei der zeitlichen Verschiebung handelt es sich um das Omnibus I-Paket vom 26.02.2025. Europäisches Parlament und Rat der EU haben der Verschiebung am 03.04.2025 bzw. 14.04.2025 zugestimmt. Die Richtlinie zur zeitlichen Verschiebung wird auch als „Stop the Clock"-Richtlinie bezeichnet.

635 Die Initiative zur inhaltlichen Anpassung wird als Omnibus II-Paket bezeichnet.

sion und der Grund für die jetzt ins Spiel gebrachten inhaltlichen Anpassungen. Die **Verschärfungen** im CSDDD betreffen die Bereiche Lieferkette, Sanktionen und Haftung. Im Einzelnen sind folgende Änderungen relevant:

Das CSDDD erfasst Sorgfaltspflichten im Hinblick auf die **gesamte Lieferkette**. Das Gesetz spricht hier von der „Aktivitätskette".[636] Damit sind zum einen auch sogenannte „Downstream"-Tätigkeiten der unmittelbaren Zulieferer erfasst.[637] Dies betrifft z.B. Vertrieb, Transport und Lagerung von Produkten.[638] Zum anderen erstreckt sich diese umfassende Sorgfaltspflicht auch auf mittelbare Zulieferer.[639]

Zu ergänzen bleibt, dass Unternehmen des Weiteren einen „Klimaplan" zur Eindämmung des Klimawandels vorlegen müssen.[640]

Auch das CSDDD sieht ein **eigenes Beschwerdeverfahren** vor, mit dem Whistleblower auf etwaige Verstöße gegen Sorgfaltspflichten hinweisen können.[641] Die Einhaltung der Verpflichtungen aus dem CSDDD hat zudem im Einklang mit den Vorschriften zur öffentlichen Auftragsvergabe zu stehen.[642] Im Gegensatz zum nationalen LkSG beinhaltet das CSDDD jedoch **kein eigenes Verfahren zur Vergabesperre.**

Hinsichtlich der **Sanktionen** bei Verstößen sieht das CSDDD eine Höchstgrenze von 5% des weltweiten Umsatzes vor.[643] Das LkSG begrenzt dies auf 2%.[644]

Aus juristischer Sicht sind insbesondere die Unterschiede hinsichtlich der zivilrechtlichen **Haftung** hervorzuheben. Der nationale Gesetzgeber hat sich im Laufe des Gesetzgebungsverfahrens entschieden, keine eigene zivilrechtliche Haftung in das LkSG aufzunehmen und hat dies ausdrücklich so in § 3 Abs. 3 LkSG normieret. Eine unabhängig vom LkSG begründete zivilrechtliche Haftung, z.B. aus § 823 BGB, bleibt unberührt.[645]

Demgegenüber sieht das CSDDD ausdrücklich eine Haftung vor, wenn das Unternehmen vorsätzlich oder fahrlässig seine gesetzesspezifischen Sorgfaltspflichten verletzt hat. Eine Haftung scheidet aus, wenn der Schaden ausschließlich von den Geschäftspartnern in der Lieferkette verursacht wurde. Eine Haftungserweiterung erfolgt in zeitlicher Sicht durch eine fünfjährige Verjährungsfrist.[646]

Festzuhalten bleibt, dass das EU-Lieferkettensorgfaltspflichtengesetz Verschärfungen gegenüber der nationalen Rechtslage mit sich bringt. Jetzt **geplante Anpassungen durch die EU** würden dies abschwächen und das „EU-LkSG" faktisch dem Niveau des deutschen LkSG annähern. Konkret bedeutet das:

---

636 Art. 3 Abs. 1 lit. g CSDDD.
637 Anstelle der Terminologie „unmittelbare/mittelbare Zulieferer" verwendet die CSDDD die Begriffe „direkte/indirekte Geschäftspartner", Art. 3 Abs. 1 lit. f CSDDD.
638 Vgl. auch hier Art. 3 Abs. 1 lit. g CSDDD.
639 Dies ergibt sich bereits aus Art. 1 CSDDD, der weitreichend abstellt auf die „Geschäftstätigkeit, die von ihren Geschäftspartnern in den Aktivitätsketten dieser Unternehmen ausgeführt wird".
640 Art. 22 CSDDD.
641 Art. 14 CSDDD.
642 Art. 31 CSDDD.
643 Art. 27 Abs. 4 CSDDD.
644 § 24 Abs. 4 LkSG.
645 S. dazu auch BGBl 2021, S. 2962.
646 Zum Ganzen Art 29 CSDDD.

Die Sorgfaltspflichten sollen auf den eigenen Geschäftsbereich und die unmittelbaren Zulieferer, d.h. direkten Geschäftspartner, beschränkt werden. Damit würden mittelbare Zulieferer/ indirekte Geschäftspartner keinem engmaschigen Monitoring mehr unterfallen. Offen ist, ob Downstream-Tätigkeiten nach wie vor erfasst bleiben.

Klimapläne sollen zwar nach wie vor aufgestellt werden, die tatsächliche Umsetzung soll allerdings nicht mehr verpflichtend sein. Was die Haftung betrifft, so soll der neue eigene zivilrechtliche Haftungstatbestand entfallen.[647]

Da sowohl LkSG als auch CSDDD ein **Hinweisgebersystem** beinhalten, ist davon auszugehen, dass dies auch mit der gesetzlichen Neuregelung erhalten bleibt. Vergabesperren sieht nur das nationale LkSG vor. Offen ist derzeit, wie mit diesem Instrument künftig verfahren werden soll.

Alles in allem bleibt abzuwarten, welche neuen gesetzgeberischen Impulse innerhalb der nächsten Jahre bis zur Umsetzung noch erfolgen werden.

5. Corporate Sustainability Reporting Directive – CSRD

Neben der CSDDD existiert eine weitere aktuelle EU-Richtlinie, die die „Corporate Sustainability" ebenfalls in ihrem Namen trägt. Die Corporate Sustainability Reporting Directive (CSRD) verpflichtete die EU-Mitgliedstaaten, bis zum 06.07.2024 eine umfassende **Nachhaltigkeitsberichterstattung** für Unternehmen einzuführen, die dann ab dem Geschäftsjahr 2025 gilt.[648] Deutschland war dieser Verpflichtung nicht nachgekommen, sodass die Europäische Kommission am 26.09.2024 ein Vertragsverletzungsverfahren eingeleitet hatte.

Mit demselben Gesetzgebungspaket wie beim CSDDD, dem „Omnibus-Paket", wurde im April 2025 die Umsetzungsfrist abhängig von der Größe des Unternehmens auf die Geschäftsjahre 2027 und 2028 verschoben.[649]

Ziel der Richtlinie ist es, öffentlich zugängliche Informationen über Unternehmen im Zusammenhang mit Nachhaltigkeitsaspekten zur Verfügung zu stellen. Hiermit soll die Nachhaltigkeit der Wirtschaft im Sinne des „Green Deal" gefördert werden.[650] Greenwashing soll damit Geschichte werden. Die Richtlinie ersetzt die „Richtlinie über die Angabe nichtfinanzieller Informationen" (CSR-Richtlinie) von 2014. Insgesamt werden detaillierte Berichtspflichten im Zusammenhang mit der Jahresabschlussprüfung eingeführt.[651]

Von der Berichtspflicht erfasst sind **„große Unternehmen"** im Sinne des HGB, die zwei der drei folgenden Größenkriterien überschreiten: Bilanzsumme von mindestens 25 Mio. Euro, Nettoumsatzerlöse von mindestens 50 Mio. Euro, sowie mindestens 250 Beschäftigte.[652] Zu-

647 Hierbei handelt es sich um die aktuellen Vorüberlegungen der EU im Rahmen des oben genannten Omnibus II-Pakets.

648 Richtlinie (EU) 2022/ 2464 des Europäischen Parlaments und des Rates vom 14.12.2022 – Corporte Sustainability Reporting Directive.

649 S. oben das Omnibus I-Paket der EU mit der zeitlichen Verschiebung durch die „Stop the Clock"-Richtlinie.

650 So bereits Erwägungsgrund (1) der Richtlinie.

651 Bislang ist hier § 289c HGB einschlägig – Inhalt der nichtfinanziellen Erklärung. Für den Konzernabschluss verweist § 315c Abs. 1 HGB auf diese Vorschrift.

652 Zu den Größenklassen nach HGB vgl. § 267 HGB, hier konkret Absatz 2 und 3. Kapitalmarktorientierte Kapitalgesellschaften nach § 264d HGB fallen ebenfalls hierunter, vgl. § 267 Abs. 3 S. 2 HGB.

sätzlich sind kleine und mittlere Unternehmen (KMU) zur Nachhaltigkeitsberichterstattung verpflichtet, sofern eine Kapitalmarktorientierung vorliegt.

Inhaltlich sollen die Berichte die klassischen **ESG-Themenkomplexe Umwelt, Soziales und Governance** abdecken.[653] Damit sind zunächst Umweltrisiken, Klimawandel und Energie sowie Sozialbelange im Hinblick auf Gleichbehandlung und die Achtung der Menschenrechte erfasst. Der Bereich „Governance" betrifft die Unternehmenspolitik, einschließlich der Themen zur Wirtschaftskriminalität, wie die Bekämpfung von Korruption und Bestechung.

Betroffene Unternehmen müssen dies in ihrem Lagebericht nach HGB[654] oder einem separaten Nachhaltigkeitsbericht offenlegen.[655] In Konzernstrukturen befreit der Konzernbericht die Tochtergesellschaften von ihrer individuellen Berichtspflicht nach CSRD. Dies entspricht allgemeinen Grundsätzen im Rahmen der Konzernrechnungslegung.[656]

Von der Berichterstattung sind zunächst die oben genannten Unternehmen direkt betroffen. Mittelbar betroffen sind aber auch deren Zulieferer. Dies ergibt sich daraus, dass die Berichterstattungspflicht keine fehlenden Informationen entlang der Lieferkette aufweisen darf. Damit erstreckt sich die CSRD letztlich auch auf die Zulieferer. Faktisch müssen diese den betroffenen Unternehmen die benötigten Informationen zur Verfügung stellen. Damit ergibt sich ähnlich wie beim LkSG ein hohes Maß an Regulierung.

Formal sind die Berichte nach einem einheitlichen Standard, den **„European Sustainability Reporting Standards" (ESRS)** zu erstellen. Insgesamt existieren **12 ESRS-Regelungen**. Diese bilden den Rahmen, um auf konsistente und standardisierte Weise über Nachhaltigkeit zu berichten. Schwerpunkte liegen in den Bereichen Umwelt und Soziales. Die Standards 3 – 7 betreffen Umweltthemen, die Standards 8 – 11 erfassen den Bereich Soziales. Die Nachhaltigkeitsberichterstattung wird durch den Abschlussprüfer geprüft und testiert.

Der **Koalitionsvertrag 2025** strebt im Hinblick auf die CSRD eine Vereinfachung bei der nationalen legislativen Umsetzung an.[657] Künftig sollen nur noch Unternehmen mit mehr als 1000 Mitarbeitenden dem CSRD unterfallen. Damit wären kleine und mittlere Unternehmen (KMU) von der Berichtspflicht befreit Des Weiteren ist eine Harmonisierung und Vereinheitlichung der verschiedenen Berichtspflichten in der Diskussion.[658] Zudem sollen die ESRS überarbeitet und vereinfacht werden.[659] Die Verlängerung der Umsetzungsfrist auf die Jahre 2027 und 2028 liefert für diese Bestrebungen den entsprechenden Zeitrahmen.

---

653 ESG – Environmental, Social, Governance.
654 §§ 289 ff HGB für den Einzelabschluss und §§ 315 ff. HGB für den Konzernabschluss.
655 Abzuwarten bleibt, ob im Zuge der nationalen Gesetzesumsetzung der Nachhaltigkeitsbericht in den Lagebericht integriert wird.
656 Vgl. dazu Art. 19 a Abs. 9 Bilanz-RL.
657 Vgl. dazu Tz. 2006 und 2009 des Koalitionsvertrages.
658 Die Ampel-Koalition hatte hier Anpassungen beim LkSG erwogen, um doppelte Berichtspflichten zu vermeiden.
659 Die EU-Kommission hat hierzu am 27.03.2025 die European Financial Reporting Advisory Group (EFRAG) beauftragt.

6. CSRD und Vergaberecht – Nachhaltigkeit im Vergabeverfahren

Das Vergaberecht bietet öffentlichen Auftraggebern diverse Möglichkeiten, Nachhaltigkeitsaspekte in das Vergabeverfahren zu integrieren.[660]

Bei den Vergabegrundsätzen des § 97 GWB werden neben den klassischen Kriterien Wirtschaftlichkeit, Transparenz und Gleichbehandlung explizit auch umweltbezogene und soziale Aspekte genannt.[661] Im Rahmen der Eignungsprüfung berücksichtigt § 127 GWB soziale und ökologische Aspekte. Unternehmen, die in diesem Bereich schwere Verfehlungen begehen, können aus dem Vergabeverfahren ausgeschlossen werden. Die Leistungsbeschreibung darf den Vergabegegenstand auch mit sozialen und umweltspezifischen Kriterien beschreiben.[662] Und schließlich sind Nachhaltigkeitsaspekte auch bei der Zuschlagserteilung relevant. Neben dem Preis können bei der Ermittlung des wirtschaftlichsten Angebots umweltbezogene und soziale Aspekte berücksichtigt werden.[663]

Die umfassende Verortung von Nachhaltigkeitsaspekten zeigt somit deutlich die Stärkung dieses Themas im Vergaberecht.

Die zuvor genannten Aspekte sind vergaberechtliche Gestaltungsmöglichkeiten, mit denen Nachhaltigkeitskriterien in das Vergabeverfahren eingebracht werden „können". Aktuelle politische Überlegungen gehen dahin, Nachhaltigkeit künftig als „Soll-" oder gar „Mussvorgabe" in das Vergabeverfahren zu integrieren. Der Entwurf des Vergabetransformationsgesetzes hatte dies bereits legislativ eingebettet.[664] Auch der **Koalitionsvertrag 2025** enthält ein Bekenntnis zur Nachhaltigkeit.[665] Gleichzeitig soll eine überbordende Regulierung für kleine und mittlere Unternehmen verhindert werden.[666]

In diesem Kontext bekommt CSRD eine weitere – vergaberechtliche – Komponente. Die Verpflichtung zur Nachhaltigkeitsberichterstattung wird die vergaberechtspolitische Zielsetzung, nachhaltig zu beschaffen, weiter verstärken. Es ist davon auszugehen, dass die Berichterstattung künftig zu mehr Transparenz führen wird. Damit wird für Großunternehmen und Konzerne der Fokus vermehrt auf das Thema Nachhaltigkeit gelenkt.

III. Hinweisgeberschutz

1. Hinweisgeberschutzgesetz – HinSchG

Das **Hinweisgeberschutzgesetz** (HinSchG) ist ein weiteres regulatorisches Gesetz, das auf einer EU-Richtlinie beruht. Es ist die deutsche Umsetzung der Whistleblower-Richtlinie, die im Dezember 2019 vom Europäischen Parlament verabschiedet wurde.[667]

---

660 Der allgemeine Standard für nachhaltige Beschaffung ist die ISO 20400. Der Standard unterstützt darin, finanzielle, ökologische und Reputationsrisiken entlang der Lieferkette zu verhindern.

661 So ausdrücklich § 97 Abs. 3 GWB.

662 § 31 Abs. 3 VgV.

663 § 127 Abs. 1 S. 4 GWB.

664 Ein neuer § 120 a GWB soll stärker auf Nachhaltigkeit fokussieren, vgl. oben B VII. 1.

665 Vgl. Tz. 1154, 1214 des Koalitionsvertrages.

666 Tz. 1916, 2006 des Koalitionsvertrages.

667 Richtlinie (EU) 2019/1937 vom 23.10.2019.

Die Richtlinie war bis zum 17.12.2021 in nationales Recht umzusetzen. Auch hier war Deutschland aufgrund politischer Abstimmungsdifferenzen den EU-Vorgaben nicht nachgekommen. Die EU-Kommission leitete daraufhin im Februar 2022 ein Vertragsverletzungsverfahren gegen Deutschland ein. Schließlich ist das deutsche Hinweisgeberschutzgesetz am 02.07.2023 in Kraft getreten. Es gilt für Unternehmen ab 50 Beschäftigten.

Hinweise sind für Unternehmen eine wichtige Erkenntnisquelle, um Fehlverhalten und Gesetzesverstöße zu erkennen und abzustellen. Wirtschaftskriminalität, z.B. Korruption, Kartellbildung und Betrug, kommt häufig erst auf diese Weise ans Licht.[668] Die Kriminalitätsform hat einen starken Bezug zum Einkauf, da hier hohe finanzielle Volumina „gehandelt" werden. Insoweit ist das Thema **„Whistleblowing"** auch in die Einkaufsprozesse zu integrieren.

Ziel des HinSchG ist es, derartige Missstände aufzudecken. Insoweit sind vor allem Verstöße meldefähig, die strafbewehrt sind.[669] Dabei sollen zugleich die Personen geschützt werden, die im Rahmen ihrer beruflichen Tätigkeit Informationen über Verstöße erlangt haben und diese melden. Dies können Mitarbeitende des eigenen Unternehmens, aber auch Angestellte von Vertragspartnern und Lieferanten sein.[670] Das Gesetz verbietet jegliche Repressionen gegenüber Whistleblowern und verpflichtet Unternehmen deshalb, sichere Wege für die Meldung von Missständen einzurichten.

Unternehmen haben somit ein **Hinweisgebersystem** einzurichten, das Parallelen zu dem zuvor skizzierten LkSG-System aufweist. Das System im Hinweisgeberschutzgesetz ist allerdings deutlich komplexer ausgestaltet.

Konkret müssen unabhängige, interne **Meldestellen** eingerichtet werden, die für die Hinweisbearbeitung und etwaige Folgemaßnahmen verantwortlich sind. Eine Auslagerung der Meldestelle z.B. an Ombudspersonen oder Rechtsanwälte ist möglich.[671] Meldungen können auf unterschiedliche Weise erfolgen. Sie müssen sowohl in mündlicher als auch in Textform möglich sein, auf Wunsch des Hinweisgebers ebenso im Wege des persönlichen Gesprächs – sogenannte **Meldekanäle**.

Interne Meldestellen sollen auch anonym eingehende Meldungen bearbeiten. Es besteht allerdings keine Verpflichtung, Meldekanäle so zu gestalten, dass nur die Abgabe anonymer Meldungen möglich ist. Hiervon zu unterscheiden ist das Vertraulichkeitsgebot bei der Hinweisbearbeitung.[672] Die Meldekanäle müssen so konzipiert sein, dass die Vertraulichkeit der Identität des Hinweisgebers, der Personen, die Gegenstand der Meldung sind, sowie sonstiger Personen gewahrt bleibt. Hinsichtlich der Bearbeitungsfristen gilt: Innerhalb von sieben Tagen muss dem Hinweisgeber bestätigt werden, dass seine Meldung eingegangen ist. Drei Monate nach der Eingangsbestätigung ist der Hinweisgeber über den Ausgang des Verfahrens und etwaige Folgemaßnahmen zu informieren.[673]

668 Diese Erkenntnis ist erst in jüngerer Zeit gewachsen. In der Vergangenheit wurden Whistleblower teilweise eher der Kategorie „Verrat" zugeordnet. Vgl. z.B. Aufdeckungen im Zusammenhang mit der **Watergate-Affäre** unter dem US-Präsidenten *Nixon*.

669 Vgl. § 2 Abs. 1 Nr. 1 HinSchG.

670 Zum persönlichen Anwendungsbereich vgl. § 1 HinSchG, „hinweisgebende Person".

671 Darüber hinaus existieren externe Meldestellen, z.B. beim Bundeskartellamt.

672 § 8 HinSchG.

673 § 17 HinSchG.

Das ganze Meldeverfahren ist in §§ 12 ff. HinSchG detailliert beschrieben.

Da die Aufdeckung von Missständen in Unternehmen ein wesentliches Gesetzesziel des HinSchG ist, genießen **Hinweisgeber** umfangreichen Schutz. Wesentlich ist das in § 36 Abs. 1 HinSchG verankerte Verbot von Repressalien. Hierzu zählen insbesondere arbeitsrechtliche Maßnahmen wie Kündigung, Abmahnung oder Herabstufung in der Eingruppierung. Bei einem Verstoß gegen das Repressalienverbot hat die Person Anspruch auf Schadensersatz.[674] Ein Schutz für hinweisgebende Personen besteht allerdings nicht, wenn es sich um eine vorsätzliche oder grob fahrlässige Falschmeldung handelt. Der bösgläubige Hinweisgeber ist selbst zum Schadensersatz verpflichtet.[675] Zudem darf die Beschaffung der Informationen selbst keine eigenständige Straftat darstellen.[676]

2. HinSchG, Lieferketten und Vergaberecht – Einheitliches Risikomanagement

Das HinSchG richtet sich nicht nur an private Unternehmen, öffentliche Auftraggeber sind ebenfalls betroffen. Damit zielt das Gesetz auch darauf ab, die **Durchsetzung des Vergaberechts** zu verbessern.

Für **öffentliche Auftraggeber** ist geregelt, dass Verstöße gegen die Vergabe von öffentlichen Aufträgen vom sachlichen Anwendungsbereich erfasst sind.[677] Meldefähig sind allerdings nur Verstöße jenseits der maßgeblichen EU-Schwellenwerte, sodass insbesondere GWB, VgV und SektVO betroffen sind. In Betracht kommen hier z.B. Absprachen auf Bieterseite oder Maßnahmen der Vergabestelle, die darauf abzielen, den Verfahrensausgang zugunsten eines Bieters zu beeinflussen. Verstöße gegen unterschwelliges Vergaberecht sind nicht erfasst.

Im Bereich der öffentlichen Auftragsvergabe sind zudem die Verschwiegenheits- und Geheimhaltungspflichten zu berücksichtigen.[678] Das HinSchG löst dieses Spannungsverhältnis, indem entsprechend geschützte Informationen nur dann an eine Meldestelle weitergegeben werden dürfen, wenn die hinweisgebende Person hinreichenden Grund zu der Annahme hatte, dass die Offenlegung des Inhalts dieser Information notwendig ist, um einen Verstoß aufzudecken.[679]

LKSG und CSDDD beinhalten, wie dargelegt, ebenfalls die Verpflichtung zur Installation von Hinweisgeber-Systemen. Das HinSchG liefert jedoch **keine** eigene Möglichkeit, eine **Vergabesperre** gegenüber Lieferanten auszusprechen. Dies wird man darauf zurückzuführen haben, dass meldefähige Tatbestände nicht primär auf Lieferketten und Lieferanten abstellen. Vielmehr geht es beim HinSchG um allgemeine Gesetzesverstöße. Sofern diesbezüglich der Ausschluss eines Lieferanten in Betracht kommt, verbleibt es somit bei den allgemeinen vergaberechtlichen Ausschlusstatbeständen der §§ 123 und 124 GWB.

674 § 37 HinSchG.
675 § 38 HinSchG.
676 § 35 Abs. 1 HinSchG.
677 § 2 Abs. 1 Nr. 4 HinSchG.
678 Z.B. § 5 VgV und § 5 SektVO.
679 Vgl. § 6 HinSchG.

Neben Verstößen gegen das Vergaberecht fallen auch umweltrechtliche Verstöße in den sachlichen Anwendungsbereich des HinSchG.[680] Erfasst sind ebenso arbeitsrechtliche Verstöße, insbesondere wenn sie bußgeldbewehrt sind. Damit sind auch Tatbestände erfasst, die zugleich nach dem LkSG meldefähig wären.[681]

Wenn der **Koalitionsvertrag 2025** nunmehr beabsichtigt, das LkSG „abzuschaffen"[682] bzw. in ein EU-LkSG zu migrieren, bleibt abzuwarten, ob diese meldefähigen Tatbestände aus dem HinSchG ebenfalls abgeschafft werden. Gute Gesetzgebung muss handwerklich zu Ende gedacht werden.

Praxistipp: Installation von Hinweisgeber-Systemen

Angesichts der Überschneidungen zwischen HinSchG, LkSG, CSDDD und Vergaberecht ist Unternehmen ein einheitliches Risikomanagement bei der Implementierung und Anwendung von Hinweisgeberschutzsystemen zu empfehlen. Dies ist insbesondere in komplexen Konzernstrukturen anzuraten, bei denen die Konzernleitung die Steuerungsfunktionen wahrnimmt.

Die Harmonisierung der jeweiligen regulatorischen Vorgaben kann z.B. durch eine Verknüpfung der Hinweisgeber-Systeme erfolgen. Im Idealfall wird nur ein System installiert Sofern die Governance für diese Themen nicht innerhalb eines einzelnen Bereichs, z.B. Compliance, angesiedelt ist, empfiehlt sich zudem ein enger Austausch der jeweiligen Meldestellen.

IV. Verhinderung von Marktverfälschungen

1. Foreign Subsidies Regulation – FSR

Wenige Tage nach Inkrafttreten des Hinweisgeberschutzgesetzes trat am 12.07.2023 ein weiteres regulatorisches Gesetz in Kraft, das sogenannte FSR – Foreign Subsidies Regulation.[683] Das Gesetz zielt darauf ab, drittstaatliche Subventionen von Ländern außerhalb der EU zu unterbinden.[684] Innerhalb der EU verhindert das allgemeine „EU-Beihilfenrecht" unzulässige Subventionen.

Der wirtschaftliche Hintergrund: Finanzielle Zuwendungen mit Subventionscharakter führen zu Marktverfälschungen innerhalb der EU. Die bekanntesten Fälle in den Medien dürften Staatssubventionen von China für heimische Firmen in der Solarbranche und bei E-Autos sein.

Der Begriff **„finanzielle Zuwendung"** wird weit ausgelegt. Er umfasst primär den staatlichen Transfer von Geldern oder Verbindlichkeiten ebenso wie den Verzicht auf ansonsten fällige

680 § 2 Abs. 1 Nr. 3 h) HinSchG.
681 Beispiel: Verstöße gegen den Mindestlohn sind nach § 2 Abs. 2 Nr. 8 LkSG meldefähig; ebenso nach § 2 Abs. 1 Nr. 2 HinSchG.
682 Tz. 1909 des Koalitionsvertrages.
683 Verordnung (EU) 2022/2560 des Europäischen Parlaments und des Rates vom 14.12.2022 über den Binnenmarkt verzerrende drittstaatliche Subventionen.
684 Vgl. dazu Erwägungsgrund (4) der Verordnung.

Einnahmen. Damit sind zunächst Zuschüsse, Garantien und Schuldenerlasse erfasst, aber auch Steueranreize und -befreiungen.

Das Gesetz geht jedoch weiter. Auch der Erwerb von Waren oder Dienstleistungen wird als finanzielle Zuwendung qualifiziert. Damit sind de jure auch **marktübliche Transaktionen im Bereich des Einkaufs** von dieser Regulatorik erfasst.

Drittstaaten sind in erster Linie Regierungen und deren staatliche Behörden. Private Einrichtungen, deren Handlungen angesichts der Gesamtumstände dem Drittstaat zuzurechnen sind, fallen ebenfalls unter den Anwendungsbereich des FSR.

Mit der Einführung von FSR erhält die EU-Kommission ein **Kontrollrecht** hinsichtlich finanzieller Zuwendungen. Sie bekommt hierfür drei eigens geschaffene Instrumente im Bereich von M&A-Transaktionen (Anmeldepflicht von Unternehmenszusammenschlüssen), im Vergaberecht sowie ein eigenes Untersuchungsrecht. Die Kommission ist für diese Art der Untersuchungen ausschließlich zuständig.

Zur Durchsetzung ihrer Befugnisse verfügt die EU-Kommission über diverse Eingriffsrechte und Ermittlungskompetenzen. Hierzu zählen z.B. schriftliche Auskunftsverlangen, Anforderung von Geschäftsunterlagen, Personenbefragungen oder Prüfungshandlungen vor Ort in Geschäftsräumlichkeiten. Die Verweigerung der Mitwirkungshandlungen ist mit Bußgeld bewehrt.

Für den hier relevanten Bereich des Einkaufs wird das **Kontrollrecht im Vergaberecht** nachfolgend dargestellt.

2. FSR und Vergaberecht – Kontrollecht der EU-Kommission bei Großvergaben

Das FSR sieht eine **Anmeldepflicht von finanziellen Zuwendungen** in EU-Vergabeverfahren vor. Diese Pflicht gilt seit dem 12.10.2023. Erfasst sind grundsätzlich alle Vergabeverfahren mit einem Vergabewert von mindestens 250 Mio. Euro. Bei einer Aufteilung in Lose liegt der Gesamtwert bei 125 Mio. Euro.

Sofern der Anwendungsbereich des Gesetzes eröffnet ist, hat der Bieter zu erklären, ob er in den letzten drei Jahren finanzielle Zuwendungen von mindestens 4 Mio. Euro von einem Drittstaat erhalten hat.[685] Da auch marktübliche Transaktionen vom Gesetz erfasst sind, ist auch die **allgemeine Beschaffung aus einem Drittstaat** bei der Meldung anzugeben. Das Gesetz bezeichnet dies als „die Bereitstellung oder den Erwerb von Waren oder Dienstleistungen".[686]

Sofern der Bieter nicht dem FSR unterfällt, ist eine Erklärung zur fehlenden Meldepflicht abzugeben.[687] Diese Erklärungen, d.h. die Meldung als solche bzw. Erklärung zur fehlenden Meldepflicht, sind mit Angebotsabgabe beim Auftraggeber im Vergabeverfahren einzureichen. Werden sie nicht bzw. unvollständig abgegeben, ist dem Bieter eine Nachfrist von 10 Tagen zu setzen. Bei erfolglosem Fristablauf ist der Bieter vom laufenden Vergabeverfahren auszu-

685 Erfasst sind auch finanzielle Zuwendungen von Beteiligungsgesellschaften des Bieters.
686 Art. 3 Abs. 2 c) der FSR-Verordnung.
687 Vgl. dazu Art 5 der DurchführungsVO der Kommission zu FSR – Durchführungsverordnung (EU) 2023/1441 der Kommission vom 10.07.2023. Die entsprechenden Formulare enthält Anhang II der VO.

schließen. Damit ist auch nach FSR der **Bieterausschluss** ein Instrument der Regulatorik. Es ist allerdings **keine Vergabesperre** für die Zukunft vorgesehen.

Der Auftraggeber leitet die Erklärungen unverzüglich weiter an die EU-Kommission.[688] Diese tritt sodann in eine Vorprüfung ein, die bis zu 30 Tagen dauern kann. Hat die Kommission keinerlei Anhaltspunkte für drittstaatliche Subventionen, so ist das **Kontrollverfahren** beendet. Anderenfalls tritt die Kommission in eine Vollprüfung ein. Sie hat hierfür eine Frist von bis zu 110 Tagen. Stellt sie in diesem Zusammenhang eine Wettbewerbsverzerrung fest, so wird die Zuschlagserteilung an das betreffende Unternehmen untersagt. Anderenfalls läuft das Vergabeverfahren uneingeschränkt weiter.

Relevant ist insbesondere das Vorgehen der Kommission bei „marktüblichen Transaktionen" ab einer Aufgreifschwelle von 4 Mio. Euro. Der Prüfungsmaßstab wird hier in praxi eingeschränkt. Er beschränkt sich auf **Verzerrungen in Bezug auf das Vergabeverfahren**. Hat der Bieter also lediglich normale Geschäftsbeziehungen in einen Drittstaat, so wird dies als unkritisch angesehen.

Praxistipp: Umgang mit Foreign Subsidies Regulation – FSR

▶ *Öffentliche Auftraggeber sollten ihre jährliche Bedarfsplanung auf Top-Vergaben mit einem Volumen größer 250 Mio. Euro (125 Mio. bei Losen) hin prüfen. Die Anzahl derartiger Vergaben dürfte in den meisten Fällen überschaubar sein. Bei den so erfassten Vergaben ist in der EU-Bekanntmachung ein Hinweis auf die „FSR-Meldung" aufzunehmen. Der Rücklauf dieser Meldungen ist sodann an die EU-Kommission weiterzugeben. Eingriffsrechte hat der Auftraggeber nicht, nur die EU-Kommission hat diese. Damit fungiert der Auftraggeber quasi als Erfüllungsgehilfe der Kommission.*

Bieter in großen EU-Vergabeverfahren sollten ihrerseits die Verpflichtung zur FSR-Meldung nicht ignorieren, da anderenfalls ein Ausschluss aus dem Vergabeverfahren droht. Da marktübliche Transaktionen, d.h. allgemeine Geschäftsbeziehungen in Drittstaaten, als unkritisch angesehen werden, sollte das gesamte FSR-Verfahren in der Regel unkompliziert verlaufen.[689]

Auftraggeber und -nehmer sollten ihren Mitwirkungspflichten auch im Hinblick auf Verfahrensökonomie nachkommen. Sofern die Kommission in eine Vollprüfung einsteigt, kann dies zu einer Verfahrensverzögerung von bis zu 110 Tagen führen. Während der Dauer der Prüfung gilt ein Zuschlagsverbot.

V. Zusammenfassung

Regulatorik dient zunehmend als Instrument, um Governance in Unternehmen und deren Einkaufsorganisationen zu stärken und durchzusetzen. Die Praxisempfehlung für den Umgang mit diesem neuen Trend lautet: Die einzelnen Gesetze sind komplex und technisch formuliert.

688 Die Kommission baut hierzu eigens einen eigenen Bereich in der Generaldirektion Wettbewerb auf.
689 Eine „marktübliche Transaktion", d.h. ein Geschäft, das unter normalen Marktbedingungen stattfindet, wird man nicht als einen Unternehmensvorteil im Sinne einer finanziellen Zuwendung ansehen können, vgl. dazu auch Erwägungsgrund 13 der FSR-Verordnung (EU) 2022/2560.

Der rechtliche Ordnungsrahmen ist jedoch bei Gesetzen mit regulatorischem Kontext vergleichbar:

Im Grunde handelt es sich um „Eingriffsverwaltung 4.0". Gefährdungspotentiale in einer globalisierten Welt sind Lieferketten, Missachtung von Nachhaltigkeits-Standards, transnationale Marktverfälschungen und rasanter technologischer Fortschritt.

Der Gesetzgeber reagiert darauf mit der Verpflichtung zur Einrichtung von Risikomanagement-Systemen, Schaffung von Transparenz-Mechanismen sowie umfangreichen Prüf-, Dokumentations-, und Berichtspflichten. Für das Monitoring wird der Aufbau von Qualitätsmanagementsystemen und die Durchführung von Risikoanalysen verlangt. Die Eingriffsintensität der einzelnen Instrumente ist abgestuft und abhängig von Art und Umfang des jeweiligen regulatorischen Eingriffs.

Aus der „klassischen Eingriffsverwaltung" übernommen sind die Durchgriffsrechte – neuer – staatlicher und überstaatlicher Organisation. Sie verfügen über umfangreiche Sanktionsmaßnahmen und sind ermächtigt, Bußgelder zu verhängen. Neu ist das Instrument des Whistleblowing in den einzelnen regulatorischen Bereichen. Hinweisgeber haben die Möglichkeit, Verstöße zu melden und damit zusätzliche Risiken transparent zu machen.

Die EU hat im April 2025 den Anwendungsbeginn einzelner regulatorischer Gesetze auf das Jahr 2028 verschoben und damit der neuen Bundesregierung in Deutschland Luft bei der Umsetzung verschafft. Hiervon umfasst sind das europäische Lieferkettensorgfaltspflichtengesetz (CSDDD) und die Nachhaltigkeitsberichterstattung (CSRD).

Parallel hierzu sieht der **Koalitionsvertrag 2025** vor, „überbordende Regulierungen" insbesondere bei CSDDD und CSRD zu verhindern und stattdessen legislatorisch Vereinfachungen aufzunehmen.[690] Die Unternehmensverantwortung bleibt, Regulatorik soll jedoch innovationsfreundlicher werden.

Derweil hat die EU bereits einen weiteren Anwendungsbereich der Regulatorik für sich entdeckt – den Bereich der künstlichen Intelligenz (KI).

690 Tz. 2005 ff. des Koalitionsvertrages.

E. Einkauf und KI

Digitaler Fortschritt und die Entwicklung intelligenter IT-Technologien spielen eine wichtige Rolle in Unternehmen. KI ist in diesem Bereich DER wesentliche Treiber, seitdem das US-Unternehmen OpenAI im November 2022 das KI-Tool ChatGPT vorgestellt hat.[691] Und auch im Einkauf erweist sich künstliche Intelligenz als Game Changer.

Der **Koalitionsvertrag 2025** greift das Thema „KI" an verschiedenen Stellen auf, da es sich um einen wesentlichen Faktor für den künftigen Wirtschaftsstandort Deutschland handelt. Für die hier relevanten Themenbereiche wird festgehalten, dass KI „innovationsfreundliche Regulierung" beinhalten soll.[692] Zudem soll die nationale Umsetzung der noch darzustellenden KI-Verordnung „innovationsfreundlich und bürokratiearm" erfolgen.[693] Einkauf und KI – Beschaffung ganzheitlich gedacht.

I. Von ChatGPT über DeepSeek bis zu Alibaba: Wie funktioniert KI?

ChatGPT ist zunächst ein **Chatbot**, d.h. ein textbasiertes Dialogsystem, das Chatten mit einem technischen System möglich macht. Bei Chatbots handelt sich um virtuelle Assistenten, die mit Benutzern in natürlicher Sprache interagieren und menschenähnliche Gespräche simulieren. Als Kommunikationskanal kommen z.B. Websites oder Sprachassistenten in Betracht. Im B2C-Bereich werden Privatkunden auf dieses Weise durch die Homepage der Unternehmen geführt. Die wohl bekannteste Sprachassistentin dürfte Alexa vom Unternehmen Amazon sein.[694]

Der Chatbot von ChatGPT basiert auf der GPT-Technologie. GPT steht für „Generative Pretrained Transformer" und umschreibt die eigentliche **KI-Innovation**. Daher kommt auch die Namensgebung für das Produkt. Es funktioniert so, dass der Chatbot mit riesigen Datenmengen aus dem Internet trainiert wird. Dabei wird die Technik des Chatbots kontinuierlich weiterentwickelt und mit immer mehr neuen Daten trainiert. Die Version GPT-3.5 vom November 2022, bekannt als „Chat GPT" arbeitet mit ca. 500 Mrd. Worten.[695] Die KI ist in der Lage, menschliche Sprache zu verstehen und aus der Vielzahl der vortrainierten Informationen Antworten zu geben. Das System transformiert damit seine Trainingsdaten in kontextbezogene Antworten. Seitdem nimmt das Thema „KI" eine rasante Entwicklung:

Am 20.01.2025 präsentierte das chinesische Unternehmen **DeepSeek** eine weitere KI-Lösung, DeepSeek R1.[696] Das Produkt ist in seiner Entwicklung deutlich günstiger gewesen als

---

691 **OpenAI** ist ein 2015 gegründetes amerikanisches IT-Unternehmen. Im Januar 2023, zwei Monate nachdem das Produkt ChatGPT im Markt platziert wurde, tätigte Microsoft eine Kooperation mit OpenAI. In einem ersten Schritt investierte Microsoft 10 Mrd. US-Dollar in das Unternehmen.

692 Tz. 168 des Koalitionsvertrages.

693 Tz. 2270 des Koalitionsvertrages.

694 Amazon Alexa erschien 2014 und wurde erstmal im „intelligenten" Lautsprecher Amazon Echo verbaut.

695 Das Unternehmen OpenAI hatte die Version „ChatGPT" mit Daten bis September 2021 trainiert.

696 **DeepSeek** ist ein chinesisches Startup, das 2023 gegründet wurde. Das Unternehmen wird vom chinesischen Hedgefonds High-Flyer finanziert, der KI-Lösungen im Finanzsektor, insbesondere im Hochfrequenzhandel, entwickelte.

ChatGPT und hat darüber hinaus einen geringeren Energieverbrauch aufgrund spezifischer Algorithmen.[697] Zugleich handelt es sich um eine Open-Source-Lösung, die offenen technischen Zugang liefert.[698] Das Unternehmen OpenAI hat von diesem Open-Source-Ansatz mittlerweile Abstand genommen.[699]

Die technische Weiterentwicklung zu ChatGPT in seinem Release vom November 2022 besteht in folgender wesentlicher Funktion: DeepSeek trainiert die Verbesserung und Feinabstimmung der Daten durch **„Bestärkendes Lernen"**.

Dieses Reinforced Learning (RL) imitiert menschliche Bewertungen und bewirkt damit bessere Analysen und Schlussfolgerungen. DeepSeek R 1 ist damit die erste KI-Lösung, bei der die Schritte des Denkprozesses beim Nachdenken mit abgebildet werden.[700] Anstatt direkt eine Antwort zu liefern, nimmt die KI sich Zeit, überprüft sich selbst und hinterfragt die bis dato erstellten Annahmen. Durch das Nachdenken ist die KI eher in der Lage, eigene Fehler zu entdecken und sich selbst zu korrigieren. Damit werden weniger „Halluzinationen" produziert, bei denen eine KI sich etwas Falsches ausdenkt. Hiermit wird die Qualität der Antworten insgesamt verbessert.

Für den Nutzer ist der Vorgang des Nachdenkens, das „reasoning", sichtbar.[701] Dieser Modus wird als „Deep Think", tiefes Nachdenken, bezeichnet. Die Parallele zum Firmennamen ist offensichtlich.

Wenige Tage nach dem „KI- Erdbeben" von DeepSeek informierte der chinesische E-Commerce-Riese und Cloud-Betreiber **Alibaba** am 29.01.2025 über seine aktuelle KI-Entwicklung.[702] Das Technologieunternehmen bringt mit Qwen 2.5-Max ein neues KI-Modell auf den Markt. Die KI wurde auf 15 Bill. Wörter trainiert.

Qwen 2.5-Max verwendet ein „Mixture-of-Experts"-Konzept (MoE), das wie folgt funktioniert: Bei den meisten KI-Modellen werden alle trainierten Daten für jede Aufgabe genutzt. Die KI von Alibaba aktiviert nur diejenigen Daten, die für die jeweilige Aufgabe erforderlich sind. Diese selektive Aktivierung bedeutet, dass die KI große Datenmengen effizienter verarbeitet und dabei zugleich weniger Rechenleistung benötigt. Damit sinken zugleich die Infrastrukturkosten und die Kosteneffizienz steigt. Mit seiner Cloud-Sparte stellt Alibaba die KI-Modelle auch als Open Source bereit.

Cloud-Lösungen ermöglichen, vereinfacht dargestellt, die geteilte Nutzung von IT-Services über Server und sonstige Datenspeicher. Durch die Weiterentwicklung von KI-Modellen wird

697 Der geringere Energieverbrauch, d.h. die geringere erforderliche „Rechenpower" führte dazu, dass der Aktienkurs von **Nvidia**, dem Marktführer für Halbleiter, innerhalb eines Tages um 17%, bzw. fast 600 Mrd. US-Dollar einbrach. Der höchste intraday-Aktieneinbruch in der Börsengeschichte.

698 Die spezifischen Trainingsdaten sind allerdings nicht zugänglich.

699 Mit dem ersten Release von GPT-4, einer Nachfolgelösung von „ChatGPT", beendete OpenAI den Open-Source-Entwicklungsansatz.

700 Aktuelle Releases von ChatGPT, die auf GPT-4 basieren, haben beim Trainieren der KI ebenfalls auf Bestärkendes Lernen zurückgegriffen. Der Denkprozess ist allerdings im Gegensatz zur DeepSeek-Lösung für den Nutzer nicht sichtbar.

701 Zum Ganzen *Weber*, DeepSeek-Nutzer können dem Chatbot beim Nachdenken zuschauen. Ein Blick hinter die Kulissen, Neue Zürcher Zeitung vom 04.02.2025.

702 **Alibaba** ist die größte IT-Firmengruppe Chinas. Am 11.02.2025 vereinbarte das Unternehmen zudem eine KI-Kooperation mit Apple.

somit ein immer größerer Teil der durch KI generierten Daten über Cloud-Netzwerke verarbeitet – und verteilt. **Open Source** führt dazu, dass Unternehmen sie herunterladen und für sich anpassen können.

II. KI – der Game Changer in der Beschaffung

Durch den zunehmenden Einsatz derartiger Cloud-Lösungen haben neben Konzernen auch kleine und mittlere Unternehmen (KMU) die Möglichkeit, vorkonfigurierte IT-Tools einzusetzen. Der Aufbau einer komplexen Expertenorganisation wird damit entbehrlich. Auch im Bereich der künstlichen Intelligenz existieren vortrainierte Modelle, die flexibel einsetzbar sind und bedarfsweise in die eigene IT-Architektur des Unternehmens integriert und „customized" werden können.[703] Hohe Investitionsausgaben in Form von Entwicklungs- und Anschaffungskosten, die steuerlich bereits skizzierten CAPEX[704], würden damit entfallen. Dies ist für sich gesehen bereits ein Einkaufserfolg.

Auch der **Koalitionsvertrag 2025** setzt auf Open Source-Lösungen.[705] Hiermit soll die digitale Souveränität privater IT-Dienstleister gestärkt werden.[706] Damit setzt die neue Bundesregierung bewusst ein Gegengewicht zu den „Big Tech"-Konzernen aus den USA und China.

Gerade im Einkauf eröffnen sich hierdurch weitere Potenziale – und das nicht nur für Konzerne.

Der Einkauf ist traditionell durch eine Vielzahl manueller und repetitiver Tätigkeiten geprägt. Auf der anderen Seite generiert er eine Vielzahl von Informationen und Daten. Diese Kombination eröffnet ein großes Anwendungsfeld für KI-Lösungen.

Durch die Automatisierung von Einkaufsprozessen sowie Big Data Analysen kann sich **KI als „Game Changer"** im Einkauf erweisen. Diese Technologie eröffnet die Möglichkeit, die Transparenz zu erhöhen, Zahlen, Daten, Fakten auf Knopfdruck verfügbar zu machen und damit Einkaufsentscheidungen zu verbessern.

Zugleich bietet sich hiermit die Chance, Effizienz und Produktivität zu erhöhen, indem Prozessoptimierung durch KI weiter vorangetrieben wird. Die Automatisierung von Standardprozessen spart Zeit, reduziert manuelle Aufgaben, gewährleistet eine höhere Datenqualität und reduziert damit zugleich die Fehlerquoten. Insoweit kann KI auch zu einem verbesserten Risikomanagement und signifikanten Kosteneinsparungen im Einkauf beitragen.

Derzeit verproben Einkaufsabteilungen die ersten Use Cases im Bereich künstlicher Intelligenz.[707] Durch die rasante Weiterentwicklung von KI-Modellen und verbessertes Monitoring großer Datenmengen ist davon auszugehen, dass die Skaleneffekte im Einkauf künftig weiter zunehmen werden.

---

703 Schlüsselfertige KI-Lösungen werden auch als „AIaaS" bezeichnet – Artificial Intelligence as a Service.
704 S. oben A. VIII.
705 Tz. 2176 des Koalitionsvertrages.
706 Tz. 2169 des Koalitionsvertrages.
707 Eine Umfrage der Kloepfel Group weltweit und branchenübergreifend bei 421 Einkaufsmanagern hat ergeben, dass 2024 erst ca. 36% der Einkaufsabteilungen mit KI-Lösungen arbeiten, vgl. it-daily.net, vom 12.05.2024.

Im Folgenden erfolgt zunächst ein Überblick über die gesetzlichen Rahmenbedingungen künstlicher Intelligenz. Sodann werden die Chancen im Hinblick auf KI im Einkauf und KI im Vergaberecht skizziert. Dabei wird auch der Frage nachgegangen, inwieweit KI „klassische" juristische Tätigkeiten im Zusammenhang mit der Erstellung von Verträgen übernehmen kann.

III. Gesetzliche Rahmenbedingungen

1. KI-Verordnung – AI Act

Am 01.08.2024 trat das weltweit erste Gesetz zur Regulierung von Künstlicher Intelligenz in Kraft. Die EU schafft damit circa 1 ½ Jahre nach Erscheinen des Open AI-Tools ChatGPT mit der **sogenannten KI-Verordnung** einen einheitlichen Governance-Rahmen für den Einsatz von Künstlicher Intelligenz in der Europäischen Union.[708] Die Verordnung hat nach Art. 288 Abs. 2 AEUV allgemeine Geltung und ist unmittelbar anwendbar.[709] Allgemeiner Anwendungsbeginn ist der 02.08.2026.[710] Den Mitgliedstaaten obliegt es, durch ergänzende und konkretisierende Umsetzungsgesetzgebung dies in ihre nationalen Gesetze zu integrieren.

Die KI-Verordnung ist technisch geprägt und enthält folgende **Begriffsdefinition für „künstliche Intelligenz"**:

Künstliche Intelligenz beschreibt die Fähigkeit von Maschinen, basierend auf Algorithmen Aufgaben autonom auszuführen und dabei die Problemlösungs- und Entscheidungsfähigkeiten des menschlichen Verstandes nachzuahmen.[711]

Zu der eingangs beschriebenen Funktionsweise von KI-Anwendungen ist somit Folgendes zu ergänzen:

Die Fähigkeit, Problemlösungen und Entscheidungen abzuleiten, wird durch maschinelles Lernen erzeugt, wobei primär aus Daten gelernt wird. Umgangssprachlich wird hierfür der oben erwähnte Begriff verwendet, dass die „KI antrainiert" wird. Dieses Merkmal, nämlich Lern- und Schlussfolgerungen zu erzeugen, unterscheidet KI-Lösungen von bisheriger „einfacher" Datenverarbeitung.[712]

Das Gesetz regelt klare Anforderungen und Verpflichtungen an Entwickler und Anbieter solcher KI. Die KI-Verordnung selbst spricht von der „Festlegung harmonisierter Vorschriften für künstliche Intelligenz".[713]

Der Governance-Rahmen der Verordnung wird durch einen sogenannten „risikobasierten Ansatz" abgedeckt, der **fünf Anwendungsformen der KI** unterscheidet. Je höher das Risiko der Anwendung eines KI-Systems eingeschätzt wird, desto strenger sind dessen Vorgaben. Die

708 Die USA hatten im Herbst 2023 ebenfalls erste regulatorische Leitplanken für die Entwicklung und Nutzung von KI genannt. Die Regierung Trump hat die geplante Regulatorik aufgehoben.
709 Verordnung EU 2024/1689 des Europäischen Parlaments und des Rates vom 13.06.2024.
710 Art. 113 KI-VO.
711 Vgl. hierzu Erwägungsgrund 4 der Verordnung, sowie deren Art. 3 Nr. 1.
712 Erwägungsgrund 12 der KI-Verordnung beschreibt dies in einem hohen technischen Detailierungsgrad.
713 Erwägungsgrund 8 der KI-Verordnung.

Umsetzung dieser Vorgaben hat abgestuft innerhalb von drei Jahren – bis August 2027 nach folgendem Zeitplan zu erfolgen:

Verbotene KI-Systeme dürfen nicht eingesetzt werden. Hier runter fallen z.B. kognitive Verhaltensmanipulation, Emotionserkennung am Arbeitsplatz und Social Credit Systeme – „social scoring", wie es in China praktiziert wird.[714] Die Umsetzung dieser Vorgaben hat bis Februar 2025 zu erfolgen.

Hochrisiko KI-Systeme sind zulässig, müssen aber strenge Anforderungen erfüllen. Der komplex formulierte Art. 6 KI-VO unterscheidet im Ergebnis zwei Kategorien von Hochrisiko-Systemen. Der ersten Kategorie unterfallen „gefährliche Produkte", die ein Sicherheitsbauteil sind oder in einem derartigen verbaut sind. Die zweite Kategorie betrifft KI- Systeme, die in einem besonderen grundrechts- oder gemeinwohlorientierten Kontext verwendet werden. Hierzu zählen kritische Infrastrukturen, Gesundheits- und Bankenwesen, öffentliche Dienste sowie die Rechtspflege.[715]

Die KI-Verordnung stellt an Hochrisiko-Systeme erhöhte Anforderungen, damit sie für den EU-Markt zugelassen werden können. Es ist eine Risikomanagementsystem einzurichten, technische Dokumentationen sind zu erstellen, Transparenzanforderungen einzuhalten und die Möglichkeit der menschlichen Aufsicht zu gewährleisten. Schließlich ist ein Qualitätsmanagement-System einzurichten. Die Umsetzung dieser Vorgaben hat bis August 2027 zu erfolgen.

KI-Systeme mit begrenztem Risiko bilden die dritte Kategorie. Hiervon erfasst sind insbesondere Systeme, die für die Interaktion mit natürlichen Personen bestimmt sind. Die Personen müssen darüber informiert werden, dass sie mit einem KI-System interagieren. Anbieter und Betreiber derartiger Systeme unterliegen insoweit Transparenzpflichten.[716] Konkret müssen z.B. durch KI erzeugte Textinhalte als künstlich erzeugt erkennbar sein.[717] Für „deepfakes", d.h. Manipulationen von Ton-, Bild- oder Videomaterial gilt eine Offenlegungspflicht.[718]

KI-Systeme mit allgemeinem Verwendungszweck (General Purpose AI) sind als eigene Kategorie erst später in die KI-Verordnung aufgenommen worden und eine Reaktion auf ChatGPT. Derartige „Allzweck-KI-Anwendungen" weisen eine erhebliche allgemeine Verwendbarkeit auf, erfüllen ein breites Spektrum von Aufgaben und können in eine Vielzahl von IT-Anwendungen integriert werden.[719] Regulatorisch gelten für diese KI-Systeme bestimmte Informations- und Dokumentationspflichten.[720] Soweit General Purpose AI ein systemisches Risiko beinhaltet, sind zudem erweiterte Pflichten insbesondere im Hinblick auf Cyber-Sicherheit einzuhalten. Dies umfasst z.B. die Durchführung und Dokumentation von Angriffstests („Penetration-Tests, Pen-Tests").[721] Die Umsetzung dieser Vorgaben hat bis August 2025 zu erfolgen.

714 Vgl. dazu Art. 5 KI-VO.
715 Einen anschaulichen Überblick hierzu liefern *Honer/Schöbel*, Das Gesetz über Künstliche Intelligenz im System der Europäischen Digitalregulierung – Ein Überblick, JuS 2024, S. 648.
716 Art. 50 Abs. 1 KI-VO.
717 Art. 50 Abs. 2 KI-VO.
718 Art. 50 Abs. 4 KI-VO.
719 Art. 3 Nr. 63 KI-VO.
720 Art. 53 KI-VO.
721 Art. 55 KI-VO.

KI- Systeme mit minimalem Risiko sind solche, die keiner der vorgenannten Kategorien unterfallen. Hiervon erfasst sind u.a. Spamfilter. Derartige Systeme unterliegen keiner Regulierung im engeren Sinne. Für ein solches System ist lediglich ein Verhaltenskodex zu erstellen, dessen Einhaltung freiwillig ist.[722]

Zur Durchsetzung der in der KI-Verordnung normierten Pflichten schafft das Gesetz in Art. 64 ff. KI-VO zunächst einen umfangreichen behördlichen **Governance-Rahmen**. Auf EU-Ebene wird ein Büro für künstliche Intelligenz, ein europäisches Gremium für künstliche Intelligenz („KI-Gremium"), ein Beratungsforum sowie ein wissenschaftliches Gremium unabhängiger Sachverständiger („wissenschaftliches Gremium")[723] etabliert. In den jeweiligen Mitgliedstaaten sind eine notifizierte KI-Behörde und eine Marktüberwachungsbehörde einzurichten.[724]

Daneben enthält die Verordnung Sanktionsmaßnahmen zur Marktüberwachung und -kontrolle, die im Einzelnen mit Bußgeldern bis zu 7% des weltweiten Jahresumsatzes unterlegt sind.[725]

Schließlich haben Hinweisgeber die Möglichkeit, Verstöße gegen die KI-Verordnung zu melden. Insoweit wird auf die Whistleblower-Richtlinie verwiesen.[726] Im nationalen Recht kommt damit das zuvor dargestellte Hinweisgeberschutzgesetz zum Tragen.

Damit wird auch im Bereich der KI-Regulatorik das Medium **„Whistleblowing"** eingesetzt, um den rechtlichen Ordnungsrahmen abzusichern.

2. Sonstige Digital- und Datengesetze

Die KI-Verordnung ist einzuordnen in die sonstige Digital- und Datenregulierung. Hier bilden im Wesentlichen drei Gesetze ein Regelungspaket, das den digitalen Binnenmarkt innerhalb der EU vollenden soll.

a) Datenverordnung – Data Act

Die **Datenverordnung (Data Act „DA"** oder auch **Datengesetz**) ist eine EU-Verordnung, die darauf abzielt, Daten besser nutzbar zu machen.[727] Fairer Datenzugang und faire Datennutzung sind die Hauptziele. Der Austausch und die Nutzung von Daten zwischen Unternehmen (B2B), zwischen Unternehmen und Verbrauchern (B2C) sowie Unternehmen und Behörden (B2G) soll erleichtert werden.

Der Data Act ist am 11.01.2024 in Kraft getreten; ab dem 12.09.2025 sind die Regelungen verbindlich anzuwenden. Auch hier handelt es sich, wie beim AI-Act, um eine Verordnung nach Art. 288 Abs. 2 AEUV, sodass die Vorschriften unmittelbar Anwendung finden.

Welchen Anwendungsbereich erfasst der Data Act genau?

722 Art. 95 KI-VO.
723 Vgl. dazu Art. 64 – Art. 68 KI-VO.
724 Art. 70 KI-VO.
725 Art. 99 KI-VO.
726 Art. 87 KI-VO.
727 Verordnung (EU) 2023/2854 des Europäischen Parlaments und des Rates über harmonisierte Vorschriften für einen fairen Datenzugang und eine faire Datennutzung, vom 13.12.2023.

Vereinfacht dargestellt sieht der Data Act Folgendes vor: Die Nutzer vernetzter Geräte sollen selbst darüber entscheiden, wie mit Daten umgegangen wird, an deren Entstehung sie mitgewirkt haben. Nutzer können sowohl Unternehmen als auch Verbraucher sein. Sie sollen die Möglichkeit haben, auf diese Daten zuzugreifen, sie auszuwerten und gegebenenfalls an Dritte weiterzugeben.[728] Um dies technisch umzusetzen, müssen Hersteller ihre Produkte so entwickeln, dass ein Datenzugang möglich ist.[729]

Nutzer sollen zudem die Möglichkeit haben, ihre Anbieter von Datenverarbeitungsdiensten einfacher zu wechseln. Insoweit werden auch Dateninfrastruktur-Anbieter in die Pflicht genommen, indem sie die technischen Voraussetzungen für solche Wechsel schaffen müssen.[730]

Nachfolgend ein Beispiel für den Anwendungsbereich des Data Acts:

Beim Einkauf eines traditionellen Produkts erhält der Nutzer neben dem Kaufgegenstand alle Komponenten und Zubehörteile. Bei vernetzten Geräten werden darüber hinaus durch die normale Nutzung neue Daten erzeugt.[731] Diese werden wesentliche Bestandteile des Produkts.[732] Der Data Act gibt nunmehr Nutzern das Recht, auf diese Daten zuzugreifen und hierdurch Mehrwerte zu generieren.

Abschließend sei angemerkt, dass das **Daten-Governance-Gesetz**[733], das „erste Datengesetz" von September 2023, den Data-Act ergänzt. Während das Daten-Governance-Gesetz (Data Governance Act – DGA) die Prozesse und Strukturen für den Datenaustausch normiert, regelt der Data Act die Nutzung dieser Daten.[734] Zusammen sollen beide Gesetze Sicherheit im Umgang mit Daten liefern und deren Nutzung für Wirtschaft und öffentliche Verwaltung fördern.

b) Gesetz über digitale Dienste – Digital Service Act

Das **Gesetz über digitale Dienste (Digital Service Act, DSA)** ist eine EU-Verordnung, die einheitliche Haftungs- und Sicherheitsvorschriften für digitale Plattformen, Produkte und Dienste rund um **„E-Commerce"** normiert".[735] Es aktualisiert damit die inzwischen 20 Jahre alte E-Commerce-Richtlinie.

Die Verbreitung illegaler Inhalte soll verhindert und Nutzer besser geschützt werden. Das Gesetz erleichtert zudem die Entfernung illegaler Inhalte und schützt so die Nutzer. Es ist seit dem 17.02.2024 vollumfassend anwendbar. Vom Anwendungsbereich erfasst sind alle On-

728 Vgl. dazu Art. 4 Abs. 1 Data Act.
729 Art. 3 Abs. 1 Data Act.
730 Art. 23 ff. Data Act.
731 Der Data Act nennt dies „vernetztes Produkt", s. dazu die Begriffsbestimmung in Art. 2 Nr. 5 Data Act.
732 In diesem Zusammenhang wird man auch den Regelungsgehalt von § 93 BGB – wesentliche Bestandteile einer Sache – überdenken müssen. Denn nach § 93 BGB können wesentliche Bestandteile nicht Gegenstand besonderer Rechte sein.
733 Verordnung (EU) 2022/868 des Europäischen Parlaments und des Rates vom 30.05.2022 über die europäische Daten-Governance.
734 Vgl. dazu *Salemi/Wiedemann*, Die Europäische Datenstrategie und das Datenschutzrecht: Das Verhältnis von Daten-Governance-Gesetz und Datengesetz zur DSGVO, 2023, S. 2 f.
735 Verordnung (EU) 2022/2065 des Europäischen Parlaments und des Rates vom 19.10.2022 über einen Binnenmarkt für digitale Dienste.

line-Vermittler, die ihre Dienste in der EU anbieten, also insbesondere Online-Marktplätze, App-Stores und Social-Media-Plattformen. Für große Online-Plattformen und Suchmaschinen gelten besondere Sorgfaltsanforderungen, z.B. die Pflicht zur Risikoanalyse und Risikominimierung. Ebenso können die Europäische Kommission und die Mitgliedsstaaten Zugang zu den Algorithmen erhalten. Hier ist die Gefahr der Verbreitung illegaler Inhalte besonders virulent.

Plattformen müssen zudem ein „Meldeverfahren" bereithalten, mit dem die Nutzer illegale Inhalte online melden können, Art. 16 und 22 DSA. Die Meldungen werden unter Wahrung des Datenschutzes bearbeitet. Über das Ergebnis wird der Melder informiert. Faktisch handelt es sich hier um ein **„Hinweisgebersystem"** für Online- Plattformen, bei dem der **Whistleblower** zu schützen ist.

Schließlich können Anbieter digitaler Dienste bei Verstößen gegen den DSA mit Geldbußen bis zu 6% ihres weltweiten Umsatzes belegt werden.

c) Gesetz über den digitalen Markt – Digital Markets Act

Das Gesetz über den digitalen Markt (Digital Markets Act, DMA) vom 02.05.2023 soll die Marktmacht großer Plattformen begrenzen und für mehr Marktgerechtigkeit sorgen.[736] Diese werden als „Gatekeeper-Plattformen" bezeichnet und stehen im Fokus des Gesetzes. So haben beispielsweise *Microsoft*, *Google* oder *Meta* („Facebook") Marktanteile zwischen 70% und 90% innerhalb der EU. Im Zusammenhang mit den beim Vertragsrecht beschriebenen Strafzöllen und dem Deal vom 27.07.25 wurde zwischenzeitlich diskutiert, den Digital Markets Act zugunsten der USA auszusetzen.

Gatekeepern werden besondere Regulatorien auferlegt. Das Gesetz nennt zehn Hauptpunkte, die diese verpflichtend einzuhalten haben.

Dabei geht es z.B. um Selbstbegünstigungsverbote. Gatekeepern ist es verboten, eigene Produkte etwa bei Online-Suchen gegenüber Drittangeboten zu bevorzugen.

Ferner darf die Möglichkeit der Verbraucher, zwischen verschiedenen Diensten zu wechseln oder diese zu abonnieren, nicht beschränkt werden. Konkret dürfen User nicht daran gehindert werden, sich an Anbieter außerhalb der Plattform zu wenden. Es muss Ihnen ebenfalls möglich sein, Software und Apps zu deinstallieren.

Dienste Dritter, die das Betriebssystem des Gatekeepers nutzen, dürfen nicht behindert werden. Dritte erhalten ebenfalls kostenlos Zugang zu den Instrumenten der Leistungsmessung des Gatekeepers. Schließlich enthält der DMA auch Normierungen zur sonstigen Datennutzung und Interoperabilität.

Im Hinblick auf Marktgerechtigkeit bedeuten diese Regularien Folgendes:

Gewerbliche Nutzer, die auf Gatekeeper angewiesen sind, um ihre Dienstleistungen anzubieten, erhalten ein faires Geschäftsumfeld. Start-ups bekommen die Möglichkeit, im Bereich von großen Online-Plattformen innovative Produkte zu entwickeln, ohne durch unfaire Bedingungen behindert zu werden. Verbraucher erhalten bessere Dienstleistungen, können den An-

736 Verordnung (EU) 2022/1925 des Europäischen Parlaments und des Rates vom 14.09.2022 über bestreitbare und faire Märkte im digitalen Sektor.

bieter wechseln und unterliegen nicht einem Preisdiktat von Gatekeepern. Kritiker bezeichneten den Zustand vor Inkrafttreten des Digital Market Acts als „Plattform Kapitalismus“.[737]

Das Gesetz beinhaltet schließlich das bereits bekannte Eingriffsinstrumentarium. Verstöße können mit Sanktionen geahndet werden. Geldbußen betragen bis zu 20% des weltweiten Jahresumsatzes.

IV. KI im Einkauf

Juristisch betrachtet bringt insbesondere die KI-Verordnung eine neue „KI-Governance“. Anwendungen, die bislang in einer rechtlichen Grauzone genutzt wurden, werden eindeutig zugeordnet. Die in der Verordnung statuierten rechtlichen Rahmenbedingungen bieten die Rechtsgrundlage, um KI-Systeme zu klassifizieren.[738]

Praxistipp: Juristische Prüfung bei KI-Anwendungen

Rechtlich sollte die Prüfung beim Einsatz neuer KI-Anwendungen, entlang der Gesetzessystematik der KI-Verordnung, wie folgt geschehen: Unterfällt ein KI-System und dessen Betreiber dem sachlichen/ persönlichen Anwendungsbereich der Verordnung? Welche regulatorischen Anforderungen gelten für dieses KI-System? Was ist zu tun, um diesen Anforderungen gerecht zu werden? Welche Sanktionen drohen bei Verstößen?

Einkäuferisch betrachtet dürften KI-Anwendungen im Einkauf überwiegend dem Anwendungsbereich „KI-System mit begrenztem Risiko“ bzw. „General Purpose AI“ zuzuordnen sein. Das zuvor skizzierte Monitoring – insbesondere Informations- und Dokumentationspflichten – wäre dann einzuhalten.[739]

Inhaltlich bietet KI überall dort einen Mehrwert, wo auf Basis von Daten und Informationen geschäftsrelevante Entscheidungen getroffen werden. Die größten kommerziellen Vorteile dürften die Steigerung von Produktivität, Effizienz und Transparenz sein.

Und so könnte der Weg aussehen:

Im Bereich der **Einkaufsprozesse** existiert beispielsweise eine Vielzahl an operativen und repetitiven Tätigkeiten. Hier können KI-Anwendungen das **Stammdatenmanagement** übernehmen, indem sie große Datenmengen überprüfen und bei Bedarf Fehler korrigieren. Die Hinterlegung von Lieferantendubletten, falsche Kreditorennummern, redundante Zahlungsbedingungen oder fehlerhafte DUNS-Nummern[740] würden dann der Vergangenheit angehören.

737 Der Begriff wurde geprägt durch *Srnicek* und dessen gleichnamiges Buch aus dem Jahr 2016.

738 Bestandteil der KI-Governance ist auch, dass die Geschäftsleitung allgemein das GO für KI-Anwendungen geben muss. Bei Vorständen lässt sich dies im Zweifel aus der Business Judgement Rule, des § 93 Abs. 1 S.2 AktG ableiten. Aufbauorganisatorisch bietet sich die Etablierung eines „Chief AI-Officers“ an, analog zum Chief Digital Officer während der 4.0 Hype.

739 Einkaufsabteilungen unterfallen dem persönlichen Anwendungsbereich der KI-VO, da sie KI in eigener Verantwortung verwenden und damit zumindest „Betreiber“ nach Art. 3 Nr. 4 KI-VO sind.

740 Die DUNS-Nummer ist ein neunstelliger Zahlencode, der von der Wirtschaftsauskunftei Dun & Bradstreet herausgegeben wird uns als Identifikationsnummer für jeden in der D&B-Datenbank hinterlegten Wirtschaftsteilnehmer dienen soll.

Bei der **Bedarfsplanung** könnte KI die historischen Einkaufsdaten analysieren, um genauere Bedarfsprognosen zu erstellen. KI kann hier umfangreiche Datenmengen effizient verarbeiten und Muster bei den nachgefragten Bedarfen erkennen. Dadurch könnten fundiertere Entscheidungen getroffen werden, die Fehl- oder Überbestände vermeiden.

Des Weiteren kann KI den **operativen Bestellprozess** effektiver gestalten. Sie ist zunächst im Bereich des **Guided Buying** einsetzbar. „Geführter Einkauf" ist mehr als eine komfortable Benutzeroberfläche, die Bestellprozesse smarter macht. KI kann beispielsweise für die eigenständige Abwicklung von Bestellungen oder das Durchführen von Preisvergleichen bei Standardlieferungen im Tagesgeschäft eingesetzt werden.

Zudem lässt sich der Drei-Wege-Abgleich von Bestellung, Lieferung und Rechnung durch KI überprüfen. Der **Procure-to-Pay-Prozess** lässt sich hiermit effektiver gestalten.[741] Damit werden zugleich Rechnungsverarbeitung und Kreditorenbuchhaltung entlastet.

Diese Tätigkeiten eignen sich für eine vollständige Automatisierung durch KI, da sie in hohem Maße repetitiv und zudem leicht erlernbar sind. Das „Tagesgeschäft" des Abrufs auf Rahmenverträge könnte damit deutlich vereinfacht und die Arbeitsbelastung der Mitarbeitenden reduziert werden.

Im strategischen Einkauf kann KI bei der Erstellung und Weiterentwicklung von **Warengruppenstrategien** einen Mehrwert liefern. So können Marktanalysen durchgeführt und potenzielle Risiken innerhalb der Warengruppen oder bei spezifischen Lieferanten identifiziert werden. Damit könnte KI zugleich das oben bereits skizzierte Risikomanagement unterstützen. Sie könnten beispielsweise im Bereich der Insolvenz und Insolvenzprävention bestimmte Anhaltspunkte für eine Überschuldung von Lieferanten frühzeitig herausfiltern.[742]

Beim **Lieferantenmanagement** kann bereits der Aufbau der Lieferantenbeziehung erleichtert werden. Eine KI-basierte Lieferantensuche ist in der Lage, die Identifizierung von Lieferanten anhand der jeweiligen Anforderungsparameter zu beschleunigen. Viele Beschaffungsmärkte und Warengruppen sind intransparent und können kaum mit manuellen Mitteln durchleuchtet werden. Hier kann KI unterstützen, indem Algorithmen automatisiert externe Datenbanken mit einer Vielzahl von Lieferanten screenen und aus der Vielzahl der Anbieter die Besten identifizieren und gegeneinander matchen. Effektives Sourcing mit KI-gestützter Lieferantenauswahl trägt damit zugleich zur Resilienz der Lieferkette bei.

Des Weiteren können Lieferantenbewertungen und etwaige daraus resultierende Lieferantenentwicklungen anhand der Auswertung einer Vielzahl von Leistungsdaten schnell und effizient erfolgen. Die Bewertung als solche kann automatisiert erfolgen. Dies geschieht, indem große Datenmengen zu Liefertreue, Leistungsqualität, Verfügbarkeiten, Solvenz etc. automatisiert analysiert werden und damit der Lieferant als solcher eingeschätzt und klassifiziert wird.

741 Der Begriff „Procure to Pay", P2P, kommt ursprünglich aus dem Softwarebereich, um den Beschaffungsprozess weiter aufzugliedern.

742 S. oben C. III. 3. c) für Insolvenz und C. III. 3. d) für Insolvenzprävention.

Beim **Spend Management** steht die Einhaltung von Budgets und Optimierung von Kosten im Vordergrund.[743] Hier kam KI im Bereich „Analytics" unterstützen. Entsprechende Algorithmen könnten Zahlungsdaten analysieren und die Ausgabenstruktur transparent machen. Budgetüberschreitungen und Mehrausgaben könnten auf diese Weise identifiziert und bestenfalls reduziert oder verhindert werden. Ebenso könnten planerische Abweichungen leichter erfasst werden. In der alltäglichen Bestellabwicklung könnte KI erkennen, welche Produkte bei welchem Anbieter mit welchem Vertrag die günstigsten Konditionen bieten. Durch Bedarfsbündelung bzw. gezieltes „Auslaufen lassen" mengenoffener Verträge können hier Einsparungen generiert werden.

Im Bereich der Einkaufsverträge weist KI unterschiedliche Reifegrade auf. Bei der Vertragserstellung ist KI noch nicht zu 100% einsetzbar. Hier bringt jedoch bereits die Digitalisierung als solche Mehrwerte. Demgegenüber bieten sich für Vertragsmanagement und insbesondere Vertragsanalyse vielfältige Einsatzmöglichkeiten für KI-Lösungen.

Im Einzelnen:

V. KI in Einkaufsverträgen

Einkaufsverträge werden klassischerweise in physischer Form geschlossen und von den Parteien gezeichnet. Zudem existieren Aufbewahrungspflichten für Verträge, denen Unternehmen üblicherweise über physische Archive oder Datenträger nachkommen.[744] Seit der Digitalisierung ist in diesem Bereich viel in Bewegung geraten. Der Begriff hat für Verträge zunächst bei der Vertragsverwaltung Eingang gefunden. „Digitalisierung von Verträgen" meint hier die Konvertierung und Archivierung von physisch vorgehaltenen Verträgen in ein digitales Format.

Digitalisierung bringt jedoch auch einen Mehrwert bei der **Vertragserstellung**. Hier ist der Einsatz von KI noch nicht komplett vollzogen. Dies ist darauf zurückzuführen, dass KI-Lösungen mittels neurolinguistischer Programmierung (NLP) jeweils antrainiert werden müssen.

Verträge bilden Lebenssachverhalte ab. Die intellektuelle Leistung der exakten juristischen Bewertung und dessen Abbildung in Vertragssprache kann KI derzeit noch nicht vollständig leisten. Es fehlt die hierfür zuvor erforderliche neurolinguistische Programmierung der IT für das „Customizing". Dieses Customizing wird derzeit noch vom menschlichen Vertragsersteller vorgenommen. Es ist jedoch evident, dass dies angesichts des fortschreitenden technologischen Wandels nur eine Momentaufnahme ist.

Der Markt geht deshalb – noch – andere Wege bei der Digitalisierung von Einkaufsverträgen. Derzeit sind vollständige KI-Anwendungen in diesem Bereich noch nicht „state of the art".

Wie funktioniert nun die Digitalisierung von Einkaufsverträgen aktuell?

743 Einen Sonderfall des Spend Managements stellt das **Legal Spend Managemen**t dar, d.h. der Einkauf von Anwaltsleistungen. Hier existieren gesetzliche Gebührenvorgaben. Außerhalb dieses Rahmens sind jedoch die allgemeinen Grundsätze des Spend Managements ebenfalls anwendbar.

744 Vgl. § 257 HGB für handelsrechtliche und den korrespondierenden § 147 AO für steuerliche Aufbewahrungspflichten, s. hierzu bereits oben die Ausführungen in A. IV. 3. b).

Es sind verschiedene Anbieter im Markt aktiv, die Produkte für **„Contract Generation"**, d.h. Vertragserstellung, anbieten. Ausgangspunkt ist jeweils eine Vertragsvorlage, die die Beschaffung für eine bestimmte Warengruppe abbildet, z.B. Vertragsmuster für Ersatzteile oder IT-Produkte. Dieses Dokument ist im Backend der IT-Lösung abgelegt und für den Bearbeiter nicht zugänglich.

Der konkrete Vertrag kann nunmehr auf zwei verschiedene Arten erstellt werden: Bei der ersten Variante werden individualisierte Verträge mit Hilfe eines strukturierten Fragebogens generiert.[745] Das IT-Tool hat klassische Vertragsklauseln im Backend abgelegt, auf die der Vertragsersteller über eine **Frage/Antwort-Oberfläche** zugreifen kann. Beispiel: Skonto ja/nein, welches Zahlungsziel? 30 Tage netto / 14 Tage 3% etc. Nachdem der Bearbeiter mit Hilfe der Q & A alle klassischen Vertragsklauseln durchgegangen ist, erfolgt im Frontend die finale Erstellung des individuellen Vertrages.

Bei der zweiten Variante wird der individuelle Vertrag nicht mittels eines Interviews, sondern über eine sogenannte **„Klauselbibliothek"** erstellt.[746] Diese ist systemisch hinterlegt und kann vom jeweiligen Unternehmen individuell auf seine Bedürfnisse angepasst werden. Die Klauseln sind zudem so weit standardisiert, dass sie für unterschiedliche Vertragstypen Anwendung finden können. Der jeweilige Bearbeiter greift sich sodann „seine" Klauseln heraus und konfiguriert im Frontend seinen Vertrag.

Der Vertragsschluss selbst erfolgt zunehmend über **E-Signaturen**, sodass manuelle Unterschriften entbehrlich werden. Auch hier sind unterschiedliche IT-Lösungen im Markt erhältlich.[747]

Festzuhalten bleibt, dass „Contract Generation" unabhängig vom jeweiligen Produkt einen deutlichen Mehrwert für Einkaufsverträge bietet. Der Schlüssel zum Erfolg sind standardisierte Muster und Klauseln im IT-Backend. Diese schaffen Beschleunigung, denn es muss nicht jedes Mal, case by case, ein neuer Vertrag erstellt werden. Das Backend bringt zudem Rechtssicherheit, da der Zugriff nur auf einen „numerus clausus" vorab geprüfter Klauseln möglich ist. Digitalisierung hilft damit bei der individuellen Erstellung von Einkaufsverträgen, sei es über strukturierte Q&A oder den Zugriff auf eine vorab hinterlegte Bibliothek.

Bei **Vertragsmanagement** und **Vertragsanalyse** ist der Markt im Bereich KI bereits weiter fortgeschritten. Große Unternehmen haben oftmals eine Vertragsvolumen von über 100.000 Einkaufsverträgen, die es zu steuern gilt.

KI-Anwendungen, haben die Fähigkeit, eine enorme Vielzahl komplexer Verträge in kurzer Zeit zu durchdringen und Zahlen, Daten, Fakten zu extrahieren. Bislang war hierfür ein ganzes Team von Einkäufern und Anwälten erforderlich, das oftmals auf manuelle Auswertung angewiesen war.[748] Nunmehr können Preise, Liefertermine, Fälligkeitsdaten, Vertragslaufzeiten etc. mittels Klausel-Erkennung innerhalb kürzester Zeit erfasst und analysiert werden.

745 Dieses Produkt wird derzeit von der Firma Lawlift angeboten.

746 Z.B. über das Produkt SAP Ariba Contract Management.

747 Z.B. Adobe E-Sign oder Docusign.

748 Das klassische Beispiel sind Due Diligence-Prüfungen im Rahmen von Unternehmenskäufen, die oftmals noch „händisch" mit einer Vielzahl von Beratern aus den Bereichen Recht, Steuern und Wirtschaftsprüfung durchgeführt werden.

Dies führt dazu, dass z.B. im Bereich der Leistungsstörungen das „Claiming" deutlich effektiver wird. Darüber hinaus werden Vertragsrisiken besser erkannt, datenbasierte Entscheidungen schneller getroffen und das Vertragsmanagement wird insgesamt verbessert. So könnten beim Monitoring von Verträgen beispielsweise vereinbarte Preisanpassungen und Vertragsverlängerungen automatisch generiert werden, nachdem eine KI zuvor die entsprechenden Daten detektiert hat. Momentan erfolgen derartige Vertragsanpassungen oftmals noch manuell.

Durch den Einsatz von KI für diese Aufgaben könnten sich Einkaufsabteilungen auf ihre strategischen Prioritäten bei Warengruppenstrategie und Lieferantenmanagement konzentrieren und damit letztlich den Mehrwert für die Gesamtorganisation steigern. Es bleibt abzuwarten, welche Trends sich künftig durchsetzen werden. Die Erstellung von „einfachen" Verträgen autonom über eine KI-Lösung sind der Startpunkt.[749] Komplexe Projektverträge, einschließlich technischer Lastenhefte sowie individueller Finanzierungen durch Banken oder Projektfinanzierer, werden auch künftig noch menschliche Unterstützung benötigen.

VI. KI im Vergaberecht

Künstliche Intelligenz bietet auch im Vergaberecht vielfältige Einsatzmöglichkeiten.

Die Vorbereitung eines Vergabeverfahrens nimmt üblicherweise viel Zeit in Anspruch. Hier könnte KI die entsprechende **Markterkundung** vornehmen und einen Überblick über die am Markt verfügbaren Leistungen und Anbieter liefern. So könnten Herstellerlisten erstellt und anhand spezifischer Eigenschaften systematisch verglichen werden.

KI kann ferner die Erstellung der **Leistungsbeschreibung** beschleunigen. Dazu könnten bestehende Leistungsbeschreibungen ausgewertet werden. Mit Hilfe dieser Analysen könnten sodann Eingabedaten für eine neue individuelle Leistungsbeschreibung erstellt werden. Die Anforderungen an eine „eindeutige und erschöpfende" Leistungsbeschreibung im Sinne von § 121 Abs. 1 S. 1 GWB werden indes nur dann erfüllt sein, wenn die vorhandene Datenbasis gut ist und von der KI entsprechend verarbeitet werden kann. Insoweit wird KI insbesondere bei der Beschaffung von Standardleistungen effizient einsetzbar sein.

Für die übrigen Verdingungsunterlagen existieren oftmals entsprechende Muster und Vorlagen, die dann für die Neubeschaffung lediglich modifiziert werden. Auch diese Dokumente können mittels KI schneller generiert werden, so wie es bei der Leistungsbeschreibung bereits skizziert wurde.

Bei der **Prüfung von Angeboten** hilft die Fähigkeit der KI, große Datenmengen schnell auszuwerten. Formal hat die Prüfung auf Vollständigkeit sowie Einhaltung von Frist und Form zu erfolgen. Dies kann automatisiert erfolgen. Die inhaltliche Prüfung erfordert die Verifizierung der von den Bietern eingereichten Dokumente. Binäre vergaberechtliche Abfragen zu Referenzaufträgen oder Mindestumsätzen können ebenfalls automatisiert ausgewertet werden.

Textliche Ausführungen erfordern demgegenüber einen Vergleich mit gestellten Eignungsanforderungen. Hierzu ist ein textlicher Abgleich erforderlich, der auch juristisch bewertet wer-

749 Die Digitalisierung von Einkaufsverträgen, sei es über Q&A oder im IT-Backend hinterlegte Klauselbibliotheken, ist der erste Schritt dorthin.

den muss. Wie bei der Digitalisierung von Verträgen bereits beschrieben, liefern KI- Systeme bei derartigen inhaltlichen Bewertungen derzeit noch keine 100% ige Genauigkeit.[750] Perspektivisch liegt hier jedoch enormes Effizienzpotenzial. Es ist davon auszugehen, dass KI künftig inhaltliche Abweichungen automatisiert identifizieren und auswerten kann.

Bei der **Wertung von Angeboten** im Sinne von § 127 GWB ist ebenfalls zu differenzieren. Vergabeverfahren, die ausschließlich nach dem Preis vergeben werden, können mittels einer KI ohne weiteres ausgewertet werden. Dasselbe gilt, wenn konkrete technische Werte für die Leistungserbringung genannt werden. Exemplarisch können hier MTBF-Werte genannt werden, die die durchschnittliche Betriebsdauer zwischen reparablen Ausfällen eines Produkts oder Systems beziffern.[751] Ebenso könnten wirtschaftliche Auswertungen hinsichtlich geforderter Lebenszykluskosten von einer KI vorgenommen werden.[752]

Sofern es um die Bewertung konzeptioneller Ausführungen geht, erfordert dies indes ein hohes Maß an fachspezifischem Produktverständnis. Dies werden KI-Lösungen heute nicht zu 100% erbringen können, da im Zweifel die KI hierfür nicht entsprechend antrainiert wurde. Perspektivisch werden KI-Lösungen aber auch derartige Analysen durchführen können. Da es sich hierbei oftmals um sehr zeitintensive Auswertungen handelt, würde dies zu einer weiteren Verfahrensbeschleunigung führen.

Alles in allem verfügt Künstliche Intelligenz über erhebliches Potential, die öffentliche Beschaffung effizienter zu gestalten. Was die Politik auf legislativem Weg erreichen will, lässt sich auf technischem Wege mittels KI sehr gut flankieren.

Gleichwohl gilt es auch hier, die gesetzlichen Rahmenbedingungen einzuhalten. Bei KI-Anwendungen ist aus regulatorischer Sicht zunächst den Anforderungen der KI-Verordnung Rechnung zu tragen. Daneben sind die allgemeinen juristischen Vorgaben des Vergaberechts zu beachten:

Sofern es z.B. um Analysen im Rahmen von Vergabeverfahren geht, sind die vergaberechtlichen Grundsätze von Geheimwettbewerb und Diskriminierungsfreiheit einzuhalten.[753] Angebotsdaten der Bieter, die der Geheimhaltung unterliegen, dürfen nicht für allgemein zugängliche Trainings eines KI-Tools genutzt werden. Sie dürfen auch nicht zur Bevorzugung einzelner Bieter führen. Zudem sind vertragsrechtliche Vorgaben, insbesondere festgelegte Verschwiegenheitspflichten, einzuhalten.

Die Vergabeentscheidung als solche darf ebenfalls nicht von einer KI getroffen werden.[754] Der Zuschlag auf das wirtschaftlichste Angebot ist von der Vergabestelle eigenverantwortlich zu erteilen. Die Arbeitsergebnisse der KI müssen vom Auftraggeber gewürdigt und nachvollzogen werden. Sodann hat er die Vergabeentscheidung nach eigener Überzeugung zu treffen.

---

750 S. oben E. V.

751 MTBF – Mean Time Between Failures. MTBF ist eine wichtige Kennzahl, um die Häufigkeit von Systemausfällen zu ermitteln und so einen Überblick über die Zuverlässigkeit des Systems zu erhalten.

752 Mit Hilfe der Lebenszykluskostenrechnung (Life Cycle Costing – LCC) lassen sich Produkte unter Berücksichtigung aller relevanten Kosten auf ihre Wirtschaftlichkeit hin vergleichen.

753 § 97 GWB.

754 Auch für die Einhaltung des Vier-Augen-Prinzips wird man eine KI als nicht ausreichend ansehen können.

Denn Grundlage für die Zuschlagsentscheidung ist die „Bewertung des öffentlichen Auftraggebers" – so ausdrücklich § 127 Abs. 1 S. 2 GWB.

VII. Zusammenfassung

Seitdem das US-Unternehmen OpenAI mit ChatGPT im November 2022 die „KI-Revolution" gestartet hat, ist dieser Markt in einer disruptiven Aufwärtsbewegung. Die Antwort aus China mit DeepSeek und Alibaba erfolgte im Januar diesen Jahres. Beide Nationen gründen derzeit national geprägte KI-Unternehmenskooperationen.[755] Europa reagiert mit Regulatorik.

In diesem Marktumfeld wird KI wesentliche Veränderungen im Bereich der Beschaffung herbeiführen. Sie ist **der** Treiber in puncto Automatisierung, Effizienz und Datentransparenz. Der Einkauf wird künftig von repetitiven Tätigkeiten wie zum Beispiel dem Stammdatenmanagement der Lieferanten oder der Durchführung von Bestellanforderungen und deren Umsetzung im Tagesgeschäft entlastet. Der operative Bestellprozess kann dann automatisiert erfolgen.

Damit erhalten Einkaufsorganisationen mehr Freiraum, auf strategische Tätigkeiten wie neue Verhandlungstaktiken oder Warengruppenstrategien zu fokussieren. Die hierfür erforderlichen Daten kann KI beistellen. Denn die Erfassung und Analyse großer Datenmengen ist die Kernkompetenz von KI. Insgesamt wird KI damit auch zu einer Verbesserung der Key Performance im Einkauf beitragen, mit KI zu KPI.

Im Vertragsmanagement ergeben sich ebenfalls Chancen für KI-Anwendungen. Bei der Erstellung komplexer Verträge, die einzeln angepasst werden müssen, ist nach wie vor menschliche Unterstützung erforderlich. Bei einfach gehaltenen Standardverträgen ist „Contract Generation" bereits weiter fortgeschritten. Für die Analyse kommerzieller Vertragsdaten ist KI hervorragend einsetzbar.

Ein vergleichbares Bild zeigt sich bei der „Ausschreibung" als solcher. Die konzeptionelle Bewertung von Angeboten, insbesondere bei komplexen Großprojekten, erfordert menschliche Unterstützung. Für die Prüfung von Angeboten anhand von Zahlen, Daten, Fakten bietet KI eine enorme Arbeitserleichterung. Im öffentlichen Einkauf sind ergänzend die Rahmenbedingungen des Vergaberechts einzuhalten.

Inwieweit der flankierende Trend zur Regulatorik, beginnend mit der KI-Verordnung, Gefährdungspotenziale abmildert oder rückblickend zu einer erheblichen Mehrbelastung für Unternehmen führt, bleibt abzuwarten.

---

755 Die USA haben unmittelbar nach dem **„DeepSeek-Beben"** mit dem Projekt Stargate eine KI-Kooperation mit einem Investitionsvolumen von 500 Mrd. US-Dollar gegründet. Beteiligt sind neben OpenAI und Microsoft u.a. die Firmen Oracle, Nvidia und Softbank. In China sucht DeepSeek neue Kapitalgeber. Derzeit ist Alibaba's Einstieg bei DeepSeek in der Diskussion. Chinesische Staatsfonds prüfen eine übergreifende Kooperation.

F. Einkauf und Mindset

Einkauf ist nicht nur ein Geschäft mit Zahlen und Einspareffekten. Ebenso wenig handelt es sich um eine juristische Spezialdisziplin. Einkauf ist zugleich Taktgeber. Volatile Märkte und technologische Beschleunigung erfordern einen innovativen Einkauf. Es geht um viel: Die angestrebte Transformation der Wirtschaft. Und damit geht es auch um Mindset.

I. Gute Verträge, schlechte Verträge

Verträge bilden das Einkaufsergebnis in juristischer Form ab. Sie sind damit Bestandteil der operativen Exzellenz im Einkauf. Die Ausführungen zum Vertragsrecht haben gezeigt, dass die Bandbreite bei der Vertragsgestaltung immens ist.

Der „Spread" reicht von Musterverträgen und -AGB im Tagesgeschäft bis zu Projektverträgen in Milliardenhöhe. Hinzu kommen Sondertypen wie LoI´s, Rahmenverträge, Einzelverträge und Vorverträge. Und schließlich sind Change Requests, Leistungsstörungen, Pönalen, Gewährleistung, Schutzrechte, Rechnungsstellung und After Sales ebenfalls Bestandteil der zuvor beschriebenen Vertragsgestaltung.

Woran erkennt man nun gute oder schlechte Verträge?

Es gibt nicht **die** Gestaltung für Verträge. Gute Verträge oder schlechte Verträge, kurze oder lange Verträge, einfache oder komplexe Verträge – das ist nicht der Maßstab. Denn exakte juristische Vorgaben oder gar KPI's existieren hierfür nicht.

Umfangreiche Projektverträge in Milliardenhöhe kann man sicherlich nicht auf dem viel zitierten Bierdeckel abschließen. Gleichwohl sind auch diese Verträge einem bestimmten Grundtypus zuzuordnen. Überwiegend sind es Kauf-, Werk- oder Dienstverträge, die alle vergleichsweise einfache Grundprinzipien aufweisen.

Speziell im Einkauf kommt eine weitere Besonderheit hinzu, die die Vertragsgestaltung erleichtert. Wie oben dargelegt, bildet jeder Vertrag, einschließlich AGB's, letztlich den Beschaffungsprozess des Einkaufs ab.[756] Vertragsgestaltung erfolgt entlang der Supply Chain. Dieser Prozess reicht von der Angebots- und Verhandlungsphase über die Herstellungsphase bis hin zur Auslieferung und Abwicklung. Die Logik gilt im Grunde auch für große Projektverträge. Hier beinhaltet der Vertrag zusätzlich das Projekt Management wie z.B. Projektgegenstand, Projektbesprechungen oder Quality Gates.

Das bedeutet: Einkaufsverträge sind keine Rocket-Science. „Gute" Verträge bilden den Einkaufsprozess ab. Der Grundtypus sind „klassische BGB-Verträge", wie z.B. der Kaufvertrag. Seine Anlagen in Form von Lastenheften und Spezifikationen beschreiben das Produkt. Dies kann eine Kaufsache, aber auch eine Werkherstellung oder eine Dienstleistung sein. Die Vertragsinhalte lassen sich produktspezifisch weiter perfektionieren. Aber am Ende kauft man im Einkauf keine Verträge, sondern Produkte.[757]

756 S. oben A. VII.

757 Auch eine Dienstleistung ist letztlich ein Produkt, selbst wenn sie nicht „hergestellt", sondern „erbracht" wird.

Führt man Einkaufsverträge auf diese vergleichsweise einfachen Strukturen zurück, so erweitert sich auch der Anwendungsbereich für **KI-Anwendungen**. Die Abbildung von Prozessen, Hinterlegung von Strukturen und Bildung von Daten-Clustern ist eine der Kernkompetenzen von KI.

Übersetzt in die Welt der Vertragserstellung und -gestaltung heißt dies: Einzelne Vertragstypen sind in ihrer Grundstruktur als „Rohling" im Backend der IT-Systeme zu hinterlegen. Entlang der Supply Chain werden jeweils Vertragsklauseln gebildet. Für den Grundtypus „Kaufvertrag" wurden oben 11 Klauseln als Mindestbestandteile formuliert.[758] Die Klauseln werden über eine Klauselbibliothek oder eine vorab befüllte Frage-Antwort-Oberfläche hinterlegt. Statt eines manuellen User-Zugriffs auf diese Daten „zieht" perspektivisch eine KI die richtigen Klauseln für den jeweiligen Vertrag. Durch mannigfache Wiederholung wird das System „antrainiert". Neurolinguistische Programmierung übernimmt das „customizing". Es ist nur eine Frage der Zeit, bis KI dann selbst eigene „gute" Klauseln formuliert, die auch einer juristischen Überprüfung standhalten.

Abschließend ist ein weiterer, vertragspsychologischer Aspekt zu berücksichtigen. Verträge sind nur so gut wie das Vertrauen der Parteien zueinander. Der Begriff „Vertrag" kommt bereits terminologisch von „vertragen". „Gute" Verträge beruhen auf einer einheitlichen Überzeugung der Vertragspartner: Die Parteien werden es schon richtig machen. Dies entspricht dem Idealbild des BGB von der **Richtigkeitsgewähr von Verträgen**.[759]

Wenn das oberste Gebot der Vertragserstellung allerdings ein „gerichtsfester" Vertrag ist, dann lässt dies eher auf eine misstrauische, konfrontative Einstellung schließen. Der Vertrag wird als Instrument zur Durchsetzung von Ansprüchen gesehen, notfalls auch durch Beschreitung des Rechtsweges. Streit und Auseinandersetzung werden von vornherein mit einkalkuliert.

Damit wird deutlich, dass Vertragserstellung und -gestaltung ebenfalls eine Frage von Mindset ist.Auch ein handwerklich noch so „gut" erstellter Vertrag ersetzt nicht den Einigungswillen der Vertragspartner bei Unstimmigkeiten. Ebenso wenig ersetzt er die Bereitschaft zur einvernehmlichen Abwicklung der Transaktion. Maßgeblich ist das Verhältnis der Vertragspartner zueinander. Ist dieses gestört, hilft der Vertrag im Zweifel auch nicht weiter.

Kurzum: Verträge sind nicht nur handwerklich zu beurteilen. Ihre Geltungskraft steht und fällt vor allem mit der Kooperationsbereitschaft der Vertragspartner. Mindset matters.

II. Vertragsfreiheit

Ein „guter" Vertrag basiert auch auf der Grundüberzeugung der Vertragsfreiheit. Handelnde können ihre Angelegenheiten selbstständig regeln und sind in der Gestaltung ihrer schuldrechtlichen Verhältnisse grundsätzlich frei. Verträge können nach eigenem Willen abgeschlossen werden.

Aufgabe des Staates ist es, dem Einzelnen diese Gestaltungsmittel zur Verfügung stellen. Privatautonomie und Vertragsfreiheit sind deshalb über die allgemeine Handlungsfreiheit des

758 S. oben A. VII.
759 Vgl. dazu *Ellenberger*, in: Grüneberg, BGB-Kurzkommentar, 84. Aufl. 2025, vor § 145 BGB, Rn. 13.

Grundgesetzes abgesichert.[760] Vertragsfreiheit ist damit ein grundlegendes Prinzip unserer Rechtsordnung und bildet eine Grundlage für Marktwirtschaft.

Die Ausführungen zum Vertragsrecht haben gezeigt: Es ist fast alles vertraglich vereinbar. Es darf nur nicht es nicht gesetzes- oder sittenwidrig sein.[761] Steuerlich ist zudem Gestaltungsmissbrauch zu vermeiden.[762] Im Rahmen dieser drei Leitplanken haben die Vertragspartner individuell die Möglichkeit, ihre wechselseitigen Interessen bestmöglich abzubilden.

Hinzu kommt eine vierte Leitplanke: Nimmt ein Partner die Vertragsfreiheit für sich allein in Anspruch, indem er formularmäßig umfangreiche Vorgaben für Vertragsinhalte macht, so schafft der Gesetzgeber einen Ausgleich.[763] Auch im B2B-Bereich unterliegen Allgemeine Geschäftsbedingungen deshalb einer Inhaltskontrolle. Unangemessene Benachteiligungen eines Vertragspartners sind unzulässig.[764] Der **Koalitionsvertrag 2025** greift diesen Themenkomplex auf. Wie dargelegt, strebt er eine „Reform" des AGB-Rechts an und zielt auf mehr Privatautonomie im B2B-Bereich ab.[765]

Damit ergibt sich insgesamt ein weit gefasstes Spektrum für die Erstellung von Verträgen. Lean Management, Digitalisierung und KI schränken diese Grundüberzeugung nicht ein. Für die Gestaltungsberatung bleibt damit viel Freiraum und Platz für kreative Lösungen. Das ist gut so. Im B2B-Bereich der Beschaffung ist zivilrechtlich fast alles rechtlich zulässig, was die Vertragsparteien übereinstimmend wollen.

Der Vertragsfreiheit werden jedoch im Einzelfall Grenzen gesetzt durch regulatorische Vorgaben.

III. Regulatorik – Beschleunigung oder Stillstand?

Corona, Ukrainekrise, Lieferketten-Engpässe und weltweite Strafzölle – Wirtschaft ist volatiler geworden. All diese „Black Swans" schlagen auch auf die Beschaffung durch. Digitalisierung und Künstliche Intelligenz beschleunigen ihrerseits die Marktveränderungen. Juristisch sind diese Themen zuvor beleuchtet worden. Politisch wird zunehmend auf Regulatorik gesetzt, um die Themen zu steuern. Dies gilt insbesondere für die Europäische Union als überstaatliche Organisation.

Bei KI ist die EU in legislativer Hinsicht Vorreiter. Mit der KI-Verordnung trat am 01.01.2024 das weltweit erste „KI-Gesetz" in Kraft. Der Einsatz von Künstlicher Intelligenz in der Europäischen Union erhielt einen regulatorischen Rahmen. Die aktuelle Entwicklung von KI in technischer und kommerzieller Hinsicht zeigt, dass der Markt von anderen Playern außerhalb der EU geprägt wird. Von ChatGPT über DeepSeek bis zu Alibaba, das große Spiel spielen andere.

Regulieren wir den Fortschritt?

760 Art. 2 Abs. 1 GG, vgl. dazu bereits BVerfGE 8, 328; BVerfGE 12, 347.
761 §§ 134 BGB und 138 BGB.
762 § 42 AO.
763 Es existieren weitere Ausnahmen, bei denen zwingendes Recht einen Ausgleich im Rahmen der Vertragsfreiheit schafft, z.B. im Mietrecht und im Verbraucherschutz. Im hier relevanten B2B-Bereich sind diese Ausnahmen zu vernachlässigen.
764 Vgl. dazu oben A. V. 3. b).
765 Tz. 2783 des Koalitionsvertrages.

Die USA hatten im Herbst 2023 Leitplanken für die Entwicklung und Nutzung von KI aufgestellt.[766] Diese bestanden u.a. in Informationspflichten und Sicherheitstests. Die neue US-Regierung hat diese Regulatorik im Januar 2025 aufgehoben.[767] Ein KI-Markt, dessen Geschäftsmodell primär auf Daten basiert, sollte nicht ohne jegliche Regulierung existieren. Schließlich besteht Eigentum an Daten, insbesondere an sensiblen, personenbezogenen Daten.

Die EU sieht deshalb einen umfangreichen Governance-Rahmen vor. Ein „Büro für künstliche Intelligenz"[768], ein „Europäisches Gremium für künstliche Intelligenz"[769], ein „Beratungsforum"[770] und ein „wissenschaftliches Gremium unabhängiger Sachverständiger"[771] werden auf EU-Ebene geschaffen. Die Mitgliedstaaten richten jeweils eine „notifizierte KI-Behörde" und eine „Marktüberwachungsbehörde" ein.[772]

Entbürokratisierung klingt anders.

Zieht man den Kreis größer, so zeigen sich vergleichbare Tendenzen. Bei der Resilienz der Lieferketten geht das EU-LkSG (CSDDD) deutlich über das nationale LkSG hinaus, das selbst nicht gerade als Inbegriff von „Simplicity" gilt. Wie dargelegt, wird der Umfang der Lieferkette auch auf mittelbare Zulieferer und Downstream-Tätigkeiten erweitert und zudem neue zivilrechtliche Haftungstatbestände formuliert.[773]

Die Nachhaltigkeitsberichterstattung CSRD weitet ebenfalls Berichtspflichten gegenüber der nationalen Rechnungslegung aus und verlangt hier ein eigenständiges, von einem Wirtschaftsprüfer zu testierendes Reporting.[774] Bei einer geplanten Berichtspflicht ab 250 Beschäftigten werden Mittelständler künftig hunderte Stunden in Nachhaltigkeitsberichte investieren statt in Innovationen.

Die EU selbst scheint erkannt zu haben, dass sie hiermit über das Ziel hinausgeschossen ist. In dem oben skizzierten „Omnibus-Verfahren" von April 2025 wird die Umsetzung dieser Gesetze zeitlich nach hinten verschoben. Zudem werden inhaltliche Vereinfachungen angestrebt.[775] Regulatorik schränkt Marktwirtschaft ein. Deshalb sollte sie maßvoll als Steuerungsinstrument eingesetzt werden. Statt Überregulierung sollten Unternehmertum und Innovation im Vordergrund stehen.

Der **Koalitionsvertrag 2025** hat dies aufgegriffen und warnt vor überbordender Regulierung.[776] Im Hinblick auf die KI-Verordnung soll dessen nationale Umsetzung innovationsfreundlich und bürokratiearm erfolgen.[777] Konkret wird eine „zentrale Servicestelle" die Unter-

766 Präsident *Biden* hatte hierzu eine „Executive Order" erlassen, sogenannte „Biden EO".
767 Sogenannte „Removing Barriers EO".
768 Art. 64 KI-VO.
769 Art. 65 KI-VO.
770 Art. 67 KI-VO.
771 Art. 68 KI-VO.
772 Art. 70 KI-VO.
773 S. oben D. II. 4.
774 Derzeit ist noch offen, ob es sich hierbei um einen Bestandteil des Lageberichts handeln soll oder um einen separaten Bericht.
775 S. oben D. II. 4.
776 Tz. 2005 des Koalitionsvertrages.
777 Tz. 2270 des Koalitionsvertrages.

nehmen unterstützen.[778] Durch entsprechende technische und rechtliche Spezifizierungen sollen zudem etwaige Belastungen für die Wirtschaft gering gehalten werden.[779] Auch im Übrigen werden „gute" Gesetze eingefordert.[780]

Dieser Ansatz stimmt. Von der regulatorischen Parallelwelt zurück in die Realwirtschaft. Business first.

IV. Wirtschaft ist einfach

Die aktuellen Trends im Bereich der Regulatorik haben gezeigt, dass ein Hang zur Überregulierung und damit zum Perfektionismus besteht. Dabei macht Wirtschaft Spaß. Kompliziert wird sie durch zwei besondere Spezies im Business – Wissenschaftler und Verwalter.

Der Typus „Wissenschaftler" strebt nach der 120%-Lösung. Er macht aus Business eine Wissenschaft. Themen müssen stets vollständig erfasst und durchdrungen sein. Eine Analyse ist nur dann gut, wenn sie möglichst viele Probleme aufwirft. Offen bleibt dabei lediglich die Frage, wer die Lösung liefern soll – Analyse / Paralyse. Memos werden intellektuell und akademisch formuliert, ohne Fremdworte keine Freigabe, Promotion statt Praxisnähe.

Der Typus „Verwalter" steht für die Bürokratie in Unternehmen. Er verwaltet die Themen. Ob interne Regelwerke, allgemeines Berichtswesen, Organisationsanweisungen, Planungsrunden oder Vorstandsvorlagen – alles muss „gemanagt" werden. Und wie es der Zufall will, werden oftmals auch die Themen des Wissenschaftlers verwaltet. Knowledge Management inbegriffen. Gern verwaltet der Verwalter auch die Ergebnisse und Erfolge der anderen: Verwaltung ohne Verantwortung, ein Apparatschik ohne Agilität.

Im Selbstbild sehen sich diese beiden „Business-Spezies" gleichwohl zumeist als Manager und Macher – „Busy in the Business Class". Umsetzungsstärke und Tatkraft werden uminterpretiert in politisches Taktieren und strategische interne Absicherung im Unternehmen. Geschwindigkeit bedeutet hier nicht 0 auf 100, sondern 100 auf 0 – der Bremsweg ist die Beschleunigung. Enthaftung vor Entbürokratisierung. Wer Vorstandsvorlagen mit „Man müsste..." beginnt, ist ein Macher im Konjunktiv.

Dabei kann Wirtschaft auch einfach sein.

Dieses Buch hat gezeigt: Einkauf hat ein hohes Maß an Standardisierung und Automatisierung. Beides ist eingebettet in umfangreiche Einkaufsprozesse. Acht von zehn Themen können deshalb mit Standard-Methoden gelöst werden. Prozess-Sicherheit in den Verfahrensabläufen unterstützt dies. Der 80/20-Lösungsansatz wird Realität.

Flankierend hierzu können auch Verträge und Risikomanagement weitgehend standardisiert werden. Beides funktioniert, wie dargelegt, entlang der Supply Chain.[781] Damit werden auch diese beiden Bereiche prozesssicher aufgesetzt. Die Vielzahl an Disclaimern, wissenschaftlichen Abhandlungen und Risiko-Memos verringert sich.

---

778 Tz. 2273 des Koalitionsvertrages.

779 Tz. 2269 des Koalitionsvertrages

780 So ausdrücklich Tz. 1865 des Koalitionsvertrages. Hier wird eine „gute Gesetzgebung" postuliert.

781 Vgl. dazu oben A. VII. für Verträge und C. III. 2. für Risikomanagement.

Und dieser Business Case ist zukunftsfähig. KI liefert das Potential, die Prozesse, Strukturen und Cluster der einzelnen Bereiche aufzugreifen und zu verbessern. Dies gilt nicht nur für die eigentliche Beschaffung als solche. Auch das Vertragsrecht und selbst das klassisch regulatorisch geprägte Vergaberecht sind KI-offen.[782] Hiermit wird wirkliche Beschleunigung generiert.

Dadurch gewinnt der Einkäufer Zeit und Freiheit, Strategie nicht nach innen auszuleben, sondern für Beschaffungsmärkte und Warengruppenstrategien zu leben. Wirtschaft wird einfach.

V. Procurement matters

Einkauf ist nicht nur ein Beleg für den „Einfachmacher". Er ist auch ein wesentlicher ökonomischer Erfolgsfaktor. Gut verhandelte Verträge, günstige Kaufpreise, niedrige Anschaffungs- bzw. Herstellungskosten sind in hohem Maße EBIT-relevant.

Die Vertragsfreiheit hat gezeigt: Es ist fast alles vertraglich vereinbar. Guter Einkauf bedeutet, es ist fast alles verhandelbar. Ob Monopolverhandlung oder ein Bieterpool – Einkaufsverhandlungen faszinieren. Die Rahmenbedingungen sind hier eher psychologischer und kultureller Natur.

Sind Verträge also die letzte Freiheit in einer ansonsten regulierten Einkaufswelt?

Nicht wirklich. Deutlich wird aber, mit welchen juristischen Herausforderungen ein moderner Einkauf derzeit konfrontiert ist. Zivilrechtliche Vertragsfreiheit trifft auf überbordende Regulatorik. Die Möglichkeit, fast alles vertraglich gestalten zu dürfen, wird zur Unmöglichkeit, wenn die zuvor skizzierte moderne Eingriffsverwaltung die meisten Vertragsinhalte beeinflusst.[783] Einkäuferisch und juristisch muss diese „Leistungsstörung" gemanagt werden. Bloße Missachtung von Regulatorik ist einfach, aber sicherlich nicht der Weg. Geschäftsführer und Vorstände unterliegen einer Legalitätspflicht, die rechtskonformes Handeln verlangt. Die beiden widerstreitenden Interessen sind also in Einklang zu bringen.

Und so könnte der Weg aussehen:

Wettbewerb ist ein wesentlicher Erfolgsfaktor im Einkauf. Dies gilt insbesondere in öffentlichen Märkten, die derzeit in Deutschland mit einem staatlichen Einkaufsvolumen von bis zu 500 Mrd. Euro geflutet werden. Dabei handelt es sich um ein „On-Top-Budget" das zusätzlich zur bestehenden Planung und Budgetierung existiert. Der öffentliche Einkauf wird also einer der größten Nachfrager in Deutschland bleiben.

Hier steht das Vergaberecht als das klassische regulatorische Instrument des öffentlichen Einkaufs auf dem Prüfstand. Die Vereinfachung von Vergabeverfahren, Erhöhung der Wertgrenzen, sektorale Befreiungsmöglichkeiten sowie Vergabeerleichterungen für kleine und mittlere Unternehmen (KMU), Start-ups und sogar Mikrounternehmen sind in der Diskussion und sinnvoll.

782 Vgl. dazu oben E. V. für Vertragsrecht und E. VI. für Vergaberecht.

783 Zur modernen Eingriffsverwaltung, „Eingriffsverwaltung 4.0", s. oben die Ausführungen in der Zusammenfassung zur Regulatorik D. V.

Wettbewerblicher Dialog, Innovationspartnerschaft und Konzessionsvergaben sind skizzierte Instrumente aus dem vorhandenen „Baukasten", die weitere Gestaltungsmöglichkeiten eröffnen. Der wettbewerbliche Dialog gibt Flexibilität bei der Entwicklung von Lösungen für komplexe Beschaffungsprojekte. Innovationspartnerschaften können Treiber sein für noch nicht am Markt verfügbare Leistungen. Und schließlich kann die öffentliche Hand ihre Verantwortung durch Konzessionsvergaben in private Hände geben.

In freien und regulatorisch geprägten Märkten gilt gleichermaßen: Unternehmerisches Handeln ist ohne Risiko nicht möglich, weil Wirtschaft volatil ist. Unternehmensrisiken haben oftmals Bezug zum Einkauf. Versorgungssicherheit, Lieferketten, Lieferantenausfälle, Insolvenzen sowie Preisentwicklungen beeinflussen das Geschäft eines Unternehmens maßgeblich. Ohne Einkauf laufen Produktion und Vertrieb ins Leere.

Diese Veränderungen des politischen und ökonomischen Umfelds erfordern eine neue Qualität des Risikomanagements. Ein strukturiertes Risikomanagement im Einkauf trägt dazu bei, die Volatilitätskurve zu glätten. Die oben skizzierten Instrumente zu Vertrags-, Bürgschafts- und Insolvenzmanagement bieten hier einen Ansatzpunkt. All diese Tools sind auch mit den bestehenden regulatorischen Rahmenbedingungen anwendbar. Sie nutzen lediglich die Chancen, die die Freiheit der Vertragsgestaltung bietet. Und sie lassen sich in ein modernes Lieferantenmanagement integrieren.

Wer Risiken beherrscht, bringt wirtschaftlichen Mehrwert. Die Leistungsfähigkeit des Unternehmens wird abgesichert. Wer Einkauf beherrscht, trägt zum Unternehmenserfolg bei. Damit schließt sich der 360°-Blick.

Der Erfolg liegt im Einkauf.